"十四五"职业教育国家规划教材

（第二版）

化茧成蝶 拥抱变化

——大学生生涯发展与创新思维

（教师用书）

主 编 汪 琳 孙云莉 石 鹏

副主编 宋凌云 洪秋燕

厦门大学出版社 国家一级出版社
XIAMEN UNIVERSITY PRESS 全国百佳图书出版单位

图书在版编目（CIP）数据

化茧成蝶 拥抱变化：大学生生涯发展与创新思维：
教师用书 / 汪琳，孙云莉，石鹏主编. -- 2 版. -- 厦门 ：
厦门大学出版社，2024.2（2024.12 重印）
ISBN 978-7-5615-9328-8

Ⅰ. ①化… Ⅱ. ①汪… ②孙… ③石… Ⅲ. ①大学生
-职业选择-高等学校-教学参考资料 Ⅳ. ①G647.38

中国国家版本馆CIP数据核字(2024)第040036号

责任编辑　江珏玙
美术编辑　李嘉彬
技术编辑　许克华

出版发行　厦门大学出版社
社　　址　厦门市软件园二期望海路 39 号
邮政编码　361008
总　　机　0592-2181111　0592-2181406(传真)
营销中心　0592-2184458　0592-2181365
网　　址　http://www.xmupress.com
邮　　箱　xmup@xmupress.com
印　　刷　厦门市竞成印刷有限公司

开本　787 mm×1 092 mm　1/16
印张　16.25
插页　2
字数　336 千字
版次　2019 年 6 月第 1 版　2024 年 2 月第 2 版
印次　2024 年 12 月第 2 次印刷
定价　48.00 元

本书如有印装质量问题请直接寄承印厂调换

厦门大学出版社
微信二维码

厦门大学出版社
微博二维码

二版序言

职业教育旨在为具有不同禀赋和潜能的学生创造发展条件,使受教育者具备从事某种职业或者实现职业发展所需要的职业道德、科学文化与专业知识、技术技能等职业综合素质和行动能力。推进职业教育高质量发展,必须坚持服务学生全面发展和经济社会发展。因此,职业院校要引导学生做好生涯发展规划,引导学生将个人生涯发展与经济社会的发展需要有机结合起来,引导学生将个人的发展放在推进中国式现代化新征程的视野和命运中,唯此,方能增强职业教育的适应性。

编著出版和使用好大学生生涯发展的教材,是学校落实立德树人根本任务的重要抓手,我们必须增强教材编写出版工作的政治责任感。以厦门城市职业学院汪琳教授领衔编写的《化茧成蝶 拥抱变化——大学生生涯发展与创新思维》教材,始终关注学生成长和经济社会发展的伦理关系,聚焦学生全面发展与服务产业的痛点和难点,为学生的生涯发展提供有效助力。新冠疫情期间,得益于该教材前期数字化资源的建设,学校"职业生涯发展与创新思维"课程教学团队能快速应对线上教学的挑战,在教学中有效落实了新形态教材的建设。

自该教材 2019 年出版以来,我们见证了它的实际使用成效:依托教材的"职业生涯发展与创新思维"课程进行了包括课程思政示范课、在线精品课程等项目建设与教育教学改革,该课程 2022 年入选"福建省高校就业创业金课"、2023 年获评福建省"省级课程思政示范课",其教师团队所指导学生参加福建省职业规划大赛亦频获佳绩。2023 年 6 月,该教材入选首批"十四五"职业教育国家规划教材。

为使教材更好地起到示范引领作用,巩固建设成效,该教材编写团队根据当前新形势、新任务和新要求对教材进行了修订。主要体现在以下三个方面:一是进一步提高了政治站位。教材将注重学习贯彻党的二十大精神、坚持正确的政治方向和价值导向、优化职业教育类型定位等内容,如盐入水地融入教材,引导学生立志成为高素质技术技能人才、能工巧匠、大国工匠。二是做到与时俱进。随着科技的飞速发展,AI 人工智能正在改变许多行业和职业的未来走向,作为教育者要关怀学生面向未来的能力、帮助学生树立信心适应未来的就业环境。因此,教材修订及时吸收了职业生涯发展领域的新变化,更新部分概念、信息与数据,完善了数字化资源等,可以更好地帮助学生进行生涯自我管理。三是加强了实用性、针对性和体验性。为平衡示范推广与校本特色之间的关系,教材对部分内容的具体表述进行了调整,以使教材可以更好地发挥示范引领作用。

　　衷心希望教材编写团队能够持续践行学校"育人为本、跨界融合、服务需求、追求卓越"的办学理念,踔厉奋发,迭代提升,为具有中国特色的职业教育强国之道作出自己应有的贡献。

厦门城市职业学院院长
厦门开放大学校长　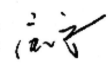

2024 年 4 月

一版序言

　　《化茧成蝶　拥抱变化——大学生生涯发展与创新思维》是我校第一本关于职业生涯发展与创新思维的校企合作开发教材，也是第四批校企合作课程开发项目的成果之一。我校自2008年开设职业生涯发展课程，迄今为止恰逢十周年，俗话说"十年树木，百年树人"，在课程开设十周年之际编写完成这本教材，是向"职业生涯与发展规划课程"创设十周年献上的一份厚礼，有助于精准服务我校学生的生涯发展，帮助学生成就更好的自己。

　　厦门城市职业学院在育人事业中，始终以立德树人为根本任务，确立"育人为本、跨界融合、服务需求、追求卓越"的办学理念；坚持以学生为中心、以奋斗者为本的办学治校思想；以中华技能大师、杰出校友盖军衔为榜样，实施"等待、陪伴、支撑、相信、严格"的大爱教育理念；致力于培养学生的职业素养和职业精神，集中力量为社会打造一专多能复合型人才；这个多维育人体系支撑着我校全员、全程、全方位的整体育人目标；而在这个多维育人体系中，帮助学生做好生涯发展规划，是支撑大爱教育的核心，也是支撑我校办学理念、三全育人及"两个坚持"，最终服务立德树人根本任务的核心主线，协力助推学生成为更好的自己。

　　师生是生涯发展的共同体，彼此严格方能彼此成就，为此，我校师生一直在努力，例如，坚持开设校长三课，将生涯教育融入新生入学教育、毕业典礼，建设并完善晨点晨练制度，取消清考制度，建立系列大师工作室，引进业内优秀行业企业人才，拓展境内外合作办学资源，通过系列制度与举措，在学生的大学生涯发展中尽量做到：伸手拉一把——将学生迎进来；用力推一把——为学生创造良好的成长环境和氛围，助推学生多维发展；温暖送一程——在毕业典礼上为每一位同学颁发毕业证，将毕业生扶上马送一程；甚至，对已经毕业的校友在创新创业政策的扶持上还有一系列支持与关怀。

　　这套教材是以我校校情、学生学情调研分析为基础，融入校情、学情特点，汇集本校学生生涯发展案例，将创新生涯发展理念融入其中，既立足生涯基本理论，又具有创新与在地化特色，匹配了学校学生的特点。

　　的确，生涯发展并不仅仅是个体发展的小事，而是见微知著、兼顾择己所利与择世所需、个体与社会共同发展的大事，习近平总书记在寄语当代青年时曾言：德是首要、是方向。我看到本教材从这个角度出发，关注个体生涯发展的社会使命，将校园文化中的盖军衔工匠精神融入其中，引导学生未来步入社会做有尊严的劳动者，有能量发展自己、有力量贡献社会，敢于追梦，有勇气圆梦，一定程度上体现了课程思政化。

本教材运用体验式教、学、做相结合的思路，分别编撰了教师教学指导用书、学生用书与实训手册，将二维码信息嵌入教材，尤其是可视化、可操作的实训手册，大胆与学生团队合作，共同对教材可视化方案进行设计，教材整体设计美观大方、实用新颖，知行相结合，契合当下学生的阅读特点与学习习惯。

习近平总书记对青年建功新时代提出"勤学、修德、明辨、笃实，爱国、励志、求真、力行"的十六字箴言，新时代的青年人，在生涯发展中心存高格局、大视野很重要，能落地、脚踏实地地做事更重要。生涯发展是一生之事，希望同学们能做一个有城院特质的三好人——存好心，要有正确的核心价值观；做好事，有一技之长，能够知行合一做好每一件事情；说好话，把做好的每一件事情表达好和展示好，这需要我们不断地去思考和学习。读好书，与智者同行，通过价值引领，自我驱动，持续提升，做一个有职业尊严的劳动者；相信每一位同学都能心无旁骛地、从容地长成自己希望的模样！

厦门城市职业学院院长、党委副书记

唐宁

2018 年 8 月

推荐序

我从 2005 年开始从事生涯教育之事，越来越发现，每个人其实都很努力地在规划自己的人生。但更多时候，这种"努力"只是一种"努力的样子"，因为大多数人的努力只是一个因变量，是被别人、被环境比较、压迫、要求的结果。真正的人生成长，需要有发自内心的渴望与期待，在此基础上的努力才会成为人成长的自变量，才能获得真正的"蜕变"式发展。我在做生涯教育分享的时候，发现多数生涯教育书是"工具取向"的，即把人当作一个静态的工具，然后从不同角度进行测量、标记，完成其"使用说明"，最后努力"卖一个高价"。看到汪老师主编的这套书，书名是《化茧成蝶　拥抱变化——大学生生涯发展与创新思维》，我立即想到"蜕变"这个词，感觉这套书可能与众不同。

果然，这套教材做到了"高高山顶立，深深海底行"，基于生涯教育的"相信"之基，用"等待、陪伴、支撑、相信、严格"来营造生涯教育的氛围；以社会学习理论为支撑，通过立体的生涯教育实践来营造促进成长的氛围；然后用"严格"的态度来落实每一个细节，整合最先进的媒体形式、游戏教学形式，贴合学生的"六感"诉求，以这套书为载体拓展、生成一个全面利于学生生涯成长的氛围。在这样的氛围下，学生获得"同学皆曰'我自然'"的真正成长。突然感叹，曾经上大学时怎么就没有这样的际遇！

本书另外一个让人眼前一亮之处在于"创新思维"模块。科学的生涯规划，需要多方面的信息整合，在这个过程中，往往需要对信息进行"总结"。正是这种"总结"，使职业生涯规划变成了公式运算的过程，完全失去了人性与发展性。但是，如果没用信息进行总结，往往就无法做出结论性选择。本书创新之处还体现在信息整合之后，加入一章"创新思维与创意生涯发展"，完成生涯规划既可规划又保有生涯无限可能的灵动性，"摆脱生涯发展中的制式思维的限制"。虽然我没有现场聆听汪老师团队的课堂展示，但是看到汪老师提到"立体""游戏化""新媒体"等设计，相信"创新思维"模块会特别开脑洞，而让学生"心中有主"又"不囿于物"。

纵观本书，有对生涯规划的系统论述，有理论、有方法、有工具，完整学习之后，可以初步为学生注入一个系统化生涯思维的框架，使学生受益终身。

期望有机会到现场学习。

北京仁能达教育科技有限公司 CEO
谢伟
2018 年 8 月

二版前言

《化茧成蝶 拥抱变化——大学生生涯发展与创新思维》教材自 2019 年 2 月由厦门大学出版社出版发行以来,已印刷多次。该教材将社会学习理论融入内容设计,注重互动性与体验感。迄今为止,超过万名学生使用了该教材,包括退役军人学生。同学们对这本教材的评价是:简洁明了,案例来源贴近生活,图片美观,互动性强,富有创新精神。

该教材第一版得到了使用学生和高职院校同行的积极响应,成为一些兄弟院校生涯与就业指导课程师资内训的参考资料,2021 年入选全国高校就业创业特色教材课题项目,同年荣获福建省教育厅推荐参评的首批"十四五"职业教育国家规划教材,2023 年 6 月入选首批"十四五"职业教育国家规划教材。

习近平总书记多次强调教材是育人育才的重要依托,是铸魂工程。教材作为学校教育教学的基本依据,是解决"培养什么人、怎样培养人、为谁培养人"根本问题的重要载体,是贯彻党的教育方针、实现教育目标不可替代的重要抓手。本教材自出版以来,全球及国内的青年就业形势发生了巨大变化,国内生涯专家乔志宏指出:新冠疫情对人类社会产生了深远影响,重塑了职业环境,改变了传统职业形态,对大学生成就和生涯发展提出了巨大挑战。根据《职业院校教材管理办法》等规定,要每三年对教材进行一次修订。综上,我们决定对本书进行修订,积极贯彻落实将习近平新时代中国特色社会主义思想及党的二十大精神融入教材的指导精神,以期使教材的育人目标更加清晰、完善,更好地发挥生涯与就业的育人功能。

党的二十大报告指出:要强化就业优先政策,健全就业促进机制,促进高质量充分就业。我们希望通过再版教材继续为广大高职学生提供有益的职业生涯发展指导,帮助他们积极应对生涯发展中的变化和挑战。在这个快速变化的时代,大学生需要具备创新思维和适应变化的能力,以更好地应对未来就业和生涯的韧性发展。

通过本教材,我们希望引导大学生树立正确的职业观念,培养积极向上的人生态度,激发生涯发展的创新意识和自主意识。教材将继续以简洁明了、生动活泼的方式呈现知识,通过身边真实的案例和美观的图片,增进阅读亲近感和学习体验。此外,教材还将保持互动性,提供更多的匹配的实践活动和拓展资源,协助教师开展课堂活动,引导同学们主动思考和实践所学知识,培养创新思维和解决问题的能力。

最后,感谢广大读者对本教材的支持和反馈。我们将持续努力,致力于为大学生的职业生涯发展提供更好的指导和帮助,共同创造美好的未来。

主编 汪琳

2023 年 12 月 3 日

一版前言

从"职业生涯发展与创新思维"校企合作课程开发立项，到现在完成这套体验式教材的撰写（教师用书、学生用书与实训手册共三本），前后历时两年左右，其间课题组成员走访企业进行调研、到兄弟院校参观考察，交流课程建设先进经验与做法，并对一些典型毕业生进行了访谈，搜集我校优秀毕业生的案例、聘请专家指导设计一系列覆盖学院 2016 级近 2000 名学生的问卷，涉及生涯适应力、创造力、自我效能感等维度。通过前期的调研与分析，我们对本校学生的学情有了全面、深入的了解，在此基础上，课题组成员汪琳、孙云莉、石鹏（企业）、许柳青、宋凌云结合在地化校情，分工合作，完成了此系列校企合作开发课程教材的撰写。

本系列教材包括三册：教师用书，意在规范教学内容、引导教学思路、激发教学设计、丰富教学资料；学生用书，相比教师用书大大简化，重视阅读的可视化，更多在于引导学生运用生涯相关知识，转化能力；同步训练手册，配合学生用书与课堂教学使用，学生在完成手册的训练任务后，基本上可以生成一份具有自身独特性的规划书，使课程考核结构化更易于实现。

在撰写教材的过程中，课题组成员紧密结合我校校情、学情，贯彻"育人为本、跨界融合、服务需求、追求卓越"的办学理念，践行"等待、陪伴、支撑、相信、严格"的大爱教育理念，将创新思维、创意生涯发展与职业生涯的发展相结合，并主要基于社会认知职业理论（SCCT），构建本教材的内容体系。《道德经》有言："合抱之木，生于毫末；九层之台，起于累土；千里之行，始于足下。"笔者期望能以书为引，推动同学们在生涯发展的认知与行动中向前迈出一小步。

创新，即个人的创新，是其产生新的观念或产品的过程，这种过程涉及个人的特质或心理属性与情景属性之交互作用所呈现的种种表现，钟卫东等学者证实支持性的环境能对个体的创新行为产生正向的影响。2015 年 12 月修订的《中华人民共和国高等教育法》中明确规定："高等教育的任务是培养具有社会责任感、创新精神和实践能力的高级专门人才，发展科学技术文化，促进社会主义现代化建设。"本教材中的"创新思维"更多的是指如何摆脱生涯发展中的制式思维的限制，从而看到生涯发展的更多可能。

本教材将创新思维与生涯发展相结合，不是内容模块上的简单相加，而是通过问卷调查、文献分析对创新思维与生涯发展正向相关关系的多维理解，确定支持性的人力资源实践与个体直接相关，创建支持性的制度环境对学生创新思维能力的提升有积极正向意义。因此，在本教材的设计过程中，我们把运用教材的课堂当作可以提供人力资源支持的环境，通过诸如创建教研室微信公众号、学生生涯发展访谈与自述故事、团队任务、同步训练的内容设计、教法与实务案例的运用等，将右脑训练全新思维的三感三力——

设计感、意义感、娱乐感、共情力、交响力、故事力，融入不同的任务设计中，使个体感受到组织支持，从而提高生涯发展的自我效能感，并使生涯适应性得以增强。通过创新思维的训练帮助学生灵活应对生涯发展中的困境与难题，使学生既能脚踏实地，又能面向未来，拥有积极的行动力与对生涯的掌控力。

古人云，授之以鱼不如授之以渔。本教材在编写的过程中注重内容的体验性与可操作性，引导学生自我探索，提升学生的生涯自我管理能力。

本教材主体内容包括八章，撰写内容与分工如下：第一章"三涯"初印象（许柳青），第二章激活职业生涯发展的内驱力（孙云莉），第三章发现"我"的职业性格（汪琳），第四章打造专属的职业能力（宋凌云），第五章探索职业世界地图（石鹏），第六章创新思维与创意生涯发展（孙云莉），第七章我的生涯我做主（汪琳）；第八章评估修正我的职业生涯之路（汪琳），最后是与本书相关的测评等附录。全书主要有以下五个特点：

第一，结构上，关注教材的可读性，有名人名言、案例导入、拓展资源、课堂活动、小贴士等内容，既便于学生课后自学，也便于老师课堂操作；重点是本教材与我校学生实际情况相符。

第二，内容上，注重内容的可读性、可操作性、趣味性与体验性，引导学生积极深入地探索学涯、职涯与生涯的知识、技能与价值观。

第三，形式上，教材与新媒体运用紧密结合，链接职业发展与就业指导教研室的微信公众号，将我校相关的资源与案例以二维码扫一扫的方式嵌入教材，使教材从纸质阅读延展为电子传媒的线上阅读。

第四，游戏化，配合教材的内容，课题组设计了一款生涯大冒险桌游，可在结课时通过游戏的方式，增进学习成效。

第五，师生共创元素，在教材编写过程中，课题组组建了思维导图学生项目团队完成教材目录思维导图设计，书中不少案例是厦门城市职业学院各级学生的原创作品。

本教材在编写的过程中，得到厦门大学刘艳杰老师、仁能达教育科技有限公司 CEO 谢伟老师、北京源型悦雅教育咨询有限公司 CEO 陈郁老师、北京师范大学珠海分校高艳老师等同仁的无私帮助与鼓励。因受教材编写团队知识与能力所囿，本教材难免有疏漏，若您在阅读或使用本教材的过程中发现纰漏与错误，请不吝赐教，我们的编写团队将不胜感激！您可将所发现的问题或要探讨的议题发送到主编的邮箱：wanglin@xmcu.cn，再次致谢！

汪琳

2018 年 8 月 9 日

如何使用此教材？

当你拿到这本教材时，别着急往后翻，请先阅读完本指南。

（1）你可选择性地阅读本书的内容；

（2）你也可以选择性地运用书中的练习与活动；

（3）记录您的反思并保留记录；

（4）书中的自测题或练习题可反复做，不同时期得出的结果会给你带来不同的感悟；

（5）结合未来职业的发展，根据本书的体验或互动内容可形成个人的生涯发展规划档案。

教材使用指引

使用指引	章名称	节名称	主要内容
1.如果你想了解与生涯相关的基本概念与理论发展，以及它们是如何影响生涯发展辅导技术与生涯自我管理方法的，可阅读本章节	第1章 "三涯"初印象	第一节	生涯、学涯和职涯概述
2.如果你想知道生涯观是如何作用于生涯发展的，可阅读本章节		第二节	生涯观与生涯发展
3.如果你想了解生涯自我管理的路径与方法，可阅读本章节		第三节	职业生涯辅导与管理
4.如果你想了解职业需要是如何影响一个人的职业发展方向的，可阅读本章节	第2章 激活职业生涯发展的内驱力	第一节	职业需要
5.如果你想深入了解个人的职业兴趣与职业生涯发展的关联，以及如何打造或运用职业兴趣促进生涯发展，可阅读本章节		第二节	职业兴趣
6.如果你想知道职业价值观在生涯发展与决策中的作用，并深入探索自己的职业价值观，可阅读本章节		第三节	职业价值观

续表

使用指引	章名称	节名称	主要内容
7.职业性格虽然不是职业生涯发展中具有可干预性的因子,但是科学并全面地了解自己的职业性格,可以帮助我们更好地扬长避短,想要了解职业性格基础知识,可阅读本章节	第3章 发现"我"的职业性格	第一节	职业性格概述
8.了解职业性格的工具五花八门,本书主要介绍了世界上运用最为广泛的一种即MBTI,想要了解自己的职业性格并施测,可阅读本章节		第二节	MBTI及其评测
9.想知道如何合理地将职业性格与职业选择相结合,可阅读本章节		第三节	职业性格与职业选择
10.如果想了解职业能力对于生涯发展的作用,可阅读本章节	第4章 打造专属的职业能力	第一节	职业能力的内涵及其作用
11.在职业生涯发展的自我管理中,需要了解职业能力的类型,如何列出能力清单,可阅读本章节		第二节	职业能力的类型
12.如果你想评估自己的职业能力,以便在生涯发展的过程中明确能力修炼策略,可阅读本章节		第三节	职业能力的评估
13.核心竞争力是职业能力中最重要的部分,如果你想了解核心竞争力是什么以及如何构建它,可阅读本章节		第四节	核心职业竞争力
14.职业生涯发展总是依托于一定的环境,如果想了解职业生涯发展中行业、企业、职业的基础知识,可阅读本章节	第5章 探索职业世界地图	第一节	行企职概述
15.如果你想知道如何科学地进行职业评估以及职业信息搜集的方法,可阅读本章节		第二节	职业评估与职业信息搜集
16.校园环境是大学生学涯发展阶段的重要环境,如果你想知道如何将这个环境资源充分运用于个体的生涯发展,可阅读本章节		第三节	校园环境与职业生涯规划

续表

使用指引	章名称	节名称	主要内容
17.个体职业生涯发展离不开时代与社会发展的大背景,如果你想了解社会环境与职业生涯发展的关系,可阅读本章节		第四节	社会环境与职业生涯规划
18.家庭资源也是不可忽视的职业生涯发展影响因素,如果你想了解家庭资源的探索方式,可阅读本章节		第五节	家庭环境与职业生涯规划
19.如果你想了解时代对大学生创新思维的要求与影响,可阅读本章节	第6章 创新思维与创意生涯发展	第一节	大学生与创新思维
20.如果你对创新思维与职业发展之间的关系感兴趣,可阅读本章节		第二节	创新思维与职业发展
21.如果你对创新思维方法、跳脱出制式思维感兴趣,可阅读本章节		第三节	创新思维的基本方式
22.如果你正处于生涯决策的阶段,可阅读本章节	第7章 我的生涯我做主	第一节	决策与职业生涯决策概述
23.如果你想知道职业决策有哪些技巧与方法,并可参照运用于决策环节,可阅读本章节		第二节	职业决策模型介绍(技巧与方法)
24.如果你希望探索职业决策风格并希望在此基础上有所改善,可以阅读本章节		第三节	职业决策风格及其特点
25.如果你的困扰是行动计划的制订与实施,可阅读本章节		第四节	职业决策与行动计划
26.如果你想评估当前生涯发展中存在的问题,可阅读本章节	第8章 评估修正我的职业生涯之路	第一节	职业生涯发展的评估与调整
27.如果你想了解如何排除生涯发展中的不合理信念,排除生涯发展中的思维障碍,可阅读本章节		第二节	职业生涯发展中的不合理信念
28.如果你想掌握一些职业生涯发展的自我管理工具,可阅读本章节		第三节	职业生涯自我管理的工具及其使用

目　录

第**1**章

"三涯"初印象

【教学目标】

1.理解生涯、学涯、职涯的内涵及关系；

2.理解生涯发展的阶段与任务；

3.理解职业生涯规划的含义、主要原则；

4.树立职业生涯发展的自主意识；

5.增强学习专业及发展能力的动力及自信；

6.结合三涯，提高自我分析与规划的意识和能力。

【教学内容】

第一节　生涯、学涯及职涯
第二节　生涯观与生涯发展
第三节　职业生涯辅导与管理

第一节 生涯、学涯和职涯

【名人名言】

别看我一时,且看我一世。

——黄天中

【案例导入】

他又"出差"去了
——追记厦门厦工机械股份有限公司高级技师盖军衔

"军衔生病时还在安慰我:'没关系,哪天我真走了,你就当我出一次长差。'恍惚中,他真的又出了一趟差,我还在等待着他回家。"每每说起盖军衔,妻子王嫣明总是潸然泪下。

1975年,20岁的盖军衔进入厦门工程机械厂当学徒工,学历只有小学水平。

当时大家都下班了,盖军衔却经常独自一人废寝忘食地琢磨技术。为了弄清装载机这个现代大型机械的结构和工艺,他对着图纸,一遍遍把数十万个大小不一的零件都拆下来,一一分解、研究,然后又一一装配上去。时间一久,他摸透了装载机的每一根血脉、神经,并练就了一个特殊的过人本领:蒙起眼睛,也可以把装载机分解,还可以全部装配上去,只要听声音,就能辨别机械故障产生的位置和原因。

参加工作30多年,盖军衔逐渐成为装载机方面的行家。2012年12月,盖军衔获得了技术工人最高奖——"中华技能大奖"。这些闪光的荣誉背后,是盖军衔辛勤的汗水。盖军衔以惊人的毅力,自学读完了中学、大学的所有课程,是厦门城市职业学院前身之一的厦门职工大学1985级机械专业的校友,获得了机械专业的本科文凭。就在两年前,盖军衔从报纸上看到了一个快速记忆的英语培训班,那个班大部分都是小朋友,他也跑去报名听课。

盖军衔第一次和南极结缘是在1995年。那时中国南极长城站的一台厦工装载机坏了,厦工派盖军衔去修理,他是我国首批受邀参加南极科考的工程机械行业的队员。他充分利用极昼现象四处奔忙,连休息都没有安稳过。一幢房子般大小的建筑废渣,几乎都是盖军衔一个人清理运走的。

1997年,盖军衔第二次参加南极考察,出征南极冰盖最高点冰穹A,成为我国最早进入南极内陆冰盖的两位机械师之一。盖军衔摸索总结了一套冰盖行车、保养、维修的经验,保障车队从中山站向冰穹A行进了464公里,创造了世界纪录。

2004年年底,盖军衔第三次参加南极考察。在中山站,盖军衔利用仅有的德文版原理图,对三辆雪地车进行了系统调整、检修。在进入南极冰穹A、海拔4000米(相当于藏区 5000 米)的最高区域后,由于连续紧张地抢修发电机组,盖军衔出现了严重的高原反应,身体接近休克,在这种情况下,他仍然坚持工作。

鉴于盖军衔的突出贡献和能力,公司多次要提拔他到领导岗位上,他却淡淡地说:"还是把我放在第一线吧。"

从南极回来之后的 10 年,盖军衔把全部精力倾注到培养技术骨干上,经他手培训的技术工人超过 3000 名。

2013 年 1 月,盖军衔被检查出患有胰腺癌,但他仍然把电脑放在床边,只要身体舒服一点便打开电脑看动画培训项目。在生命的最后日子里,盖军衔仍抱着电脑做培训用的3D 课件。

2013 年 4 月 25 日,盖军衔走了,时年 58 岁。所有与他结识的人都收到他的这样一则短信:"各位朋友大家好,当你收到这条短信的时候,我已经离开人世间到另一个世界。感谢各位多年来的关心和厚爱,我在西去的路上遥祝各位朋友健康长寿。这是我送给各位朋友的最后一个祝福。永别了!"[1]

看完以上案例,参考图 1-1 请思考并回答以下问题:

1.请概括盖军衔的学涯、职涯与生涯。

2.对于盖军衔的"三涯"你印象最深的是什么?

3.请结合本章"三涯"相关知识,阐述你对"三涯"的理解。

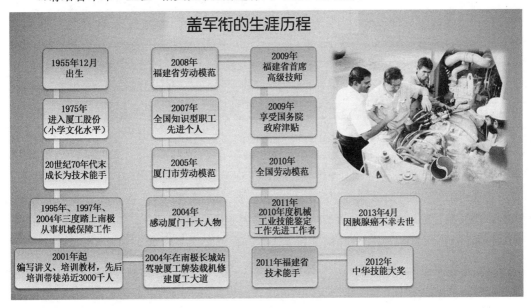

图 1-1 盖军衔的生涯历程

[1] 马跃华.他又"出差"去了[EB/OL].[2018-05-18].http://cpc.people.com.cn/n/2014/0220/c64104-24416162.html.

一、生涯

(一)生涯的词源与定义

生,甲骨文是指事字,在草叶(屮)下面加一横表示地面的指事符号,表示新芽破土而出。有的甲骨文用(土)代替表示地面的指事符号,成为会意字:＝(屮,新芽)＋(土,地面),明确草和土的关系。生的造字本义是草木破土萌发。金文、篆文承续甲骨文字形。隶书将篆文上部的屮简化成,失去植物嫩叶萌发的形象。《说文解字》:"生,进也。象草木生出土上。凡生之属皆从生。"图1-2为"生"字的字形演变。

甲骨文	金文	篆文	隶书	楷书	行书	草书	标准宋体
土	土	生	生	生	生	生	生
甲380	粹1131	史颂鼎	说文解字	武威简	张猛龙碑	王献之 赵佶	印刷字库

图1-2　"生"字的演变

厓,是"崖"的本字,表示水边高耸的崖壁。当"厓"的"水边岸壁"本义消失后,篆文厓再加"水"另造"涯"代替。涯的造字本义是江河湖海的水边崖岸。隶书将篆文的写成氵。《说文解字》:"涯,水边也。从水从厓,厓亦声。"如图1-3所示。

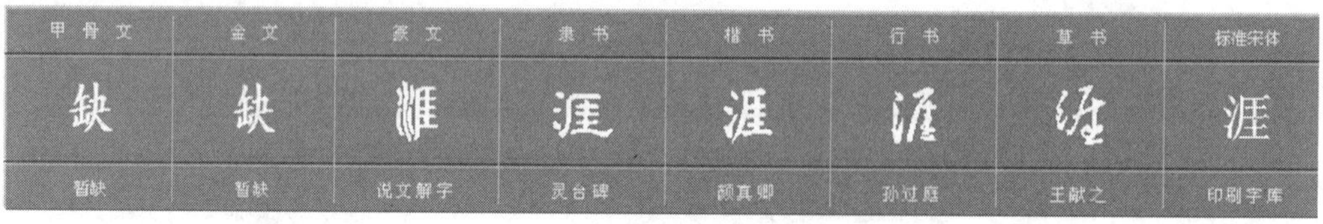

甲骨文	金文	篆文	隶书	楷书	行书	草书	标准宋体
缺	缺	涯	涯	涯	涯	涯	涯
暂缺	暂缺	说文解字	灵台碑	颜真卿	孙过庭	王献之	印刷字库

图1-3　"涯"字的演变

"生涯"一词合用最早见庄子《养身篇》中的"吾生也有涯而知也无涯",在古代"生涯"的含义具体是指"人生的极限"。孔子曾言"吾十有五而志于学,三十而立,四十而不惑,五十而知天命,六十而耳顺,七十而从心所欲不逾矩",具体阐述了一种对生涯阶段的理解。此外,还有白居易诗云"生计抛来诗是业","生计逐日营";刘沧诗云"自怜生计事悠悠";刘长卿诗云"湖上寄生涯"。现代汉语中,"生涯"是指从事某种活动或职业的生活。这些文献中的"生涯"或"生计"主要指生命、人生、生活等。

"生涯"的英文为"career",《牛津辞典》上将其解释为职业、事业以及生命的历程之意。从词源上来说,"career"源于拉丁文"carrus"与罗马文"via carraia",均为古战车之意。在西方人的认识中,生涯就如同一场竞技,人们在充满冒险、未知与激情的竞技场上驰骋、斗争与获得。

学者们从不同的方面和角度对"生涯"一词进行了详细的理解和阐述,由于角度和侧重不同,其对"生涯"一词的界定也有所差异。

狭义上的生涯具体是指职业生涯,也就是一个人一生当中所从事的职业和工作的相关过程。而广义上的生涯则不仅仅停留在职业和事业方面,而是扩展到非职业性活动层面,还包含除终生事业方面以外的生活等方面的含义。

本书主要从广义的方面来理解和阐述生涯的意义,生涯不应只停留在终生事业层面,而应包含更广和更深的意义,涉及其他的职业和非职业性活动。

"生涯"一词有丰富的内涵和特性,它不等同于"生命"的含义,同时也不仅仅局限于"职业"的含义。由此,在对上述学者的理论和思想的理解和归纳上,可以参考美国职业生涯学者舒伯对"生涯"的定义:

生涯是生活中各种事件的演进方向和历程,它综合了人一生中的各种职业和生活角色,由此表现出个人独特的自我发展形态。总的来说,生涯即为人一生当中担任的不同角色以及经历的生活历程。

(二)生涯的特性

一个人在一生当中担任的不同角色以及经历的生活历程即为生涯,因此一个人在生涯发展中就会从不同的角色中发掘自我、寻找自我和认识自我,体会和感知生命和生活的含义,并找到正确的前进方向。对生涯特性的探讨,是从对生涯的本质了解的需求出发,它将更有益于引导人们进行合理的生涯规划,坦然面对人生的不同境况和局面。

目前许多学者都对生涯的特性进行了多方面的研究和探讨,得出了一系列的结论和成果,在这里我们主要摘录两个较为典型的学者的观点进行理解和把握。

台湾地区学者邱美华、董华欣在总结各学者有关思想理论的基础上对生涯的特性进行了多方探讨,认为生涯应具有以下几方面的特性。

(1)独特性:生涯是每个人怀有各自的理想和信念去实现目标、追逐梦想、实现自我价值和社会价值的独特的生命历程,每个人的生涯在形态或表象上或许相似,但内核和实质必然不同,具有独特性。

(2)终生性:生涯是一个人包括就业前、就业中和退休后的整体的终生发展的历程。

(3)发展性:生涯是动态发展的过程,在不同的生涯阶段每个人的发展目标和任务不同,需要不断地发展和蜕变。

(4)总和性:生涯不只停留在职业和工作层面,应具有总和性,涉及人生整体发展的各个层面。

综上,生涯是人在一生当中所担任的角色和从事的职业的总和,其中不仅包含了职业角色,同时还包含了人生整体发展中的其他各层面的角色,如子女、学生、公民等。对于不同的人来说,其生涯都是独一无二且无法复制的,是个人根据自己的理想和信念付诸努力和实践以实现目标或实现自我的一种独特的生命过程,它是一个终生发展的历程,同时又是动态发展的历程。个体由对自我概念、自我兴趣的察觉来知人、知物、知境,确定各个阶段和时期的发展任务和发展目标,适应阶段成长的需要,实现自我发展和蜕变,实现生涯目标。而尊重生命的意义和主动、尽责地规划自我生涯才能更好地实现和发挥人生价值。

【课堂活动】

我的角色饼图

第一步:制作现实的角色饼图。(见图1-4)

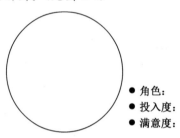

● 角色:
● 投入度:
● 满意度:

图1-4 现实的角色饼图

(1)梳理目前学习、生活、工作中所承担的所有角色,在饼图中用不同的颜色标识出来。

(2)思考每个角色所投注的时间、精力,并将此转化为百分比在饼图上以相应的比例标识出来。

(3)分析现实的角色饼图。看看有没有哪些角色投入度较多,或者哪些角色投入度不足,结合愿景目标,是否需要做些调整?

(4)构思理想的角色饼图,想一想:在不同角色上,要完成的事情或目标是什么? 完成这些事情或目标后,可能会发生哪些改变? 环境又会有哪些改变?

第二步:畅想理想的角色饼图。(见图1-5)

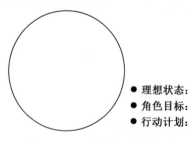

● 理想状态:
● 角色目标:
● 行动计划:

图1-5 理想的角色饼图

(三)生涯"四度"

古典在他的畅销书《拆掉思维里的墙》中提出"生涯四度"的系统生涯观,生涯四度即生涯的高度、宽度、深度与温度,如图 1-6 所示。高度的终极价值在于权力与影响力,政治家、企业家是追求高度的典型代表;深度的终极价值在于卓越与智慧,科学家、艺术家是追求深度的典型代表;宽度的终极价值在于爱与和谐,它能帮助我们打开人生中多种不同的角色,让生命变得丰富多彩,例如特蕾莎修女就是体现生涯宽度的典范;温度的终极价值在于自由,它是指我们对生命的热度,我们对生活有多大的热爱与激情,就能多大程度活出自己的本来面目。

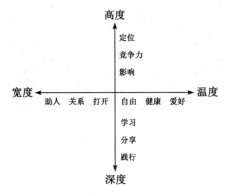

图 1-6　生涯四度的发展关键词

选择某一种生涯维度,就意味着你要承担这条生涯路上所有的责任与挑战;如果选择了平衡,就意味着需要放弃某一维度达到巅峰的可能。这正是你写给自己的人生脚本。现实生活中,我们也会发现,当一个人在某一维度做到极致时,这一维度的成就有可能会影响到其他维度。

【课堂活动】

绘制我的生涯四度图

如图 1-6 所示,请同学们绘制自己的生涯四度坐标图,假设每个维度满分是 100 分,请思考:

1.当下每个维度可以打多少分?

2.在未来的大学三年直到毕业后三年,期待每个维度的理想得分是多少?

3.实现这个理想的得分是因为达成了什么样的目标或是做到了哪些具体的事?

【拓展资源】

生涯电影推荐:《人生大事》

电影《人生大事》是一部关于殡葬题材的电影,由刘江江编剧并执导。电影讲述了殡葬师莫三妹（朱一龙 饰）在刑满释放不久后的一次出殡中，遇到了孤儿武小文（杨恩又饰）。小文的出现，意外地改变了他对职业和生活的态度，二人也在一次次的摩擦碰撞当中重获新生。电影以莫三妹这样一个殡葬师为视角，让更多人了解这个特殊职业。影片里莫三妹告诉武小文她的外婆"火化后会变成烟，飞到天上变成星星"，影片中的小文因此把殡葬师称为"种星星的人"，给这个职业画上一笔温暖的底色。

图 1-7　电影《人生大事》海报[1]

二、学涯

【案例导入】

假如大学重来，我选择如何度过？

2015级音乐制作专业毕业生原创

看到这个题目，我第一个想到的就是假如大学可以重来，我一定不挂科，不缺席考试！不再因为各种原因导致自己挂了 11 科。

刚上大学的时候，有许多计划却没有认真精学自己的专业，经常用上课时间去兼职，以为这样可以增加自己的见识，积累自己的社会经验。现在意识到，如果再不抓紧最后的机会补回成绩，可能大学都毕不了业。

回想大学时光，形成了一种定式思维，遇到事情首先想到的是倾诉，是抱怨，变得越来越爱抱怨，越抱怨心情越糟糕。

假如大学能重来，我想要按照最开始进入大学时计划的那样，不错过任何一次社团活动，多多结识在社团中有共同兴趣爱好的朋友们。很多时候，总觉得时间很多，很多事情还会有下一次，可是谁曾想，一转身就是天涯海角了。所以，如果大学还能重来一次，

[1]　图片来源百度百科：https://baike.baidu.com/item/%E7%A7%8D%E6%98%9F%E6%98%9F%E7%9A%84%E4%BA%BA/61487747。

我会毫不犹豫地抓住每一次机会。

大一的时候,我与许多人一样对未来憧憬又迷茫。我做了许多计划,一个是学习一门外语。那时每天坚持早起,泡图书馆,然而最后没有取得理想的成绩,这样的结果给了我沉重的打击,开始灰心丧气,觉得对许多事情都失去兴趣,不愿意再做努力。另一件事情是对于自己的专业,大学期间没有很好地练琴,提升专业能力。

假如大学能重来,我希望能更好地处理人际关系,多参与集体活动,因为一个人的社会交往是有限的,而大学是踏出社会非常重要的人际资源网。

三年光阴真的是弹指一挥间,大一刚踏入大学校门的那天仿佛就是昨天,画面深刻,那时带着对未来生活的好奇和憧憬,现在想起来仍然觉得是最美好的,假如大学能重来,我希望能好好面对挫折并且克服困难,而不是选择逃避。

寄语学弟学妹

刚进入大学时,是容易迷茫并且迷失方向的,刚踏入大学生活的学弟学妹们,希望你们可以认真地思考自己未来的方向,然后朝着这个方向不断去努力,当你有个目标并为实现它而努力时,其实是非常充实的,过程可能会很累会坚持不下去,但是要记住努力过、争取过必定会有所收获。

还有一点是心态要摆正,即使失败了也要振作起来,及时调整方向和计划,因为自己做出的选择只有自己负责。"你做的每个选择决定了你未来是什么样的人",这句话说得非常对,如果你每天躺在宿舍,刷刷手机吃两顿外卖,转眼一天过去了,可如果你每天背几个单词,做半小时运动,日积月累收获的其实非常多。

请扫二维码

假如大学能重来,我会珍惜大学生活的每一天。(原文请扫二维码)

学业,《现代汉语词典》中将其解释为学习的功课和作业。华中科技大学孙秋云教授表示,学业即为一个人为就业、工作和发展而习得和储备的最基本的技能。学涯通常被认为是学习生涯,在这一生涯阶段中个体扮演的是学习者的角色,是学习者为今后的就业、工作和发展而进行基本知识技能学习的一个整体的学习历程。学涯可呈现出不同的学习阶段,比如小学阶段、中学阶段以及大学阶段。在不少人的生涯中,学业生涯占据了很大一部分,它是个人为未来就业和实现自我发展而努力和实践的重要阶段。英国著名的哲学家怀特海先生说:"在中学阶段,学生伏案学习;在大学里,他需要站起来,四面观望。"学涯规划,无异于一个人的"生涯规划奠基工程",做好学涯规划,就是为自己的美满人生做加法甚至做乘法。

学习者在接受教育后,在对自身特点以及社会需求的了解和把握的基础上,制定与自身实际相符的职业或事业目标,并筹划学业路线,制订学业发展计划的这一过程即为学业生涯规划。学业生涯中个体进行学业生涯规划的行为和动作体现的其对自身发展、学业发展和未来发展的期望,是基于理性认识和客观实际的展望和筹划,是对自身负责任的行为。

学涯规划是由学涯想象、设计,进而确立发展方向而来,其核心包括三个步骤:

(1)了解自己,确立方向,明确目标;

(2)了解在相应学习领域成功所需要的条件、技能,以及储备知识;

(3)了解从确立方向开始的完整过程,做出学涯规划。

对于高职同学来说,大学生涯的三年光阴稍纵即逝,如何在短暂的大学时光中得到历练,是同学们重要的学涯主题,做好学涯规划是一个有效的方法,其中的计划与措施尤其重要。计划与措施的主要内容包括学习、工作、生活、实践等方面,列出具体计划后,要对每项计划采取对应的措施,而且措施需要有效可行。下面是许守盛校友的学涯历程,与案例导入中清考的同学相比较,有规划与无规划的学涯会形成鲜明对比。

值得注意的是,当今社会是终身学习的社会,学涯已经不再局限于学习者角色时期,而是拓展到人的一生,因此,保持学习者的心态是生涯发展与时俱进的重要基础。习近平总书记指出,学习是立身做人的永恒主题,也是报国为民的重要基础。"风雨多径志弥坚,关山初度路犹长。"当下"世界百年未有之大变局"波澜壮阔,实现我国"第二个百年奋斗目标"重任在肩,在党的二十大精神的引领下,青年坚定不移听党话、跟党走,怀抱梦想又脚踏实地,敢想敢为又善作善成,以坚定的理想信念、担当有为的实际行动、苦干实干的奋斗不息,贯穿学业全过程、融汇在事业追求中,将党的二十大精神躬行践履,让青春在全面建设社会主义现代化国家的火热实践中绽放绚丽之花。

【拓展资源】

许一心愿 细细耕耘 终守花盛开

2011 级商务英语专业许守盛

许守盛来自汕头,高考时第一志愿填报的就是商务英语专业,他对语言一直十分感兴趣。在入学前,守盛就通过网络结识了学校社团的学长学姐,向他们请教如何度过大学时光。当问及学长学姐们的建议对他是否有用时,守盛说,当时学生会、自律会等社团的学长学姐给了他两个建议:一是好好读书,二是多交朋友,锻炼自己的能力。他觉得这些对自己都是很好的指导。2011—2012 年第一学期,他担任班级副班长职务、演讲与口才协会宣传部干事及外语协会宣传部干事,负责外语协会的口语角;2012—2013 年第二学期,他任班级班长职务、外语协会外联部部长、第三届学生代表大会团员代表、第 12 期入党积极分子,协调班级同学参加"学院创建文明班级活动"并取得优秀成绩;2013—2014 年第一学期,担任班级班长。在社会实践方面,2012 年 7 月—2012 年 8 月在厦门新星英语培训中心担任英语助教,通过情景式教学,使学生在情境之中、游戏之中学习英语。在校期间,他连续三年获得学院一等奖学金。有了在学校的这些历练,专升本后在泉州师院学习时,他的性格渐趋沉稳,被选为英语班的党支部书记,与同学们相处融洽,相比专科时能更好地处理学习与工作中的事务。

请扫二维码

对于大学期间经历最大的困难与挑战是什么,守盛说他在大学期间一直都很顺利,自己希望什么就能获得什么。他说自己相信越努力越幸运,也许这些正是自己努力的结果。(汪琳采编,原文请扫二维码)

三、职涯

关于职业这一词的具体定义,教育家杜威曾将其概括为"是个人可以从中得到利益的一种活动"。而社会学家塞尔兹则表示,职业是个人为获得收入以支持自身生存和发展而进行的某种具体的具有市场价值的特殊活动,它直接影响个体在社会中的地位。日本劳动问题专家保谷六郎对职业的定义进行了进一步的扩展和延伸,认为职业是拥有劳动能力的个体为支持和实现自身和满足生活所需,通过发挥自己的能力,为社会做出某种或某些贡献的连续活动。

在《现代汉语词典》(第六版)的解释中,职业具体是指个人所从事的作为主要生活来源的工作。从狭义上来说,职业仅关心物质和温饱方面,甚少涉及精神层面,这也是人们对于职业认识的一个主要潮流。但是,人们对职业的理解和认识也处在不断的变化和发展当中,不可能一直停留在解决衣食温饱的层面上。

职业生涯是人的一生,即整个人生生涯的一个重要阶段和环节,对于职业生涯的具体定义,学者们从不同角度和方面进行了阐释。

罗斯威尔认为,职业生涯应是人的一生当中与工作相关的行为活动、态度以及价值观的有机整体。

在《法国权威词典》中,职业生涯具体解释为:"连续性的、分阶段分等级的职业经历。"施恩认为,职业生涯应具体分为两方面——外职业生涯和内职业生涯。前者是指包括招聘、在职、退休等阶段在内的一个人经历一个职业的过程,而后者相对来说更多的是关注个体主观的满足感、从工作中获得的成就以及工作事务与休闲、精神娱乐和家庭义务等需求之间的平衡,个体内心的自我实现感是内职业生涯关注的重点和关键。

霍尔认为,职业应是人一生当中与工作相关的一系列的活动和经验。

中国学者吴国存认为,职业生涯应从狭义和广义两个方面来进行理解和阐述。他认为,狭义上的职业应是始于职业学习,再到投入社会、进行工作活动、结束职业劳动,最后退休的一个职业工作历程。而广义上的职业应理解为,一个从职业能力培养、获得,进行职业选择和正式从事职业活动和工作,再到最终结束职业劳动的完整的职业发展过程。若对职业生涯进行具体的细分,可将其归为外职业生涯和内职业生涯两类。外职业生涯具体是指个体一生中从事的工作以及职业的总称,可以理解为职称、职务以及社会地位等。而内职业生涯则是指个体在社会生活中人际交往以及行事的态度与动机变化的过程,以及自身所具有的价值观、学识和能力、经验等。

对于职业生涯的具体含义,各学者从不同的方面和认识角度给出了不同的理解和说明,虽然没有形成一个统一明确的定义认识,但是由于职业生涯作为一种概念而存在,我们必能把握其基本含义。根据研究分析以及基于学者们思想理论的整理探讨,我们可以从以下几个方面来理解和把握职业生涯的基本内涵:职业生涯首先具有职业的含义,它是个体一生的职业历程;是一个个体的概念,是个人进行的个体行为和经历;是一个关于时间的概念,职业生涯是个体在一生中从事职业的总的过程,涉及个体在职业层面上花费的时间,也就是说个体具有一个职业生涯期,它开始于职业学习,经历培训、上岗、就职等过程,结束于退休,这一职业生涯期会根据不同的个体特征和发展要求表现出显著的差异性;职业生涯不仅蕴含着时间的概念,同时还包含了职业发展及变更等一系列过程,如晋升和转业等。

【拓展资源】

推荐阅读:《让毕业后的你,感谢现在的自己》

读大学,重要的是过程而不是结果,学历文凭是结果,有效积累是过程。潜龙勿用,厚积薄发,生涯发展指导师鲍金勇,将在本书中给所有大学生提供以下建议:

1.想要学到东西,先要热爱你的专业

优秀的人在任何领域都会优秀,相反,不够优秀的人,是不可能通过改变工作领域而改变人生的。

2.笨鸟要先飞,才能让才华配得上梦想

所有的困境都来自"我想去"和"我能去",足够努力,你才可以选择。

3.不要低估任何一门课程,让学习变成习惯

不要抱怨学校和老师没有教给你如何生存,要知道只要学会思考,就会有所收获。

4.读万卷书,行万里路

时间有限,用这些有限的时间走得更远、看得更多,未来才会更加丰富。

图 1-8　鲍金勇:《让毕业后的你,感谢现在的自己》

5.选择你的同伴,与智者同行

在大学里,选择跟你一样努力的人,携手前行,一起发光。

6.别被外界影响,只需做好自己

再好的大学也有学渣,再烂的大学也出人才。重要的是如何学习,而不是在哪里学习。

【课堂活动】

破冰活动——相约同行

活动目的:彼此深入认识,建立学习团体。

材料准备:若干副扑克牌,若干报纸。

活动说明:

1.分组

采用姓名、生肖、星座、生日等其中任何一种方式排序,然后报数分组,或直接报数分组,按组就座。

2.通过"心脏病"活动,彼此相识相知

(1)组内,每人用两句话介绍自己的姓名和显著特质。例如,"我叫张小红,我最大的特点是乐观爱笑"。每个人都需要记住所有组员的姓名和其自述的显著特质。

(2)每组有若干副牌,由一名志愿者按照顺时针或逆时针方向依次分牌,牌面朝上,当有人看到自己面前的上面第一张牌与某组员第一张牌一样时,应以最快的速度喊出对方的名字及其自述的显著特质,如"乐观爱笑的张小红"。反应最快的一方,可把自己面前所有的牌,转移给反应比较慢的一方。分牌结束时,面前的牌最少的人,为获胜方,担任组长一职,为大家服务。

3.通过"小手印"活动,达成契约,一起成长

(1)每组一张报纸,所有组员都在报纸上描出自己的一只手印。

(2)在手印的"手指"位置,分别写上自己的姓名、最突出的个人特质、家乡的最爱、曾经最有趣的事、大学最大的期待。

(3)在"手掌"位置写上自己对本小组的承诺,如"不迟到""尊重""坦诚"等。

(4)在海报的显眼位置,画上一个小组的LOGO,并写上小组的名称、口号、共同的学习目标。

第二节 生涯观与生涯发展

【名人名言】

人不是被事情困扰住,而是被对那件事的看法困扰住。

——Epictetus

【案例导入】

人生需要规划

——杨澜四次转型的背后故事

杨澜是幸运的,但这种幸运,并非人人拥有,也不是人人都能驾驭的,它需要睿智的眼光、独到的操控能力,是职业经历累积到一定程度厚积薄发而来的。

第一次转型:央视节目主持人

1990年2月,中央电视台《正大综艺》节目在全国范围内招聘主持人。杨澜以其自然清新的风格、镇定大方的台风及出众的才气逐渐脱颖而出。但是,由于她长得不是太漂亮,在第六次试镜时还只是在"被考虑范围之列"。杨澜反问导演:"为什么非得只找一个女主持人,是不是一出场就是给男主持人做陪衬的? 其实女性也可以很有头脑,所以如果能够有这个机会的话,我希望做一个聪明的主持人。""我不是很漂亮,但我很有气质。"杨澜这些话彻底打动了导演,正式成为《正大综艺》的节目主持人。四年央视主持人的职业生涯,不仅开阔了杨澜的眼界,更确立了她未来的发展方向:做一名真正的传媒人。

第二次转型:美国留学生

1994年,杨澜辞去央视的工作到美国留学。资助她留学的正大集团总裁谢国民先生,说了这样一句话:"我觉得一个节目没有一个人重要。"这给杨澜留下了很深的印象。杨澜远赴美国哥伦比亚大学,就读国际传媒专业。业余时间,她与上海东方电视台联合制作了《杨澜视线》,她同时担当策划、制片、撰稿和主持的角色,实现了自己从最底层"垒砖头"的想法,借此实现了从娱乐节目主持人向复合型传媒人才的转型。更重要的是,在这期间,她认识了她后来的先生吴征,作为事业和生活上的伙伴,吴征总是鼓励杨澜尝试新的东西:宁可在尝试中失败,也不能在保守中成功!

第三次转型:凤凰卫视主持人

1998年1月,凤凰卫视中文台《杨澜工作室》正式开播。在凤凰卫视,杨澜不只是主持人,还是《杨澜工作室》的当家人,组里所有的柴米油盐都必须精打细算。这种经济上的拮据是一个非常好的锻炼,使她知道如何在最低的经费条件下,把节目尽量完成到完美的程度。在随后的两年时间里,杨澜一共采访了120多位名人。这些重量级的人物也构成了杨澜未来职业发展的一部分,两年后,杨澜已经有了质的变化。对于她而言,进军商界所欠缺的显然只是资本而已。而吴征,正是深谙资本运作的高手。

第四次转型:阳光卫视的当家人

1999年10月,杨澜从凤凰卫视退出,2000年3月收购了良记集团,更名为阳光文化网络电视控股有限公司,成功地借壳上市,准备打造一个阳光文化的传媒帝国。杨澜始终站在阳光卫视的前面,她从一个做传媒出来的人变成了一个传媒名人。这种对传媒资源运用的驾轻就熟,使得她的阳光卫视一出生就有了许多优势。但杨澜创业不久,就遇到了全球经济不景气,几乎天天都想着公司的经营。她将公司的成本削减了近一半,并剥离了亏损严重的卫星电视与香港报纸出版业务,还将自己的工资减了40%。阳光文化在2003年财政年度中取得了盈利,摆脱了近两年的亏损。之后,阳光文化正式更名为阳光体育,杨澜同时宣布辞去董事局主席的职务,全身心地投入文化电视节目的制作中。

万变不离其宗

由央视的名主持到远涉重洋的学子,再到凤凰卫视的金牌主持,最后到阳光卫视的当家人,杨澜的角色在不断地变化。但正所谓"万变不离其宗",无论如何转、如何变,杨澜始终把自己定位为"传媒人",她的变化就在于制定的目标层次一直在提高。杨澜在她的《凭海临风》一书中曾写到了乘热气球的经历。热气球的操作员能做的只是调整气球的高度以捕捉不同的风向,而气球的具体航线和落点,就只能听天由命了。"其实人生的乐趣也是如此,全在这定与不定之间。"杨澜这样认为。就像杨澜自己说的那样:"一次幸运并不可能带给一个人一辈子好运,人生还需要你自己来规划。"[1](有删减)

阅读完这个案例,请你思考:

1.在杨澜不同的生涯转型阶段,影响她做出决定的内在观念分别是什么?

2.如何理解杨澜说的"一次幸运并不可能带给一个人一辈子好运,人生还需要你自己来规划"?

一、生涯观

《说文解字》言:观,谛视也。按现代汉语解释为看、察看,表示一个人对事物的看法,分为心观与眼观。

据此,所谓生涯观即一个人对生涯的看法。观念是人们对事物的主观与客观认识系统化的集合体,人们会根据自身形成的观念进行各种活动;利用观念体系对事物进行决策、计划、实践或总结等活动,从而不断丰富生活和提高生产实践水平。形成正确和清晰的观念有利于做正确的事情,提高生活水平和生产质量。观念与理念密切相关,观念是形式,理念是根本,理念与观念关联,没有理念就没有观念发(产)生。

一个人的生涯观会影响他的生涯目标、生涯发展路径及生涯决策等有关生涯的具体行为。古希腊哲学家亚里士多德说优秀是一种习惯。实际上这种优秀的习惯是源于优秀的思维与观念。如果一个人说自己的命运不好,首先要从自己的思维和思想上去找原因。

你见到过这种情景吗? 一架飞机,傲然起飞,穿云破雾,引人瞩目。然而,它却不知

---

[1] 人生需要规划[EB/OL][2018-02-03].http://www.ce.cn/cysc/main/czhrw/200801/17/t20080117_14263089.shtml.

道自己的着陆点,它是一架盲目的飞机。它"跟着感觉飞",飞到哪里算哪里。你可能会说世界上根本不可能有这样的飞机！你说对了,世界上确实没有这样盲目的飞机,但是,却有的是盲目的人,他们不知道自己去往哪里,他们浑浑噩噩地过活,纯粹跟着感觉走。这样的人,跟一架盲目飞行的飞机又有何异？而将我们从盲目状态中救起的就是"生涯规划"。生涯规划,按人生所处的不同时段可分为学涯规划、职涯规划和晚景规划。

二、生涯观与生涯发展

所谓生涯观也可以理解为人生观。抗战时期,清华大学校长罗家伦在战时陪都重庆对学生演讲时提出:我们不只是要求人生更丰富更美满地实现,我们还要把人生提高。因此要建立能动的人生观、创造的人生观、大我的人生观。生涯观,换言之就是一个人对生涯的认知与观点,它就像天空中的北斗星,在一个人的生涯发展中默默地指引生涯发展的方向,影响着在生涯发展历程中的每一次抉择。

(一)那些描述不同"生涯观"的理论

1.线性发展生涯观

早期生涯发展观,如帕森斯较多地关注人职匹配,以解决大工业生产的大量激增岗位对合格人才的需求,这一时期较多地关注寻求职业的个体主客观条件与职业的匹配程度,随着生涯理论的不断发展,舒伯的生涯角色平衡理论、明尼苏达的适应论应声而起,以解决生涯角色平衡与生涯发展中的适应问题,如图 1-9 所示。

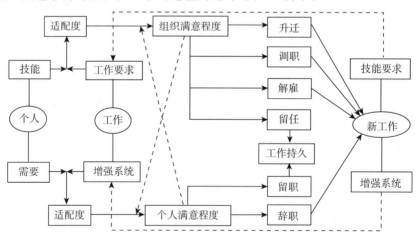

图 1-9　明尼苏达适应论

2.非线性发展生涯观

20 世纪 70 年代,班杜拉提出了社会认知职业理论(SCCT)。他认为 SCCT 是探讨个人的认知、行为与环境因素三者及其交互作用对人类行为的影响。由于人总是生活在一定的社会条件下的,所以班杜拉主张要在自然的社会情境中而不是在实验室里研究人的行为。

在班杜拉的影响下,生涯领域专家克朗伯兹提出生涯选择的社会学习理论,运用社会学习的观点来解释人们生涯选择的行为,认为有四类因素:遗传天赋、环境条件和事件、学习经验以及任务进行技巧影响一个人的生涯抉择,并且认为生涯选择是一个互动的历程。从萨维卡斯的生涯建构理论到布赖特的生涯混沌理论,生涯理论发展的路径是从较多关注人-职匹配发展到后现代的模糊建构理论,从线性生涯发展观到当今呼声较高的非线性生涯混沌理论。萨维卡斯(2005)提出四维度(4C)的生涯适应力的生涯规划理论,可以在生涯发展的过程中,作为自我生涯适应力管理的一个有效工具,他所提出的4C 主要是指:生涯关注(career concern)、生涯控制(career control)、生涯好奇(career curiosity)、生涯自信(career confidence)。其中生涯自信维度与生涯发展理论中的生涯自我效能概念相似,是指个体对自己生涯问题解决能力的信心及其自我效能信念,如图1-10所示。

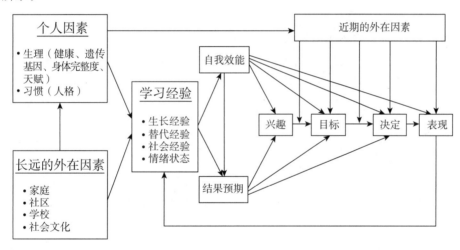

图 1-10 社会学习理论

对于一个生涯咨询师而言,所有这些理论都可能运用在咨询领域中为来访者服务;对于生涯个体而言,所有这些理论都可能在某一阶段、某一时刻,以某种方式影响个体的生涯发展,甚至在并未觉察的情况下。

(二)构建符合互联网时代需求的生涯观

1.自我负责的生涯观

自我负责的生涯观就是生涯自主管理观,生涯自主管理能力是人的一种控制与自己有关事物的控制意识和控制能力,并通过这种管理达到解决现实生活中各种问题的目的,它包括生涯发展的方方面面。职业生涯的自主管理意味着有目的、有计划、有意识地整合人与职业相关的自主行为的管理,以个人职业为主线,以实现人生价值为目标。自我负责或管理的生涯观的强弱,是决定一个人生涯管理成功的核心。自我负责的自主管理生涯发展观意味着:首先,要意识到生涯发展是自己可采取行动积极影响的事件,建立生涯自我发展与自我负责的生涯观;其次,将自我负责的生涯观转化为自愿、自发的行为,积极参与校内外各类活动;再次,自我负责的生涯观还意味着自主解决在学习、生活、社会交往中的各大生涯发展性问题;最后,自主负责的生涯观还意味着结合自己的实际情况,批判辩证思考,在林林总总、眼花缭乱的选择中不盲从他人,有科学决策的能力。

2.终身发展的生涯观

终身生涯发展最初由吉斯伯斯和摩尔于 1973 年提出,它是指个体在一生中通过各种角色、环境以及事件间的相互作用和整合而达到的自我发展。"终身"表明焦点在整个人身上,即人的一生生涯。终身生涯发展观对职业生涯发展的意义在于由简单聚集"职业选择"的发展目标朝着挖掘"职业潜能"的发展目标转向,由"实现就业"的发展目标朝着"实现价值"的发展目标转向。

终身生涯发展观是一种整体观、一种全人观。职业生涯观的现实困境表现为终身生涯发展观的缺失,即在内容上狭隘地指向了单一维度"职业选择",在目标上功利地指向了单一维度"实现就业"。高职学生职业生涯自主管理应回归终身生涯发展观,要立足于学生的"可能自我",实现"职业选择"的教育朝着"职业潜能"的目标转向;立足于学生的"终身生涯",实现"实现就业"的教育朝着"实现价值"的教育转向,确立为人的发展的终极目标提供更清晰的指引。

3.互利共赢的生涯观

在生涯发展的过程中,坚持职业生涯教育的价值理性,既不忌讳功利、不回避功利目的,又不以功利为最高目的,肯定功利又超越功利;既强调满足当下需要,又兼顾长远发展,既要满足个体发展需要,又要谋求个体与社会发展的和谐共赢。

2017 年 1 月,在联合国日内瓦总部,习近平总书记指出:"人类生活在同一个地球村里,生活在历史和现实交汇的同一个时空里,越来越成为你中有我、我中有你的命运共同体。"青年是国家的未来,也是世界的未来。新时代的中国青年以更加开放的姿态与世界互动,用奋斗铺就青春最亮丽的底色。同样地,在个体生涯发展中,个人与外在环境、自我与他人、个体与组织间保持互利共赢才能获得更长远的发展。

【拓展资源】

"90 后"职场——"代际关系"决定"人际关系"

进入职场,与其说是适应环境,不如说是适应人际关系。新生代的互联网公司,尚且存在"80 后""90"的代际冲突,更何况是"60 后""70 后""80 后""90 后"并存的传统企业。亲爱的"90 后"同仁,在进入职场后,除了努力提升自身业务能力之外,你还必须学会处理代际关系,弥合代沟。别嘘,这是你在一家企业长期待下去的关键。

代际冲突,错不在一方

一个巴掌拍不响,造成代际冲突的原因是相互的。其中,既有"'90后'的自我意识浓厚,甚至,在强调'我要这样'的时候完全不顾及别人"的原因,也有"70后""80后"的"我年龄比你大,你就得尊重我,听我指挥"的原因。

想要真正调和代际矛盾,那就必须有一方稍微退让一下。彼此学会尊重对方的工作方式,然后寻找一个双方都能接受的平衡点。不妨换个视角,学会站在对方的立场上想问题,在摩擦的过程中,双方各取所长,共同获得成长。

人际关系和职场规则挂钩

玩游戏要遵守游戏规则,进入职场,也必须遵守职场规则。也许你不擅长处理人际关系,但这并不是关键,只要你能很好地遵守规矩,一样能跟老同事、老上司处得很和平。

我们不是职场的入侵者,我们只是职场的"融入者"。没事的时候,请多了解积淀已久的单位文化、工作氛围,通过感知、学习,不断提高适应技能。这样才能找到入口,慢慢走上正轨。

总结

不同的年龄、不同的成长背景、不同的文化素养、不同的发展阶段,或许都是职场代沟存在的原因。既有的未必正确,新来的也未必就不合理。在初入职场,不具备一定话语权的时候,我们唯一能做的,便是努力且认真地完成自己的任务,用职业精神粉碎"老同志"对"90后"的成见。

【课堂活动】

画出自己人生的路线图(绘图时播放舒缓的音乐)

1.导语

纵观我们的生命历程,像一条不断延伸的路线,通向我们未来的人生,这就是我们的生命线。你的生命线走向哪里呢?下面,我们来做一个游戏,画出你人生的路线图。

2.画出自己的生命线

指导:在《实训手册》的空白页进行绘制,准备三支不同颜色的笔(黑、红、蓝),将手册横向放好,在空白页面中部,从左向右画一条长长的横线,并且给这条直线加上一个箭头,使它成为一条有方向的线条。

接着,请你在线条的左侧标上 0,在线条的右方、箭头的左方标上你为自己预计的寿终正寝的岁数,可以是 69,也可以是 100 岁。再画上你现在年龄的刻度。现在,这三个数字组成了 AB、BC 两条线段。

最后,请你在这条标线的最上方,写上"某某(姓名)的生命线"几个字。游戏的准备工作就完成了。

下面,请你闭上眼睛,在脑海中细细搜索,在过往的岁月中,找到三件对自己有重要影响的事件,在 AB 段中标注出来,建议用红色笔标注正向事件,蓝色笔标注负向事件。

标注完了,请你再次闭上眼睛,憧憬未来,在 BC 段中标注自己未来最希望实现的三个愿望,同样用红蓝两色区分心情。

3.分享、交流

两条生命线(找到一个伙伴)

交流:自己把生命的终点预设到什么时候? 过去最重要的三件事情,对自己有什么影响? 算一算,预设的未来生命时光还有多少? 有什么感想? 怎样才能实现自己未来的三个愿望?

【拓展资源】

推荐阅读:《幸运背后的心理奥秘》(见图1-9)

《幸运背后的心理奥秘》由中国人民大学出版社于 2009 年出版,作者理查德·怀斯曼认为,运气具有扭转乾坤的神奇力量。正因为如此,千百年来人们一直在探寻一种有效的方法,来增加自己生活中的好运。但存在一些难题,那就是怎样用科学的方法剖析运气? 幸运的人具有什么样的特质? 什么样的技巧和练习可以提升好运? 心理学家怀斯曼解答了我们的问题,他认为幸运是可以创造的,根据他的研究,创造幸运的方法主要有四个原则及其子原则:

图 1-9 《幸运背后的心理奥秘》

原则一:把你的选择机会最大化。幸运的人们在生活中创造、注意、把握机遇。

子原则:

1.幸运者建立并维持了一张强大的"幸运网络"。

2.幸运者对生活的态度更放松。

3.幸运者对于生活中的新鲜经历持开放态度。

原则二:聆听你的幸福预感。幸运者利用直觉和灵感,做出成功的决策。

子原则:

1.幸运者聆听他们的直觉和灵感。

2.幸运者采取措施,提升他们的直觉。

原则三:期待好运的到来。幸运者对未来的期待帮助他们实现梦想和抱负。

子原则:

1.幸运者期待他们的好运在未来会持续下去。

2.幸运者试图达成目标,即使他们的胜算不高,在失败面前仍不低头。

3.幸运者待自己与他人的交流会带来好运和成功。

原则四:扭转厄运。幸运者能够将他们的厄运变成好运。

子原则:

1.幸运者关注他们坏运气的积极面。

2.幸运者坚信,塞翁失马,焉知非福。

3.幸运者不沉溺于自己的厄运。

4.幸运者采取有效的措施,阻止未来遭逢更多的厄运。

第三节　职业生涯辅导与管理

【名人名言】

凡事预则立,不预则废。言前定则不跲,事前定则不困,行前定则不疚,道前定则不穷。

——《礼记·中庸》

随着社会竞争压力不断加大,大学生的就业问题成为社会普遍关注的焦点。现如今,社会对人才素质的要求越来越高,这就要求高职院校不断提高人才培养质量,为社会输送高素质人才。同时,为了满足学生自我发展和进步的需要,高职院校也必须锐意改革和创新传统教育模式,改善教育方法和手段,促进学生就业,提高学生就业水平,而其中高职院校应将对学生的职业生涯辅导与管理作为教育工作和人才培养计划的一大重点。同时,高职学生也必须对自己的人生负责,具有积极的职业和就业意识,尽早进行职业生涯规划,从自身发展特点、发展目标以及社会需求出发,分析主客观因素和环境,确定正确的奋斗目标,这样才能在激烈的竞争环境中实现职业生涯初期的顺利适应与职业满意度的不断提升。

若在进入社会、投入工作岗位之前,没有进行任何生涯准备,就会导致高职学涯与社会需求的脱节。在全球化发展背景和市场化环境下,高职院校的人才培育标准和育人目标也在不断发展和变化,要使学生提高认知、学会做事、学会生活、学会生存。因此,关注高职学生的职业生涯辅导与管理、关注学生未来是当前高职教育中不可回避的课题。

一、职业生涯辅导与管理概述

职业生涯具有时间的概念,它伴随人的一生,同时还蕴含着职业发展和变更的过程,在社会、经济以及心理等因素影响下,每个人都可能经历工作、职业的发展变化历程,进行不同的职业选择并扮演不同的角色。不同于传统意义上的就业指导,职业生涯辅导具有更广泛而深刻的含义,它是一个全程化、长远化的概念,立足于学生当前发展基点和未来发展可能的职业生涯发展问题,更加具有远瞻性和计划性。[1] 而职业生涯管理就是个人对职业的选择、适应性和职业的发展而进行的专门的规划与管理,它不仅着眼于为学生找到合适的工作和就业岗位,更多的是立足于为学生的未来发展明确一个发展目标,拟定一个发展方向。现如今,为适应社会人才需求和学生自身发展需要,学生职业生涯辅导与管理这一问题成为高职院校必须面对的一个重要课题。

职业生涯辅导可以从两个角度来理解,一是辅导者的角度,一是受辅导者的角度。从辅导者的角度而言,高校积极开展和实现针对以学生为对象的职业生涯辅导与管理,有利于帮助学生理解职业生涯的含义与意义,使学生更好地把握职业生涯的理论与方法;帮助学生在认识自我和了解职业环境的基础上,进行正确的职业决策和有效的职业学习,使学生的求职技能和就业能力不断提高,最终成为一名合格的社会人,为社会发展做贡献,同时促进自我发展并实现个人价值和社会价值。对受辅导者而言,同学们通过辅导科学地掌握职业生涯管理方法,认清主客观环境,避免就业盲目性,使个体的人才效益和社会效益得以彰显,本书所提到的此内容更多侧重于后者。[2]

我们需要了解从哪些途径可以获取职业生涯的专业辅导,以便在困惑需要求助时,能及时获取辅导资源。就现在各高校的职业生涯辅导环境来看,不少学校都在心理咨询中心或心理咨询室之外,单独设立了职业生涯咨询室或是学生生涯发展中心。

二、"人—职匹配理论"与"生涯发展理论"

"人—职匹配理论"包括约翰·霍兰德的职业性向理论和弗兰克·帕森斯的特性因素论。这一理论认为,个体都会有某些稳定的特质,诸如性格、品格、倾向、爱好等等,这些都是每个人自身具备的因素,而与此相对,职业本身也会带有一些特性与要求,若使得个人的特性与职业因素实现良好匹配,那么人对工作的适应能力将会大大提高,也能从工作中获得满足感和成就感。从这一点上来看,学生职业生涯辅导与管理就可以较好地借鉴这一理论,在追求学生与职业之间的高匹配度的实践过程中,加强教育管理,引导学生进行职业生涯规划。首先应帮助和引导学生充分认识和分析自我,使学生更好地把握自身特点和优势,了解自身的兴趣与品格;其次引导学生全面了解职业环境,加深对职业世界的客观认识和理性把握;在前两者基础上初步设定职业生涯发展方向,制定策略和

---

[1]　郑未.大学生职业生涯规划教育存在的问题及对策研究[D].兰州交通大学,2013.
[2]　吴薇.生涯发展理念下大学生就业指导服务体系的构建[D].华东师范大学,2005.

行动计划,进行科学有效的自评和他评,不断调整自身发展方向和职业生涯规划,以促进职业生涯合理、有序、健康发展。

舒伯的生涯发展理论提出了一个诠释职业发展的发展概念模式,这为职业生涯辅导与管理提供了理论支持。舒伯表示,我们可以从年龄上来将人生各阶段与职业发展进行匹配,而人生的每一个不同的阶段自有不同的发展任务及要求。具体来说,生涯发展可分为成长、探索、建立、维持、衰退等几个主要阶段,这几个连续的阶段各自反映了个体担任的不同角色,见图1-10。舒伯的这一理论从一定角度对职业生涯辅导与管理发挥了理论和指导作用,有着明显的启示意义。一方面,引导学生考虑其在生涯发展中扮演的不同角色,并将其角色以及相关的外部因素带入职业生涯发展中;合理分析和全面了解自身性格特点、知识能力以及兴趣倾向,初步探索未来发展和未来职业,理性、合理选择工作领域,获得自身发展。另一方面,使学生真正了解职业生涯发展的概念与意义,认识到职业生涯发展是一个动态的、全程化、全员化的发展过程,具有鲜明的阶段性。也就是说,不仅对于毕业学生,针对每一名在校学生、在读学生,职业生涯辅导与管理都是必要且必需的,并且在不同的年龄阶段应具有不同的发展任务以及发展重点。

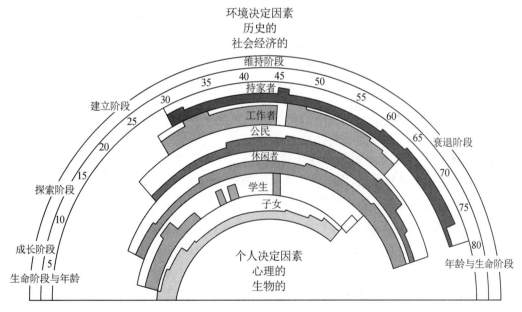

图1-10 生涯彩虹图(舒伯)

三、职业生涯辅导与管理

职业生涯管理是现代企业人力资源管理的重要内容之一,是企业帮助员工制定职业生涯规划和帮助其职业生涯发展的一系列活动。职业生涯管理应看作是竭力满足管理者、员工、企业三者需要的一个动态过程。在现代企业中,个人最终要对自己的职业发展计划负责,这就需要每个人都清楚地了解自己所掌握的知识、技能、兴趣、价值观等。而且,还必须对职业选择有较深了解,以便制定目标、完善职业计划;管理者则必须鼓励员工对自己的职业生涯负责,在员工进行个人工作反馈时提供帮助,并提供员工感兴趣的有关组织工作、职业发展机会等信息;企业则必须提供自身的发展目标、政策、计划等,还必须帮助员工做好自我评价、培训、发展等。当个人目标与组织目标有机结合起来时,职业生涯管理就会意义重大。因此,职业生涯管理就是从企业出发的职业生涯规划和职业生涯发展。

职业生涯管理主要包括两种:

一是组织职业生涯管理(organizational career management),是指由组织实施的旨在开发员工的潜力、留住员工、使员工能自我实现的一系列管理方法。

二是自我职业生涯管理(individual career management),是指社会行动者在职业生命周期(从进入劳动力市场到退出劳动力市场)的全程中,由职业发展计划、职业策略、职业进入、职业变动和职业位置的一系列变量构成。

职业生涯关乎人的一生,是大多数人必须走过的一段历程。实现自己的梦想,达到自己的职业理想需要自我努力和奋斗,要有奋斗意识和拼搏精神。同时,除了个人因素外,学校教育在人的发展中也有不容忽视的重要作用,除了必要的知识能力教育之外,学校对学生的职业生涯辅导与管理也是实现学生发展的一个重要因素和条件,它影响了学生职业理想的最终实现。职业生涯自我管理可主要从以下几方面入手。

(一)学习生涯相关课程,培养职业规划意识和创新创业意识

当前,各高校根据教育部有关文件精神的要求,大多开设了与职业生涯发展或生涯规划相关的选修或必修课程,使高职学生可以根据学校所提供的课程资源进行职业生涯发展规划意识与创新创业意识的培养。

第一,加强职业生涯相关知识、技能的学习并将其与专业课程教育有效结合,在有效习得专业知识和技能的同时,培养和树立人生目标、职业目标与理想,并以目标驱动职业学习,实现共同促进和互动,在课堂学习中有效融入职业发展知识和创新创业相关知识,使课堂学习成为职业发展教育与创新创业教育的主渠道。[1]

第二,积极参与专业实践的学习,注重知识技能培养,加强职业、创业意识与观念。

第三,有效利用网络途径开展网络学习,充分挖掘网络信息资源,积极运用职业测评系统,从而辅助认识自我优势与特点,不断完善和充实自我,更好地确立职业理想和职业目标,并朝着这一方向不断努力。

---

[1]　陈禹.人力资源开发背景下美国高校职业生涯教育研究[D].东北师范大学,2011.

(二)积极参加第二课堂,多维度探索生涯

积极参加第二课堂、多样化的校园文化活动,有利于学生身心发展,体验多样的学习和实践,在满足学习需求的同时,还能起到精神娱乐、兴趣发展与促进学生实践创新的作用。因此,校园中的各式各样的文化活动,有助于学生从正面或侧面了解有关职业信息,同时还可以激发学生对某一行业领域或某一职业的兴趣,从而对职业和就业进行初期探索。具体来说有以下渠道:

首先,积极参加一系列的有关职业、就业竞赛活动,譬如职业生涯规划大赛、专业技能大赛,或是模拟招聘活动等,通过这些活动可以获得有关职业体验和经验,加深对职业的正确认知和感悟,有效培养职业技能。

其次,结合创新创业教育,参与创业大赛、商业模拟游戏等一系列的活动和比赛,以激发创新与创业意识,促进对创业环境、内容以及条件等一系列因素的初步了解和探索,培养创业精神和能力,充分利用学校与社会对大学生提供的创新与创业优质平台。此外,还应当积极投入社会实践活动,譬如开展创业孵化、创业调研等。

再次,还可积极参加学校组织开展的寒暑假学生社会实践活动,这些活动为学生提供了良好的职业技能发展和实践平台,如创立课题研究小组、安排职业资格培训以及提供海外游学名额等。

最后,应当根据各专业学科的学习特点以及个体差异化的发展需求,运用学校所打造的良好的职业信息平台和就业发展路径,积极参加学校为学生所开设的活动,如:职业教育网上论坛,创业教育讲坛,优秀毕业生、学界名流等的讲座和报告会,以进一步开阔视野,激发积极性和主动性,培养创业意识和敬业意识,促进学涯的全方位发展。

(三)与职业生涯辅导专门人员建立联系,必要时预约咨询与团辅

由于社会经验不足以及缺乏对职业环境和就业形势的了解,学生往往对自己的未来职业发展缺乏正确、全面和理性的认识,从而容易在职业生涯规划上出现方向性错误或不利倾向,这就需要某种引导力量带他们走出困境,为他们答疑解惑,以促进职业生涯健康发展。

学校通常设有具备职业生涯个体咨询资质的专门人员,以此帮助学生解决职业生涯发展中遇到的困惑与难题,对未来职业以及就业发展进行探索,加深对职业生涯的理解,拓宽职业视野。在校同学遇到生涯困惑、决策难题、求职与面试等困扰时,都可以向这些专业人员求助。

(四)了解学校发展实际,加强日常学习与生活的管理

对大多数人而言,职业生涯关乎一生,影响人生发展走向,因此职业生涯辅导与管理

绝不是一件简单、轻松的事情,而是一项系统、全面而复杂的工程,只有全面把握学生个体发展的需求和特点,了解不同时期思想活动动向,有计划、有针对性地安排生涯自我管理或辅导,才能使生涯规划真正起到教育引导的作用。[1]对此,我们必须结合以下几个时间节点进行把握。

首先,新生入校之时即是职业生涯教育的开始之时。职业生涯自我管理并不是即将进入社会才开始的,为适应社会以及岗位需要,进入职场之前必须掌握一定的知识和专业技能,具备必要的就业意识和态度,并且树立初步或具体的职业方向和职业理想,而这是一个逐渐培养、累积和建造的过程。因此,我们必须从入校开始就关注入学教育,把握好职业生涯教育管理的有序节奏,为职业生涯辅导与管理奠定良好的基础,树立科学的世界观、人生观和价值观,在科学、理性的自我评价和自我认识上合理规划人生目标。

其次,毕业前夕的职业生涯管理需进一步明确就业目标、职业理想。顺利就业,实现社会价值和人生价值,"择己所长,择世所需"是成才的基础和关键,也是关乎国家命运和发展的大事。

最后,应结合形势与政策教育进行职业生涯管理。个体的职业生涯管理与社会、国家的发展是无法分割的,及时了解国内、国际的政治、经济形势,提高对国家命运和发展的关注度,有利于了解当前社会人才需求状况、就业政策以及就业形势,以此及时调整和完善自我,使自己更加适应社会需求,进一步提高自身角色转型与职场初期快速适应的可能性,并且也进一步丰富职业生涯管理的内容,增强职业生涯管理效果。

(五)提升理想信念及人生使命,投入社会主义事业发展实践

习近平总书记在中国人民大学考察调研时,殷切嘱托全国广大青年"牢记党的教诲,立志民族复兴,不负韶华,不负时代,不负人民,在青春的赛道上奋力奔跑,争取跑出当代青年的最好成绩!"

当前,社会竞争压力持续不断加大,高职院校毕业生也面临着巨大的就业压力,新形势下,如何将职业生涯辅导的策略运用到大学生理想信念教育中去,引导青年学生将个人命运与国家命运联系起来,为国家社会发展积极实践,是需要我们不断探索的重要命题。高职学生要积极地践行将个人发展与国家命运相结合、与社会发展相结合,树立远大的理想和目标,为中国特色社会主义事业奉献自己的一份力量。

(六)积极构建社会化支持系统,关注个人与支持系统的相互影响

首先,职业生涯辅导与管理系统中主要包括家庭、教育机构、就业单位以及媒体等多种不同因素,这些因素也都是个人兴趣、理想、品格养成以及职业理想、价值观培养的重

---

[1]　杨丹.建构生涯的意义[D].华东师范大学,2014.

要来源。职业生涯规划的重要性和意义已经得到了社会的普遍关注和认同,一个人的成长受到大环境的影响,需要社会全方位力量的共同影响和塑造,因此,构建全方位的社会支持体系是非常必要的,职业生涯的辅导源与管理体系不仅存在于学校内部,还在于社会各力量形成合力,包括家庭、用人单位、社团以及国家政策等。[1]

其次,职业生涯辅导与管理要十分关注个人系统,应根据高职学生的认知特点,渗透终身发展理论教育。职业生涯关乎人的一生,伴随人的一生。人的终身发展包含着职业生涯这一重要内容,而同时职业生涯又深刻地影响着人的一生走向和发展轨迹,因此,要注重在职业生涯辅导中合理渗透舒伯的终生发展理论教育,以理论正确引导正确的职业理想、职业信念以及职业态度的形成,推动健康生涯发展。

在辅导与管理中,应注意发现自身的不足与优势,培养个人兴趣和爱好,发掘早期的职业理想、意愿和倾向,主动了解和探索职业世界,为今后的职业道路和理想道路打下良好的基础。

此外,我们必须要认识到,一个国家的人民没有从思想、行为以及心理和态度上经历一个向现代化的转变,那么国家和社会的发展命运就会不可避免地出现危机或是走向畸形发展,而再先进的技术工艺和现代制度等都会成为一堆"破铜烂铁"。思想层面上的认同以及实践要求个体必须以积极主动的态度去支持和对待,就如同对待职业生涯这一问题,学生必须具备充分的职业生涯发展态度和意识,注重个人发展的系统构建,自己的生命和自己的生涯只有牢牢掌握在自己手里才能把握航向,最终到达理想目的地。

【拓展资源】

钱伟长转专业的故事

钱伟长(1912—2010 年),江苏无锡人,中国著名力学家、应用数学家、教育家和社会活动家;中国近代力学、应用数学的奠基人之一;兼长应用数学、物理学、中文信息学,著述甚丰;特别在弹性力学、变分原理、摄动方法等领域有重要成就。

在钱伟长决定进入历史系的第二天,也就是 1931 年的 9 月 18 号,日本发动了"九一八事变",侵占了我国的东北三省,而蒋介石却奉行不抵抗政策,一时间,全国青年学生纷纷游行示威,支持抗日。钱伟长当天也从收音机里听到了这个震惊中外的消息,他决定弃文从理。下面是后来记者采访钱老时的一段对话。

钱伟长:我听了以后就火了,年轻嘛。我说没飞机大炮,我们自己造嘛,所以我下决心,不学这玩意儿,我要学飞机大炮,所以坚决要进物理系。物理系主任是吴有训,他怎么也不肯。

记者:你说物理才考了 5 分?

---

[1] 张杨.团体职业生涯辅导对改善大学生学业拖延的应用研究[D].辽宁师范大学,2013.

钱伟长:我这物理是一塌糊涂,5分考的。

记者:所以他不让你进物理系是有道理的。

钱伟长:有人告诉我,说你跟那个系主任泡。

记者:软磨硬泡。

钱伟长:天天去。

记者:你怎么泡的呢?

钱伟长:他办公我就去,一到我就跟他说,我要进物理系,我天天这样,跑了一个礼拜,他办公都没法儿办。因为他8点钟去学校,我6点就到了。

记者:等着他。

那年清华的物理系,因为"九一八事变"而变得十分热门,新生中竟有五分之一的人想进物理系,但该系的名额只有十个,面对这些学生,系主任吴有训十分为难。

钱伟长:后来他没办法,他说这样,你这么坚决,可以。但有一个限制,因为现在想进物理系的人太多了,一年内普通化学、普通物理、高等数学这三门课,你要能考70分,先让你试读。

记者:能考70分才收你。

钱伟长:那么我当然要答应了,先学了再说。对不对?

记者:但是当时有没有担心过,您长处在文史方面,如果你放弃了长处,去学一个自己只考了5分的物理,那将来一旦学不好……

钱伟长:我这些都没有考虑。

思考:

1.钱老选择的专业是他的优势专业吗?

2.钱老的故事对你有什么启发?

【课堂活动】

制作我的大学愿景板

1.准备一张A3白纸。

2.复盘过去一年的学习、生活、工作。

3.从生涯温度、深度、宽度、高度这四个维度展望大学三年的愿景与目标,提炼出四个维度的关键词。

4.针对这四个维度的关键词分别给予当前满意度的评分(0~100),期望达到的分值是多少?

5.达到目标的具体方法、策略与计划。

6.可能遇到的障碍是什么?如何应对?

扫一扫二维码可以参考年度愿景板制作的实例。

请扫二维码

第 2 章

激活职业生涯发展的内驱力

【教学目标】

通过本章的教学,学生应该能够:

1.理解职业需要的含义、特点及马斯洛需求层次理论;

2.理解内在动机和外在动机、职业驱动力的含义;

3.理解职业兴趣的含义和影响因素,掌握职业兴趣的培养方法;

4.理解并掌握霍兰德职业兴趣理论;

5.理解职业价值观的含义,分析自我的核心职业价值观;

6.理解并掌握职业锚理论。

【教学内容】

1.第一节　职业需要

2.第二节　职业兴趣

3.第三节　职业价值观

第一节 职业需要

【名人名言】

认识你自己。

——所罗门(古希腊智者)

一、职业需要的含义

人的任何行为,都是由动机支配的,而动机更深层的来源是需要。需要是一种内部的、缺乏的、不平衡的状态,而不是外界强加的,所以人们的各种需要才会让人产生动力。所谓职业需要,是指一个人对求职就业以及从事职业的动力和渴求,这种动力成为一个人职业行为的源泉。原始的职业需要,实际上只是一个人的一种简单的生存需要。随着经济和科学技术的不断发展,职业不断分化、产生以及消失,人们的物质生活和精神生活也在不断地进步,这些都赋予了职业需要新的内容。人们都需要工作,但每个人对职业所侧重的需求可能是不同的,每个人在不同时期的职业需要也可能发展变化。

二、职业需要的特点

(一)对象性

职业需要不是空洞的,而是有目的、有对象的,包括对物质和精神的需要。职业需要的对象包括物质的东西,表现为对职业活动中物质方面的渴求,如金钱、衣、食、住、行等,也包括精神的东西,是一个人在职业活动中对精神文化方面的渴求,比如增强个人技能、自主权、同事之间的感情交流、成就感、地位等,使人们看到自己的力量和智慧,实现价值,这也是我们希望从职业中获得的。物质方面的职业需要起到保障作用,而精神方面的职业需要也是不可或缺的,精神方面的需要要求我们认识自己的喜好、理想、生活目标等,更好地找到自己的职业需要,从而找到动力的源泉。

【案例分享】

央视报道过一位92岁高龄的著名学者,在解放军总医院住院三年,其间每天都要在病房里坐着轮椅伏案写出2000余字非常有价值的文章。有记者问他:"您已功成名就,况且年事已高,正在住院治病,为什么还要坚持写作呢?"他说:"能把我所知道的事情写出来,告诉大家,留给后人,我感到很幸福,很高兴,如果不能坚持写作了,我感到是件非常悲哀的事情,在我的有生之年,只要我的思维还清晰,我都会继续写下去,我准备再写10年、20年。"写作,就是这位学者在精神方面的职业需要。

(二)阶段性

人的需要会随着年龄、时期的不同而发展变化,也就是说个体在职业生涯发展的不同时期,对职业的需要侧重会有所不同。例如,刚毕业的大学生往往很看重工作的薪资、工作条件等,这些关系到人的生存保障和物质需要,对于没有经济基础的大学生来说是很重要的。当职业发展到一定的成熟期,当初青涩的职场新人,可能更关心职业如何让自己发挥天赋和兴趣爱好,或是关心如何促进某个行业的发展甚至是社会和国家的发展,从中就可以看出职业需要的阶段性。

另外,从宏观上来看,职业需要的阶段性是跟社会发展有关的。人的职业需要是随着社会生产力的发展而发展,随着社会职业结构的变化而变化的。在我国计划经济时代,大学生没有选择职业的自主权,而是服从政府的分配,满足单位对人才的需要,个人的职业需要易被忽视。而且那个年代的物质生活水平较落后,人们的职业需要主要是温饱,也限制了人们追求精神方面的职业需要。改革开放以来,我国的就业政策发生巨大变化,经济和社会快速发展,职业分类和职业岗位不断增加,为职业选择和发展提供了广阔的空间,可以充分满足大学生的职业需要。

(三)独特性

人与人之间的职业需要既有共性,又有独特性。由于性别、遗传因素、家庭背景、性格、个人理想等因素的不同,每个人在物质和精神方面的职业需要不同。因此,与他人的职业需要存在差异是正常的,要正确认识和追求自己合理的职业需要,同时也要尊重他人的职业需要。

三、职业需要的分类

(一)马斯洛需求层次理论

美国心理学家马斯洛在研究人的需要时,提出了需求层次理论,如图 2-1 所示,该理论对于理解职业需要很有帮助。人的需要包括不同的层次,这些需要一般由低层次向高层次发展。马斯洛把需要分为五个层次,即生理需要、安全需要、归属与爱的需要、尊重的需要和自我实现的需要。人不仅有先天的生理需要,而且在社会实践中,在接受文化教育的过程中,发展出许多社会需要。

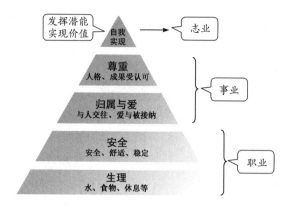

图 2-1　马斯洛的需求层次理论

生理需要:为了谋求那些保持或维持自己生命以及延续后代的条件而从事一定职业的需要,这是人类生存的基本需求。首先要满足了自己的衣食住行,才更有可能谈理想、谈精神需要。而当这些生存需要已相对满足后,生理需要将没有那么大的激励作用。

安全需要:包括对工作条件、环境的安全需要,还有对工作稳定性的需要。当你在一幢电梯常出问题的办公楼里工作,当你所在的单位面临随时倒闭的可能,当你受到同事的人身威胁,这样的职业就不大能满足安全需要。

归属与爱的需要:人们需要与他人在情感上有依恋,需要被认可,对某个群体或组织有归属感。当你与同事们一起工作、一起吃饭和娱乐,大家相处和谐,这份工作能较好地满足你的归属与爱的需要。如果有另一家薪资更高一些但人际关系冷漠的公司来邀请你,很可能你会拒绝。

尊重的需要:有了前三个层次的需求,你还需要在工作中被肯定。尊重的需要可分为内部尊重和外部尊重。内部尊重是指人的自尊,一个人希望有实力、充满信心、能独立自主。外部尊重是指一个人希望有地位、有成就,受到别人的认可、尊重和信赖。尊重的需要得到满足,能使人对自己充满信心,对工作和社会满腔热情。

自我实现的需要:是指实现个人理想、抱负,发挥自我价值和潜能的需要。到达这个层次时,你的心胸更开阔,不纠结于物质享受的多少和外界的评价。你关心的是:我做喜欢而有意义的事,使自己越来越成为自己所期望的人物;我怎么实现自我的价值,善待自己,也帮助他人。为满足自我实现需要所采取的途径是因人而异的。

正如"生活"远比"谋生"涵盖的内容丰富,钱和物质需要并不是职业需要中唯一的内容,你的社交、成就感、理想、对社会福祉的关心等也可能成为职业需要的一部分。人们要找的不仅是一份工作,而且是一段令人满意的职业生涯——能发挥自己的优势与热情,为他人和社会贡献自己的力量。

(二)需求层次的特点

(1)马斯洛认为,需要的产生由低级向高级发展是波浪式推进的,在低一级需要没有完全满足时,高一级的需要就产生了,而当低一级需要逐渐满足后,高一级的需要就逐步增强,直到占绝对优势。

(2)人的需要从低到高有一定的层次性,需要的满足过程是逐级上升的,但顺序不是绝对固定的。

(3)同一时期内,个体可存在多种需要,但有的需要占支配地位,人的行为主要由这种优势需要决定。

(4)各层次需要互相依赖、彼此重叠。较高层次需要发展后,低层次的需要依然存在,但是对人行为的激励作用降低了。

(5)不同层次需要的发展与个体年龄增长、职业发展相适应,也与社会的经济与文化发展程度有关。

(6)高级需要对低级需要有调节作用,例如英雄、爱国者、捐赠者,他们为了国家和他人,虽然自身基本的生存需要难以满足,但实现了高层次的需要。

(三) 职业、事业、志业

马斯洛需求层次理论,可以对应到人的职业生涯发展的三个阶段:职业、事业和志业。工作主要是为了满足生理需要和安全需要,属于职业阶段;工作主要是为了满足归属与爱的需要、尊重的需要,属于事业阶段;当工作主要是为了满足自我实现的需要时,则达到了志业阶段。

职业是为了满足人的生理和安全需要而发展出来的一种社会现象。从狭义来讲,职业在字典中的解释是"个人所从事的作为主要生活来源的工作",强调了职业作为一种谋生手段来满足个人基础的需求。从广义来说,职业就是我们利用所学的知识技能,从事一种可以为社会创造经济价值、精神价值,并从社会中获取物质及精神补偿的活动。狭义的职业其实也就是广义职业的早期阶段。[1]

大学生们毕业找工作,都希望所从事的是薪资高、自己热爱的工作,但是迫于现实情况,最初的几份工作也许只能称作职业,还不能称作事业。但是职业这个阶段是重要的起点和基础,只要依靠诚实劳动,实现经济独立、赚钱养家的愿望也是人之常情和值得尊重的,这是很多人当下最重要的需要。但同时人们也存在着对更高级需要的追求,当这种追求占支配地位时,你要找的就不仅是一份职业,而是一份事业。你觉得什么是事业呢?可能我们首先想到的是要有大的成就、有权有势,事业是属于少数人的。其实,每个人都可以拥有自己的事业。要拥有自己的事业不是要有多么大的企业,也不是要多么高的权位,而是这份工作满足了你较高的需要层次,符合你的兴趣,你从中找到热情和希望,获得足够的尊重和成就感。

---

[1] 黄天中.生涯体验:生涯发展与规划:第3版[M].北京:高等教育出版社,2015.

那志业又是什么呢？心理学家杨国枢教授曾在《职业与志业》这篇文章中写道："一个以志业为主的人，他就是喜欢做这个工作或这类事情，根本不会考虑工作时间长短，只要有时间就去做。而且不计成本，有时候不但不赚钱反而还会赔钱，他也甘之如饴。他好像完全没有上班、下班的观念。因为他觉得这份工作可以让生命更有价值，生活更有意义。"[1]

志业满足了人的自我实现的需要，志业可以让人一辈子为之奋斗，努力实现自我的价值，即使艰辛、没有丰厚的物质回报或者他人的关注，也能从自我潜能的激发、兴趣的满足、帮助他人或为国家做贡献中获得源源不断的动力、价值感和幸福感。

志业是一种对自我价值的肯定，是一种超越名利、不受外物影响的工作，让人快乐、洒脱、幸福。生命的价值不取决于身份高低，也不取决于我们结交的人物，而取决于我们自身。对志业的追求体现我们生命的价值，生命的价值是可以由我们自己来选择的。

志业是利他利我的，志业是把自己的幸福建立在别人幸福的基础之上。志业是"舍"也是"得"，是"助人"，也是"助己"。有的人为了公益事业、为了国家科技发展等而付出了很大的辛劳和代价，但他内心充满着服务奉献的快乐和满足感，因为他得到了自我实现需要的满足，同时也是利他和利我的完美结合。马克思在《青年在选择职业时的考虑》一文中指出选择职业是关系到个人生活目的和生活道路的重大问题，不应该为一时的兴趣、渺小的激情、个人的虚荣心所左右，而必须采取严肃的态度。他将人们的活动和职业与人们在社会上的关系联系起来，他提醒青少年在面临职业选择时，应该遵循的主要指针是人类的幸福和我们自身的完美，表达了他为全人类谋幸福谋发展的崇高理想，这对我们树立正确的世界观、人生观、价值观具有重要启迪意义。

志业是让人幸福的，志业者的心灵是轻松自在的，他们心中有大爱，这种对他人、对外部世界的关心和帮助，给他们带来了无限的幸福。这种大爱的起点是爱自己，所以志业并不是委屈了自己、成全了别人。志业者首先是接纳自己、爱自己和家人的人。

四、职业驱动力的 3.0 时代

从职业、事业、志业这三个阶段可以看出，人们对职业的需要逐渐由关注物质转为关注内心，由关注他人的评价转为自我评价和自我实现，人们从事工作的深层次动力源泉是来自自我的满足和生命的意义。人们都会有追求高层次职业需要的动力，只是不同的人对这方面渴望的程度不同、动力到来的时间不同，当个人情况允许或社会发展进步时，人们自然会更关注内心、有更高的追求，因为更低层次的需要已经没有那么大的动力作用了。

[1]　黄天中.生涯体验:生涯发展与规划[M].3 版.北京:高等教育出版社,2015.

(一)内在动机与外在动机

更低层次的需要主要是物质的或是依赖外界给予和评价的,主要是外在动机。高层次的需要则是来自精神层面的、自我评价的,主要是内在动机。内在动机和外在动机有什么区别呢?我们通过一个小故事来理解。

【案例分享】

从前有一对夫妇,他们住在郊区一间漂亮的小屋里。小屋门前有一块宽敞的空地,每天都有许多孩子在他们家门前玩耍嬉戏。

老爷爷是个喜欢安静的人,不喜欢这么多孩子在门前吵吵闹闹的,便对孩子们说:"孩子们,你们能安静点儿吗?"孩子们才不听老爷爷的话呢,他们嬉皮笑脸地说:"我们天天都给您带来欢声笑语,这对您的身体有好处呀!"更有的孩子故意气老爷爷:"我们偏要在这儿玩,吵得你不得安宁。"老爷爷气得说不出话来,但也拿这些孩子没办法。

这时,老太太走了过来,她和蔼地对孩子们说:"孩子们,奶奶喜欢热闹,你们每天都在这儿玩吧。"孩子们听了高兴极了。

老太太又说:"只要你们来玩,我就每天奖励你们一人一块钱。"这下孩子们可开心了,他们不仅每天都来小屋门前玩,而且比平时叫得更响亮,闹得更起劲了。

过了几天,老太太对孩子们说:"孩子们,奶奶的工资不多了,只能给你们每人五毛钱了,你们每天还到这儿玩行吗?"

孩子们虽然有些不开心,但还是答应了老太太,仍然每天到小屋门口玩耍。又过了一段时间,老太太伤心地对孩子们说:"爷爷生病了,奶奶的钱快用完了,以后只能给你们一毛钱了。"

"一毛钱?一毛钱谁干。"一个孩子生气地说。

"对,不干,我们撤吧。"几个孩子附和着。

别的孩子也觉得没意思,便嘟嘟囔囔着都离开了。

老太太的妙计成功了,从此,他们门前安静了。

玩耍是孩子们的内在动机,老太太成功地通过奖励把孩子们的内在动机转为外在动机——为了获得钱而玩、为了别人开心而玩,外在动机则变得更易由他人控制、更不稳定。接着老太太用奖励的递减也就相当于惩罚,让孩子们愤然离去,他们已忘了当初来这玩耍的内在动机。

内在动机更稳定而持久,有利于我们不断克服困难、提升自我以及享受乐趣。外在动机更不稳定,效果也更短暂。因此,我们在工作中要发挥自己的内在动机,而不仅是受奖励或惩罚的驱使,这样将会为我们的工作注入不竭的动力和乐趣,从而更好地朝着自我实现的需要靠近。而且由于社会发展,工作世界发生了根本的变化,过去要靠人力完成大量重复的机械劳动,而如今,越来越不需要人们在流水线上从事简单重复的工作,因为这些可以由机器完成,科技发展和产业发展不断解放了人的创造力和自主性,人们对自我能力提升和自我管理有更大的需求,精神需要在工作中的驱动力越来越大。

全球知名的商业思想家丹尼尔·平克在其著作《驱动力》中,总结了近50年来有关积极性的所有社会科学研究成果,提出了"驱动力3.0"的概念,告诉我们究竟要发挥自身的什么内在需要,会让我们快乐而有成效地工作。作者提出,每个人都需要将自己的驱动力系统升级到21世纪的新系统,新系统的核心不是"胡萝卜加大棒"的奖励与惩罚,而是自主、专精和目的。

这个驱动力系统的升级,就是从物质需要到精神需要的升级、从外在动机到内在动机的升级。

(二)职业驱动力的演变

1.驱动力1.0时代:生存需要

在很久以前,对人类行为的根本假设很简单也很真实——我们要想尽一切办法生存下来,这种驱动力引导着我们的大多数行为。就像马斯洛需求层次理论里的最底层的需要,饮食以充饥,饮水以解渴。我们可以把这个时期称为驱动力1.0时代。

2.驱动力2.0时代:寻求奖励,避免惩罚

人类形成了更加复杂的社会,身边的陌生人越来越多。为了做成一件事,我们需要与人合作,人们开始使用与我们的工作和生活方式更匹配的新版本的驱动力:奖励与惩罚。20世纪初,泰勒发明了当时的"科学管理"理论。这种管理方法认为,工人就像复杂机器上的组件,如果他们在正确的时间用正确的方式做了正确的事,这台机器就能平稳运转。为了确保这种情况发生,管理者需要做的就是奖励你想鼓励的行为,惩罚你不鼓励的行为,人们自然会趋利避害,受到这种外部动机的驱使。这种方法对推进全球经济发展的进程发挥了至关重要的作用,近两个世纪尤为如此。

驱动力2.0系统已经存在很长时间,似乎没有什么问题,但是随着20世纪继续向前发展,经济体和产业变得越来越复杂多样,人们对工作的期待和精神需求也随着物质生活的改善而提升,驱动力2.0系统在管理中出现了问题。

提出需求层次理论的心理学家马斯洛,在20世纪50年代建立了人本主义心理学,该学说对人类行为完全是寻求积极刺激、避免消极刺激的观点提出了质疑。1960年,美国麻省理工学院管理学院教授道格拉斯·麦格雷戈把马斯洛的观点引入商界,对人的本质是懒惰的,若没有外部奖励或惩罚就会偷懒的假设提出了挑战。他说,人有更高级的驱动力,如果个人和企业尊重这些驱动力,将让人们受益。

不能全盘否定驱动力2.0系统,但它确实与当代企业和员工不兼容。事先规定好条件的奖励和惩罚,对于那些简单重复的或者按照既有方式就可以完成的工作,是比较有

效的,因为人的内在动机很弱,需要外部动机去驱使。

但是对于发挥脑力、创意,需要自主空间的工作,人们本身就有想做好、想挑战的愿望,达成目标、自我挑战本身就是内部奖励,外部奖励和惩罚对这类工作有较大的破坏作用。而如今,人们面对的工作越来越多是这类,而不是简单的流水线作业,企业也越来越要求员工具备解决问题的能力和创新能力。因此,我们要注意奖励和惩罚这种方式的负面作用,发挥和保护好自己的内在动机和高层次职业需要,让自己为了自己而工作,有无限的动力。

(1)奖励和惩罚会破坏内在动机,把有意思的工作变成苦差事,把游戏变成工作。因为这种奖励降低了人的自主权,而且把内部动机转变为更不持久稳定的外部动机。马克·吐温在其著作《汤姆索亚历险记》中写道:"在夏季,英国有钱的绅士每天驾着马车沿着同样的路线走上 30～50 公里,他们为了这种特权花了很多钱。可是如果因此付钱给他们,那就把这桩事情变成了替别人工作,他们就会撒手不干了。"

(2)奖励和惩罚会破坏解决问题的能力、创造力,影响潜能发挥和工作水准。奖励和惩罚会使人的关注面变窄,过于小心翼翼,限制了思维的灵活性和创造性。

【案例分享】

20 世纪 60 年代,研究者对芝加哥艺术学院大二和大三的学生进行调查,询问他们对工作的态度,询问他们更多地受外在因素激励还是受内在因素激励。在 20 世纪 80 年代进行的后续研究中,再次调查了当年参与调查的学生的事业发展情况。结果很明确:"在艺术学院学习期间,越少表现出外在动机的学生,在艺术的道路上就越成功,无论是毕业几年还是近 20 年内都是如此。"对于主要受内在动机激励的画家和雕刻家来说,发现乐趣和迎接挑战就是奖励,更能体验纯粹的创作乐趣,乐此不疲地工作,成就也更高。

【小贴士】

最终得到外部奖励的人,可能恰恰是那些不是为了追求外部奖励的人。我们要找到工作的内在动机。

(3)奖励和惩罚关注的是短期目标和对人的控制,对长期效果和人克服困难的自觉性有很大的损害。如果为了鼓励孩子学习数学,约定每写完一页作业就给他一些钱作为奖励,短期内他会更勤奋,但从长期来看他会降低对数学的兴趣,或是需要越来越多的钱才能激励这个孩子。孩子的求知欲、学习的成就感等内在动机不但没被培养,反而被破坏了,而且也难以调动孩子克服困难的毅力。

3.驱动力 3.0 时代:自主、专精、目的

我表现好、贡献大,组织就奖励我,我受到奖励后就会表现更好——这套逻辑在人们进入职场的初期似乎行得通。但是若干年后,当这项工作变得重复而又乏味时,人们就会感到厌倦,难以形成长期的、持久的热情。这说明工作中的内在驱动力不足,当高薪、奖金等外部激励失去了最初的巨大作用,工作就变成了食之无味、弃之可惜的"鸡肋"。很多人知道自己工作不开心,却不知道怎么改变。感觉自己像一头被胡萝卜吸引和被大棒追赶的驴子,不知道为什么而奔跑。

我们应该转向寻求内在驱动力,很大程度上就是找寻自主、专精和目的——这也就是驱动力3.0的关键词。驱动力3.0是对马斯洛需求层次理论的另一种解构,再次论证了在解决生存和温饱问题后,兴趣和使命感以及自我实现等其实是驱动人们前行的终极动力。我们常常以利润最大化为中心,而驱动力3.0在不拒绝利润的同时,强调的是意义最大化。我们是成熟的人类,而非没有生命的机器,我们寻求意义最大化,内驱力才是最大的动力。

自主是指有选择的权利,我们既可以自主安排工作又可以愉快地与他人互相依靠、合作。其实人的天性就是自主,倾向于自我管理。但这种天性在受教育和被管理的过程中,可能被弱化了,但是这是人的巨大动力之一,我们要有意识地激发自我管理的意识和能力。

专精是一种专业化的精神,想把事情做得越来越好,并让自己有专业化的提升。专精强调的不是一定要成为一名专家,强调的是追求把事情做好所带来的动力。"执着专注、精益求精、一丝不苟、追求卓越。"2020年11月24日,在全国劳动模范和先进工作者表彰大会上,习近平总书记用这四个成语高度概括了工匠精神的深刻内涵,拥有劳模精神与工匠精神的高技术技能人才就是拥有专精内驱力的人才。例如"七一勋章"获得者、湖南华菱湘潭钢铁有限公司焊接顾问艾爱国一把焊枪,能在眼镜架上"引线绣花",能在紫铜锅炉里"修补缝纫",也能给大型装备"把脉问诊"……在专业的不断精进与突破中演绎着"能人所不能"的精湛技艺,凭借的是精益求精的追求。

目的是指找到工作的意义感,认可自己工作的价值。寻找意义感也是人的天性,当人们感到自己是在为一个伟大而长久的目标努力时,更能激发内驱力。

当然,驱动力3.0比驱动力1.0和驱动力2.0更脆弱,它要在合适的环境下才能存在。尽管外界可能遏制了驱动力3.0,但我们要懂得把握自我激励的主动权,认识到工作的意义,增加工作的主动性,多思考和创新,并追求专业化以实现更高的成就感和职业发展,这样才能够更好地满足个人深层的自我实现的内在需求,进行持续的学习、成长和创新,并最终实现可持续的事业发展和自我满足感。

因此,无论是个人还是组织,能创造自主、专精和充满意义感的职业驱动力,将成为个人或组织未来成功的关键。就像《世界是平的》作者弗里德曼所说:"未来的社会,人与人之间的竞争是驱动力的竞争。"也正如时代呼唤新时代高职大学生要坚定技能成才、技能报国之路,用"择一事终一生"的执着专注,"干一行专一行"的精益求精,"偏毫厘不敢安"的一丝不苟,"千万锤成一器"的追求卓越的工匠精神锤炼内驱力,自我激励成长为一名有能力回应时代号召的高技术技能人才。

【课堂活动】

我的动机来自哪？

分享学习和生活中,内在动机或外在动机发挥作用的案例,并分析如何更好地自我激励。

【拓展资源】

好书推荐:《驱动力》(见图 2-2)

《驱动力》是趋势专家、畅销书作者丹尼尔·平克的著作。在书中,作者详细阐释了在奖励与惩罚不再那么有效的时候,如何激发人们的工作热情。本书将告诉你:到底是什么才能更好地激励你？怎么掌握自我激励的主动权？

丹尼尔·平克以 40 年来有关人类激励的研究为基础,揭示了"胡萝卜＋大棒"这样的外部激励措施已不是最好的激励方法。通过大量真实案例和科学研究成果,为每个人和组织指出了提高绩效、焕发热情的三大要素:自主、专精和目的。

图 2-2 《驱动力》

第二节　职业兴趣

【名人名言】

最成功的人是那些整天做自己喜欢做的事,并且搞得像是在度假的人。

——马克·吐温

【案例导入】

我是庄泽松(见图 2-3),是厦门城市职业学院 2011 级艺术设计专业的毕业生。我从幼儿园开始就老是拿支笔在课本上乱涂乱画,到了初中就有了新玩法,开始在课桌上雕刻,甚至连椅子都不放过！我的校服也被我画得密密麻麻的。在老师和家长的眼里,我是一个不务正业的人,这也让我一度迷茫。

直到我来到厦门城市职业学院就读后,我才明白自己并不是一无是处的坏学生。我的绘画兴趣在这里得以发挥,我设计的作品也常得到老师们的赞扬和认可。我拿到奖学金,多次代表学校去参加各种设计比赛,其中印象最深的是我参加了福建省海峡两岸大学生技能比赛获得了第一名。

在学校期间,我养成了早起的好习惯,这使我之后的学习和生活的状态都很积极。我会利用周末时间到学校附近的画室去给小朋友们上课,空闲的时候也会锻炼身体。

毕业后,我到了一家外企上班,担任设计师助理,但是我还是想做与绘画有关的工作,所以在要转正的时候选择了离职,去了一家文创公司设计产品插画。

当看到互联网的迅猛发展,我想起大学时老师常对我们说,我们还在学习期,不要选择安逸,唯有不断学习才能与时俱进。于是,这时我又选择进了一家 AR 创业公司,主要设计 AR 的 3D 效果和 APP 里的插画。随着对 APP 开发行业的了解增多,知道北上广的发展空间更大,于是我开始整理自己的作品向这些地区的大公司投简历,没想到获得了工作机会,其中包括深圳 Faceu、上海哈根达斯和北京映客直播。因为我一直生活在南方,北方对我而言特别神秘,北京又是文化古都,我便带着两个行李箱独自来到了北京,在北京映客直播工作。

北京是一个人才密集中心,在这里我发现自己的能力比别人落后了一大截,但我一直保持着学习心态,不断学习,突破自我,最终得到了公司的认可,公司不但让我迅速转正,年终时我还拿到了插画设计组的飞鹰奖(见图2-4)。这激励了我继续学习和进步!(完整原文请扫二维码)

请扫二维码

图 2-3　庄泽松　　　　图 2-4　奖杯

如今,社会上的职业种类繁多,职业的发展变化也很快,你更喜欢学习一些什么领域的知识?喜欢从事什么类型的工作呢?回答这些问题,也就是在探索你的职业兴趣。了解自己的职业兴趣,帮助你做出心之所向的职业选择,追随自己的兴趣和梦想。

在一艘船上,船长和水手的区别在哪里呢?船长把握着航行的方向和目标,而水手只是埋头划船。如果你只是你的人生之舟的水手,那你的小舟将随波追流。希望你能以船长的身份,手持指南针,登上甲板,远眺大海,朝着令你向往的目标前行。

一、职业兴趣的含义

兴趣是人认识某种事物或从事某种活动的心理倾向,每个人都会对他感兴趣的事物给予优先关注和进行积极的探索,并表现出心驰神往。当人的兴趣与职业活动联系起来时就形成了职业兴趣,职业兴趣是兴趣在职业方面的表现,是指人们对某种职业活动具有的比较稳定而持久的心理倾向,使人对某种职业给予优先注意,并向往之。表现为有从事相关工作的愿望。由于兴趣爱好不同,人的职业兴趣也有很大的差异。有的人喜欢偏具体的工作,例如建筑工程、园林、动物饲养、机械维修等;有的人喜欢偏抽象的工作,例如艺术设计、经济分析、写作、社会调查和科学研究等。

良好而稳定的兴趣使人从事各种实践活动时具有高度的自觉性和积极性。个人根据稳定的兴趣选择某种职业,更容易产生源源不断的工作动力,即使遇到困难和挫折,也能坚定目标,坚守这份职业,从而在职业中做出成就。而且,一个人从工作中体验到的乐趣和愉快的情绪可以激发其内在潜能,使其更有竞争力,让工作变成快乐的源泉。因此,职业兴趣对工作热情、满意度、工作成就感及工作稳定性等有重要的影响。从事自己感兴趣的工作时,人容易被激发出强烈的探索和创造的热情,调动良好的体能、智能和情绪状态,使人全身心投入。

兴趣要转化为实际的能力才能让人以此为职业立足于社会,如果只是对一种职业或事物产生了兴趣,却没有想去钻研和学习的想法,更没有付诸行动的话,则难以让这个兴趣与职业联系起来。大学生应多接触不同的知识,多尝试多探索,努力培养多方面的兴趣爱好,并且注意培养自己的核心兴趣,同时努力发展相应的能力,从而在职业选择时有较广的适应范围,又有可优先考虑的方向。

【案例分享】

我校 2011 级电信专业的钟同学,在大学毕业后反思大学生涯时,感慨颇多,对大学生涯做了很好的总结。钟同学对大学生活的规划有很多反思和中肯的建议,相信对你会有帮助,以下是一段他关于职业兴趣的自我反思和建议:

如果你在入学前就已经了解过将要学习的专业、学习内容和未来可能的就业方向,同时你也满意(当然这是最理想的结果),或者说相对喜欢这个专业,这样立足于兴趣,你更能把它学好。

如果是你不了解或者不喜欢的专业,怎么办? 一般大一时还是可以申请转专业的,要提前了解转专业的条件,如果不能转,我们要摆正观念:不仅是爱一行干一行,也要干一行爱一行。有些东西不喜欢可能源于对它的不了解,认真学了以后说不定会有很大的改观,所以要试着去接触你的专业。

或者在保证不影响学业的情况下,利用课余时间去旁听自己喜欢的专业课,通过各种方法自学其他专业知识技能,这样你在毕业后可以找你感兴趣的工作而不至于感到迷茫。(完整的文章请扫二维码)

请扫二维码

【小贴士】

关于大学生对于职业兴趣的误解和答疑,请扫二维码阅读文章《你那不叫兴趣,叫贪心!》。

请扫二维码

二、职业兴趣的影响因素

职业兴趣是在生涯实践过程中逐渐发展起来的。它的形成与个人的需求、知识、实践活动、家庭环境及社会环境等有着密切的关系。因此,对职业兴趣的分析应当结合个人的、家庭的、社会的因素来考虑,有利于深入认识自己,进行职业规划。

(一)个人需要

兴趣是在需要的基础上产生和发展的。人的职业兴趣是以职业需要为前提和基础的,简单来说,人们需要什么也就会对那些能满足自己职业需要的工作产生兴趣,例如对权势、金钱、人际交往、自由创作的需要,会使人产生相应的职业兴趣。职业兴趣也会随着职业需要的发展变化而变化。

(二)认识和情感

对某个职业是否感兴趣,是与个人对该职业的认识和情感密切联系的。如果一个人对某项事物没有认识,也就不会产生情感,不会对它产生兴趣。同样,如果一个人缺乏某种职业的知识,或者根本不了解这种职业,那么他也就不可能对这种职业感兴趣。相反,认识越深刻,情感体验越丰富,兴趣也就越深厚。例如,很多人对京剧不感兴趣,试问有多少人了解京剧的一些门道呢,这种不感兴趣是建立在不了解的基础上,如果通过各种方式更多地去学习京剧的舞台道具、行当分类、唱腔分类、脸谱分类、发音技巧等,相信看京剧将是更有趣的事。因此,不要还不了解某个职业,便武断地认为不感兴趣,从而拒绝进一步的学习。我们要为自己打开更多的兴趣之门,而不是把众多的可能性扼杀在摇篮里。

(三)家庭环境

家庭作为最基本的社会单元,对每个人的心理发展都产生重要的影响。家庭环境对其职业兴趣的形成有很大的导向作用,例如父母的职业、父母对于职业的看法、家中关于某些职业或专业的书籍、有关某个职业的工具等。大多数人从幼年起就在家庭的环境中感受其父母的职业活动、职业评价,随着年龄的增长,逐步形成自己对职业的认识和兴趣,个人在选择职业时可能带有家庭熏陶的印迹。

家庭因素对职业兴趣的影响,主要体现在择业趋同性与协商性。一般情况下,个人对于家庭成员特别是长辈的职业比较熟悉,在职业选择上会产生一定的趋同性影响。同时,个人的生涯决策或多或少产生于家庭成员共同协商的基础上。

(四)社会因素

社会对个人职业兴趣的影响主要体现在社会舆论、政府政策导向、人才需求、社会潮流等方面。社会因素对个人的职业兴趣具有一定的导向作用,它可能强化个人的职业兴趣,或抑制个人不切实际的职业兴趣,也可能引导个人产生新的职业取向。

以上因素对每个人的影响都不同,需要视个人情况予以考虑,借此分析自己的职业兴趣是如何产生的,更好地认识自己为什么对某些活动或职业感兴趣。客观认识内外部因素对自身职业兴趣的影响,注意分析外部短暂的影响因素在其中发挥的作用,例如劳动力市场、家庭经济情况、父母意愿等,找到让自己真正有动力的职业兴趣。

三、职业兴趣的修炼

"你真棒,能对文学一直这么感兴趣。"

"你太有语言天赋啦,难怪英语口语这么好。"

"真羡慕你,天生就是有很多兴趣爱好的人。"

职业兴趣是像身高长相一样由基因决定,还是像中彩票一样,全凭运气?当你羡慕别人时,有没有想过他们的职业兴趣不是纯粹的幸运和天赋,而是靠努力换来的?职业兴趣不是先天固定的,而是后天修炼得来的——从感到有趣开始,到逐渐形成更加稳定、持久的兴趣,进而与自己的奋斗目标相结合,从中实现自己的价值。

职业兴趣的修炼需要靠自我学习和自我管理。那么,如何一步步修炼自己的职业兴趣呢?

【案例分享】

　　面试中常问:"你有什么兴趣爱好?"经典的回答有:看书、听歌、旅游、看电影等,这样的回答非常普通。

　　假如你是面试官,看看下面的回答给你什么感受:

　　我喜欢看书,尤其是科幻小说,喜欢那些超前的想象力和故事的逻辑性。科幻三巨头中,我尤其喜欢阿西莫夫,还有凡尔纳,特别是阿西莫夫的《银河帝国》。在国内的作家里,刘慈欣的《三体》系列对我影响最大。我曾经自己写过一小段科幻作品,发在自己的博客上,有一万多点击量。我相信自己这次应聘新媒体编辑岗位是有一定优势的。

　　是不是觉得这个兴趣跟一般人的"看看书"不一样?那么,具体区别在哪呢?

　　兴趣可以分为三个级别:感官兴趣、自觉兴趣和志趣,[1]如图 2-5 所示。

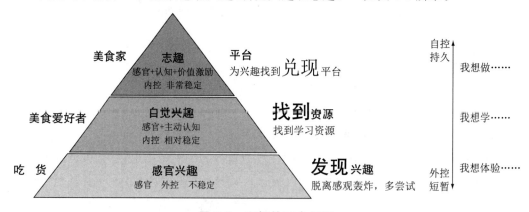

图 2-5　兴趣的三个级别

(一)感官兴趣

　　感官兴趣是指通过直观的感官刺激产生的兴趣,这是最原始简单的兴趣,例如喜欢吃、逛街、购物、刷手机、看电影等。这样的兴趣主要来自感官的享受,由外部刺激所控制。例如你在吃完火锅回家的路上,突然想吃冰激凌,然后你又被一件衣服吸引走进商店。外界刺激决定了感官兴趣的长度和强度,这样的兴趣人人都可以有。

　　我们生活在一个感官刺激扑面而来的时代,我们从读书时代迅速进入博客时代、微博时代、读图时代、视频时代、微信时代……这些满足感官刺激的碎片化信息无穷无尽、快速切换,让我们难以深入学习,正如当你总是被短暂的烟花吸引,可能难以感受到深邃的星空。如果只是停留在这个感官刺激的层面,没有深入学习和思考,则难以发展到兴

---

　　[1]　古典.你的生命有什么可能[M].湖南:湖南文艺出版社,2014.

趣的下个阶段——自觉兴趣。

（二）自觉兴趣

当然，相信每个人不仅有感官兴趣，还有更高一级的兴趣——自觉兴趣，把兴趣从感官享受推向了思维层次，在感官兴趣中加入了主动的认知和能力训练，由此产生了更加稳固而持久的兴趣。例如，惊叹星空的美丽后开始学习天文学、描绘星座；吃了美食后开始学习烹饪和营养学。

自觉兴趣比感官兴趣更高级，第一个理由是思维的加入，这让我们更深入去认识感兴趣的事物，并培养相关的能力。更丰富的体会和学习又增强了对该事物的兴趣。因此，我们要懂得主动把感官兴趣发展成更高层次的自觉兴趣，借助兴趣的初始动力推动学习。自觉兴趣更高级的第二个理由是，它不依赖于外界刺激，使我们可以自己掌控，把兴趣的源头从外求转为内寻。

【案例分享】

学生：老师帮帮我，我对本专业不感兴趣，对游戏测试很感兴趣。

老师：那你知道游戏测试员典型的一天是怎么样的吗？

学生：不知道。

老师：说说看，游戏测试工作有什么好与不好。

学生：不知道。

老师：游戏测试员入行有什么要求？

学生：不知道。

用感官兴趣和自觉兴趣来分析该案例，你对主人公有什么建议呢？

（三）志趣

对于那些持续一生修炼的职业兴趣，如何解释呢？丁俊晖打出上百万次杆，丰子恺用 46 年画出《护生画集》都仅仅源于自觉兴趣吗？他们在自觉兴趣之上，发展出一种更加强大的兴趣，去抗衡职业中的重复和倦怠，这就是志趣。志趣的秘密不仅在于有感官刺激和主动认知，还加入了更深层次的发动机：志向和价值观。我们这里说的志趣首先是能让你谋生的，同时还符合你的志向，让人可以兑换自己最想要的价值，比如丰厚的经济收入、创作的自主性、助人的快乐、回馈社会的成就感等。可以用大家熟悉的发明家爱迪生为例来解释志趣。

【案例分享】

　　爱迪生从小就有很强的好奇心,喜欢探索和"捣乱",对发明创造很感兴趣,当然,他没有仅停留在感官兴趣层面。爱迪生小学时辍学,母亲在家为他讲授各种课程,他继续学习和做实验。爱迪生工作后,也仍然继续他的学习和发明。爱迪生的第一个发明是"爱迪生普用印刷机",本想卖 5000 美金,却不太好意思说出口,没想到对方经理给了40000 美金,成为他人生的第一桶金。30 岁那年,他发明了留声机,一鸣惊人。

　　爱迪生一生都做着他热爱的发明工作,其间遇到的失败不计其数,比如发明蓄电池,试验了近五万次,试验记录本有 150 多本。他终身过着我们看来很痛苦的生活:每天工作超过 12 小时,晚间在书房读三至五小时的书。爱迪生说:"我的人生哲学是工作,我要揭示大自然的奥秘,并以此为人类造福。在我们短暂的一生中,我不知道还有什么比这更有意义了。"

　　爱迪生身上非常明显地表现出了什么是志趣,发明家这个职业是他的志向,这个职业符合他的价值观,也让他从中获得了他想要的为人类服务的价值。当自觉兴趣可以满足人的志向和价值观,让人获得来自价值观的强大激励,则可以发展为志趣,让人在艰苦奋斗中乐趣无穷。

　　因此,修炼职业兴趣有三个步骤:

　　第一步:让自己接触一定量的感官体验,去找到你比较喜欢的那个兴趣,获得兴趣培养的初始动力。

　　第二步:在感官兴趣还没消退时,尽快掌握更多的知识,去更深入地了解这个领域。

　　第三步:找到深层次激励你的动力,把这个兴趣和你最想要的价值绑定,通过修炼这个兴趣为你兑换价值。然后为自己设定合理的阶段目标,一步步去修炼你的兴趣。

　　生活中,很多人说"想学好英语",却一直没有做到,为什么呢?第一是因为他们并没有真正被刺激到,英语对他们不是一个真实的、浸泡式的体验。当一个英语口语很棒的人说着地道流利的英语时,他们被刺激到了,觉得对英语感兴趣,发誓要学好英语,但是当这个人消失了,他们的行动就没下文了,这是只停留在感官兴趣。第二是因为他们没有及时地去了解英语学习的各种观点和方法,没有找到科学而适合自己的那套训练方法,没多久便觉得对英语没那么感兴趣了。第三是因为学好英语并没有现成的或者长远来看很清晰的用武之地,没有价值的兑换。"学好英语"只是"我应该学好"的概念,没有与自己的职业发展或者学历深造等深刻结合起来,所以兴趣很难持续向兴趣金字塔的顶端生长。

　　人的注意力资源有限,如果大部分注意力都陷入感官刺激的泥潭,也就没有那么多精力发展出兴趣金字塔的塔尖，取而代之的是，把自己发展成了一块大板砖。职业兴趣不是一种天生固定的属性，而是一种自我修炼和自我管理，提高你的兴趣层级，越高层的兴趣越稳固而越有竞争力，对职业生涯的影响也越深远。

【案例分享】

我是张正（见图2-6），是厦门城市职业学院2011级电商专业的毕业生。我养殖昆虫并且在淘宝店上销售，这是我非常热爱的事情。我喜欢甲虫的契机是，高中时有一次看到画册上的世界上最大的甲虫——长戟大兜虫，不禁感慨——太帅了，我从此爱上昆虫，一发不可收拾。

我特别喜欢动植物，高考时曾想报兽医专业，因为学的是文科未能如愿。当时觉得电商比较有前景，又不想离家太远，只填写一个志愿，就是城院的电商专业，我打算如果没录取就直接去打工。为此，我在高中毕业时就去学习了当一名咖啡师，考了初级咖啡师证，因为这也是我很喜欢的一个行业，我不只停留在喜欢而已，还想学得专业点，才能更好地去做想做的工作。

我自己养殖昆虫是从2011年夏天开始，第一只繁殖成功的

图2-6　张正

昆虫是法布里斯锯锹，自此开始繁殖昆虫并且在淘宝店上销售。我也很喜欢去野外捉虫子，毕业后曾与虫友到武夷山捉虫子，去西藏东南部墨脱县寻找被我誉为"神物"的金刚大鹿角锹形虫等等。我还与昆虫学专业的老师和学生交流，因为学院派也需要田野派提供丰富的物种来研究，在各种自学、实践和交流请教中，越学越多。（张正还有参军、支教的精彩生涯故事，完整故事请扫二维码）

请扫二维码

【案例分享】

有个大学毕业生目前是公务员，觉得实在无聊想转行，但是放眼望去又不知道做什么好，于是她向以前的老师咨询。老师问她平时喜欢做什么，她说喜欢插花。聊天记录如图2-7所示。

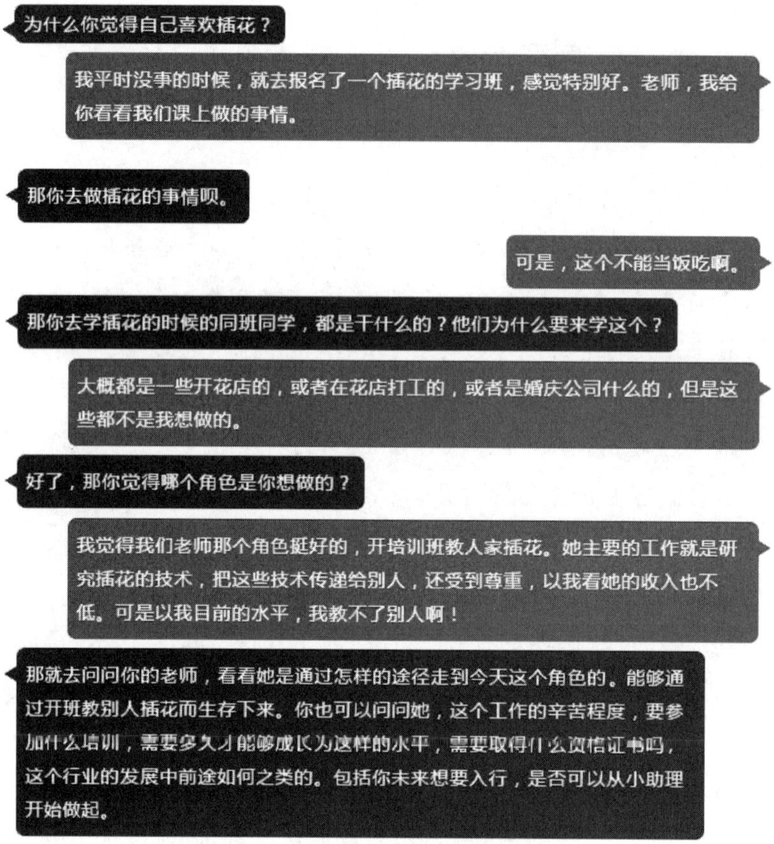

图 2-7　对话内容

四、霍兰德职业兴趣理论

【课堂活动】

兴趣岛

假设你乘坐的轮船因故障不能再前行,你只能选择去附近的岛屿定居,在岛屿上工作和生活,你更愿意去图 2-8 中的哪个岛屿呢?如果可以选择三个岛屿,你依次选择哪几个呢?

1 号岛屿:自然原始岛

居民以手工见长,自己种植花果蔬菜、养殖动物、修缮房屋、打造器物、制作工具等。人们普遍喜欢独自做事,沟通交流、集体活动不多。

2 号岛屿:深思冥想岛

岛上人迹较少,有多处天文馆、科博馆、图书馆等。居民喜好沉思、看书学习、追求真知,常有来自各地的哲学家、科学家等。这些人比较注重思考和研究,较少去享受一些轻松、"庸俗"的快乐。

图 2-8 岛屿示意图

3 号岛屿:美丽浪漫岛

岛上有美术馆、音乐馆、街头雕塑和街头艺人,弥漫着浓厚的艺术文化气息。居民有很多艺术特长,富有创造力。但这里比较缺乏条理和纪律。

4 号岛屿:温暖友善岛

岛上居民温和、友善、关怀他人,人们多互助合作,重视教育、各种咨询服务。但他们被认为缺乏竞争意识和无原则的一团和气。

5 号岛屿:显赫富庶岛

居民热情,喜欢企业经营和贸易,多是企业家、经理人、政治家、律师等,很繁华富裕。但人们竞争大、节奏快,压力和挑战比较大,工作和生活可能也较难平衡。

6 号岛屿:现代井然岛

岛上以完善的行政管理、金融管理见长。岛民个性冷静保守,遵守制度,处事有条理,善于组织规划,做事耐心细致。但生活过于稳定和按部就班。

思考:根据游戏中的选择和对自我的分析,参考图 2-9,你觉得自己喜欢做什么样的事情或者工作呢?

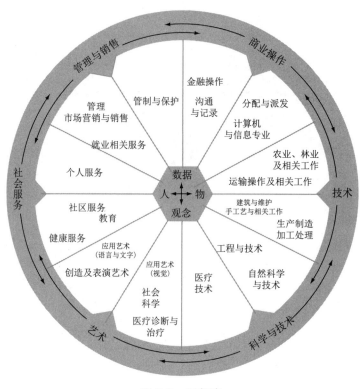

图 2-9　兴趣岛

(一)霍兰德职业兴趣理论

以上游戏测试的理论依据是霍兰德职业兴趣理论。约翰·霍兰德(John Holland)是美国约翰·霍普金斯大学的心理学教授、美国著名的职业指导专家。他于 1959 年提出了具有广泛社会影响的职业兴趣理论,认为职业兴趣可分为现实型、研究型、艺术型、社会型、企业型和事务型六种类型,如图 2-10 所示。该理论可以帮助我们认识自己感兴趣的职业活动类型,去了解和探索有关的职业群,避免盲目的尝试。

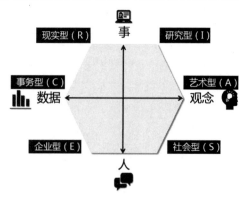

图 2-10　霍兰德职业兴趣类型

1.现实型(R型)

现实型的人愿意使用工具从事操作方面的工作,动手能力强,做事手脚灵活,动作协调;偏好于具体任务,不善言辞,做事保守,较为谦虚,通常喜欢独立做事。

现实型职业兴趣:喜欢使用工具、需要基本操作技能的工作。对要求具备机械方面才能、体力或从事与物件、机器、运动器材、动植物相关的职业感兴趣,如:建筑施工员、制图员、机械技术人员、木匠、厨师、司机、运动员、外科医生等。

2.研究型(I型)

研究型的人抽象思维能力强,求知欲强,肯动脑,善思考,喜欢独立的和富有创造性的工作,不善于领导他人;考虑问题理性,做事喜欢精确,喜欢逻辑分析和推理,不断探索未知的领域。

研究型职业兴趣:喜欢智力的、抽象的、分析的、独立的任务,要求具备智力或分析才能,并将其用于观察、估测、衡量、形成理论、最终解决问题的工作,如科学研究人员、教师、工程师、电脑编程人员、历史学家、系统分析员等。

3.艺术型(A型)

艺术型的人有创造力,喜欢有趣和有变化,乐于创造新颖、与众不同的成果,喜欢发挥创意和想象力,渴望表现自己的个性、实现自身的价值;善于表达,做事较理想化,追求完美,不重实际。

艺术型职业兴趣:喜欢的工作要求具备艺术修养、创造力、表达能力和直觉,并将其用于语言、行为、声音、颜色和形式的审美、思索和感受,不喜欢烦琐的事务型工作,如演员、导演、设计师、雕刻家、建筑师、歌唱家、作曲家、乐队指挥、小说家、剧作家等。

4.社会型(S型)

社会型的人喜欢与人交往,善言谈,愿意教导别人,善于理解他人;关心社会问题、渴望发挥自己的社会作用,比较看重社会义务和社会道德。

社会型职业兴趣:喜欢与人打交道的工作,从事提供信息、启迪、帮助、培训、开发或治疗等事务,如教师、教育行政人员、社工、咨询人员、公关人员等。

5.企业型(E型)

企业型的人追求权力、地位和物质财富,具有领导才能;喜欢竞争、敢冒风险、有野心;为人务实,习惯以利益得失来衡量做事的价值,做事有较强的目的性。

企业型职业兴趣:喜欢要求具备经营、管理、监督和领导才能的工作,喜欢具有挑战的工作,如项目经理、销售人员、政府官员、企业领导、律师等。

6.事务型(C型)

事务型的人尊重权威和规章制度,喜欢按计划办事,细心、有条理,习惯接受他人的指挥和领导;喜欢关注实际和细节情况,通常较为谨慎和保守,缺乏创造性,不喜欢冒险和竞争,富有自我牺牲精神。

事务型职业兴趣:喜欢要求注意细节、精确度高、有系统有条理的工作,喜欢与记录、归档、有特定操作程序有关的工作,如秘书、会计、行政助理、图书馆管理员等。

【案例分享】

假如有个游乐场招聘项目工作人员,请你选择一个岗位,按照对工作内容的喜好程度,你最感兴趣的是哪个呢?

岗位1:按图施工,搭建和布置场地。

岗位2:查阅大量资料,研究各国的游乐场特色和游乐场文化。

岗位3:制作宣传海报,设计游乐场造型、服装、音乐等。

岗位4:担任入场处解说人员以及安抚客人。

岗位5:担任活动领导者,主持和安排各项工作,并负责营销推广。

岗位6:整理准备资料、物料等,卖入场券,管理财务。

希望这个案例让你更形象地了解六种职业兴趣类型。

人们通常倾向于选择与自我兴趣类型匹配的工作内容和职业环境,如具有现实型兴趣的人希望在现实型的职业环境中工作,以便最好地发挥个人的潜能。但在实际职业选择中,个体不一定能选择与自己兴趣完全对应的职业环境。一是因为个体本身常是多种兴趣类型的综合体,只有单一类型的情况不多。因此,评估兴趣类型时常以六大类型中最显著的前三个类型组合而成,组合时根据喜好程度依次排列字母,构成兴趣组型,如AIR、SEC等,每个兴趣组型对应着一系列相关的职业,而不是某一个职业,如AIR的参考职业有建筑师、画家、摄影师、绘图员、室内设计师、动漫制作人员、陶器设计师等;SEC的参考职业有教师、社会活动家、咨询顾问、经理、机构管理人员、社工等。二是因为影响职业选择的因素是多方面的,不完全依据兴趣类型,还要参照个人技能及获得职业的现实可能性等。因此,分析职业兴趣时既要找到感兴趣的方向,还要培养相关的技能,尤其是A、R、I型需要专业技能作为支撑。要深刻理解职业兴趣类型的内涵,学会迂回前进和适当妥协,结合实际情况来灵活运用霍兰德职业兴趣理论。

(二)霍兰德职业兴趣理论的灵活运用

1.如何结合实际发挥自己的职业兴趣类型

很多人可能会说:"我对艺术类活动感兴趣,但是我没有相关特长,今生无缘从事此类的工作,怎么办?"

其实,如果真正理解了霍兰德职业兴趣类型,我们依然可以在各个领域的工作中做一个"艺术工作者"。艺术型的职业涵盖的范围是非常广泛的,包括雕塑、绘画、舞蹈、设计等,这些职业隔行如隔山,为什么归为同一类呢?因为这些活动有个共同点,那就是跟美感、创意打交道,需要发挥想象力和创新思维。其实各个职业,都可以尽可能在工作中寻找美、创造美、做出新意,发挥你的艺术型的兴趣。

如果你从事 R 型的工作,也可以在你的日常工作中体现美感、发挥创意,比如你画的工程图可以更漂亮、制作的工具更美观、种植的果园布局更美等。

如果你从事 I 类的工作,是个研究者,如何体现美感呢?也许你可以从事跟美有关的研究,比如美学研究、美术史研究、工艺品研究等。当然,也有不少科学家的名言是赞叹科学的美和大自然规律的美妙,你可能也听说过《数学之美》《物理之美》这样的书名。在从事研究当中,人们也能够有创新、有灵感、有美感,用发现美的眼光去做研究。

如果你从事 S 类行业当中的典型职业——教师/培训师,你也可以让你的工作满足艺术型的兴趣,例如课件设计精美、课程有创意等。比如有位教师讲《人格心理学》,课程内容比较抽象,他在课堂上现场模拟不同人格的表现,带有很强的表演性,非常吸引学生。这也是艺术的表达。

如果你从事 E 类的工作,从事跟商业和管理有关的活动,如何体现你的美感呢?做艺术品的交易、创意营销等方面的工作也许是个选择。你也可以研究管理美学,让你所爱的美学与你的工作结合。管理美学是分析、发掘和探讨管理中的美学因素,并研究企业在生产、经营中如何运用美学原理进行管理的问题。

如果你从事 C 类的工作,比如秘书,发挥艺术型兴趣的途径也是多种多样的。例如,你可以把办公室布置得很美、把文字图表编辑得更美观甚至有设计感等。

如果限于现实客观因素,不能从事与职业兴趣最匹配的工作,职业兴趣如何融入工作中,或者说职业兴趣如何尽可能与你的专业结合,跟以上例子也是一样的道理,这样既能让工作更加满足你的兴趣,还会让工作更出彩、有亮点。例如你从事 S 型的教师工作,还喜欢 R 型的动手操作类事务,可以将这个爱好发挥在教具制作上;你是从事 R 型的建筑施工工作,还喜欢与人交流,可以在与同事、客户等的交往中发挥你的兴趣;还有之前分享的本校电商专业毕业生张正的故事,他喜欢昆虫,在淘宝店卖昆虫,这也启发了我们专业如何与兴趣结合。

2.如何结合实际转换职业兴趣类型对应的职业

有的人喜欢做的事情不足以谋生,比如有人很喜欢做发卡,但是以这个为职业,比较难达到收入要求。因为做发卡这个市场门槛太低,很多人都在做,并且机器做的比手工做的还要美。即使到了工厂去当个女工,做很贵的发卡,工资也较少。怎么运用霍兰德职业兴趣理论来帮助我们找到解决方法呢?

做发卡这件事情吸引你的核心因素是什么?主要就是美感和动手能力,也就是 A 类艺术型和 R 类现实型的活动。那么社会上还有哪些工作是 A 类和 R 类的活动,又比做发卡更赚钱的?比如有服装设计、烘焙、雕塑、手绣、制作手链、制作香薰石膏礼品等。所以,要分析你的兴趣内核是什么,兼顾现实生活的需要,触类旁通,把你当前的兴趣活动转换成同类型的活动,朝着这个方向去迁移你已有的能力以及学习新的技能。

【案例分享】

以下是某位心理学专业大学生写给老师的信,她分享了自己找到兴趣内核的心路历程:

我感兴趣的是刑侦破案,我想当警探,但是没有那个报考资格。也有人问过我,你喜欢和那些负面的东西打交道吗？如果让你在监狱工作或者让你去出外勤,每天和罪犯打交道,这样的工作是你想要的吗？还是你只是喜欢看推理小说和电视剧而已？我只是喜欢看小说和电视剧里破案的过程,我其实受不了那些每天和罪犯打交道的日子。

然后我就懵了,看来这个我从小到大的兴趣并不是我真正喜欢的东西。

后来我又觉得不对,犯罪题材的作品依旧很吸引我,我慢慢发现其实我喜欢的是从一个模糊不清的事件开始,通过收集信息和线索,最终让事件明晰的过程。

有朋友说那你就去搞研究,好像很有道理,但我不喜欢和数据打交道,因为那总给我带来无助感。后来有一次一位老师说,心理咨询过程就像破案,当时我有种云开见月明的感觉,因为正好我擅长聊天、讲话、演讲,我也一直在想如何把这个与我喜欢的刑侦破案结合。如今,我打算以后当个心理老师,既可以做咨询又可以讲课。

这位学生通过不断的探索,认识到喜欢看侦探小说不一定要去当警察,也不一定要以研究犯罪心理学为职业,要去发现这个兴趣的内核,结合个人能力、现实因素等,转换为同类的职业活动,心理咨询师就能够让她有收集线索、破案的感觉,这正是她喜欢的。

【拓展资源】

《你的生命有什么可能》

在这个不断变化的时代,年轻人如何发现自己的梦想和追求自己的梦想？在这样的时代,我们的生命又有什么可能？如何在现实之中发展自己的兴趣？如何越过现实和理想的鸿沟,找到和进入自己希望的工作领域？如何修炼自己在现实中活得更好的能力？如何面对生命里的苦难、不完美或者不公正？如何获得心灵的自由？

本书写给成长中的每一个人,生命是一个打开又收拢的过程,这本书将让我们打破自己心智的障碍,开始自由地思考和行走,然后看到人生的更多可能。

每个平凡人也都能活出各自的生命可能。

图 2-11 《你的生命有什么可能》

【拓展资源】

微信公众号：高高在珠海

　　高高老师是高校的心理学教师，专注于生涯辅导，喜欢看书和写作，很大的成就感往往来自把一个自己原来也不甚明白的东西学会了，并且分享给大家，希望对广大学生等人士有所帮助。高高老师的文章反映了当下很多学生的生涯困惑，文章深入浅出，让人豁然开朗，还有很多好书的心得分享等。

请扫二维码

【小贴士】

　　职业兴趣测评 SDS 量表

　　详见书末附录 1

第三节　职业价值观

【名人名言】

　　正是价值观给我们的生活注入意义，这种意义反过来又带给我们力量、动力和坚定的意志。

——迈克尔·亨德森（价值观教练和作家）

一、职业价值观的含义

　　价值观是一个复杂的系统，时代的进步、社会的发展、个人的生活都是在价值观的指导下进行的。从微观角度来看，价值观作为人的意识系统，是人对周围事物能否满足其需要的评价，影响我们的重要抉择，影响我们对人生幸福的评价和我们所认同的人生意义。价值观如同大树的根基，在风吹雨打中牢牢地固定住大树，让我们在世事洪流中找到方向感和意义。以马斯洛为首的人本主义心理学家提出，价值观对于我们的内在决策过程——尤其是对自我实现和发挥潜能有关的决策起到关键的作用。

　　职业价值观是指个体对职业的看法和认识，既包括人们在选择职业时表现出来的价值取向，同时也包括个体从事职业活动的理想、信念、世界观等的倾向性对于职业的影响，是个人内在的动力系统，影响职业选择及其从业行为。职业价值观是人们基于生存、发展、自我实现的需要，对于什么是好的或者不好的根本看法，它是影响大学生职业选择的重要因素，价值观的澄清对职业生涯规划有着重要的指导和调节作用。

职业价值观强调对于活动结果的感受，认为值得、重要、有意义。职业兴趣帮助我们打开一扇扇门，职业价值观帮助我们进行筛选、做减法，关掉不是内心真正想要的那扇门。对于有些人，赚钱是第一位的，可以暂时牺牲家庭；对于有的人，再高的薪水也比不上帮助弱势群体所带来的满足感；有人一心瞄准升职加薪，也有人辞掉高薪职位，他们都在追寻符合内心价值的事业。当然，在不同的职业生涯阶段，人的职业价值观也可能发生变化，因为人们的需求改变了——希望从职业中获得的回报不同了。

在追寻自己的职业价值观时，难免会被社会主流的价值观所影响，有时甚至忘记倾听自己内心的声音，将外界定义的成功和幸福视为自己的标准，为之努力却感觉内心空虚，正如生涯教练史蒂芬·柯维所比喻的："你终其一生努力爬一个梯子，当你终于爬到顶点，却发现这个梯子靠在错误的墙上。"职业价值观是个稳定的地基，让你能建造你想要的生活，定义你自己最重要的价值观会指引你抵达人生的目的地。

【案例分享】

我是来自厦门城市职业学院 2010 级社会工作专业的马力（见图 2-12），说到当初为什么选择社工专业，源于高中时代的火车站志愿服务实践，那次的志愿服务第一次让我感到被别人需要的满足感和成就感。从那以后，我明白了自己最需要的是什么、最想做的是什么。

"有的人终其一生，可能都不知道自己想要的是什么，自己想要成为怎样的人。"我觉得自己是幸运的，我在高中时代就开始意识到自己更加愿意成为一个被人需要的人。在填写大学志愿的时候，我就去了解了社会工作专业的各项资料，在确定了社会工作就是自己想要报考的专业时，我毅然决然地选择了厦门城市职业学院的社工专业。

大学期间，我意识到如果想要在社工的行业走得长久，真正能为他人提供帮助，必须要提升自己的能力、专业知识和学历。我不仅刻苦学习，还投身到班级和学生会工作中，担任班级团支书和人文学部学生会主席，不断提高工作能力。2011 年 4 月至 2014 年 1 月，我还取得了厦门大学社工专业的本科文凭。

然而在大学毕业的时候，我由于身体原因（患有肌张力障碍症），不能如愿地找到一份自己真正喜欢的工作。我选择了暂时创业。

即使创业很辛苦，但我一直没有忘记我的职业追求，我坚持自学，取得了三级心理咨询师证，同时考上福州大学公共管理硕士班并于 2017 年顺利毕业。

我目前创办了一家民办社工机构——厦门沐风社工服务中心，机构成立于 2016 年 8

月。我认为"助人"是我在社工中最看重的部分,助人是一个专业的事情,我会在未来的工作中,不断地提升自身以及机构的专业素养,期待机构能够成为厦门民办社工服务中心的榜样。

图 2-12　马力

【小贴士】

马力的职业生涯故事令人钦佩,从中感受到他强烈的职业价值观所发挥的巨大作用。2020年年初,新冠肺炎疫情刚暴发时,沐风社工服务中心积极投入抗疫志愿服务,具体介绍可扫二维码了解,还可关注微信公众号"沐风社工",了解马力学长带领组织的丰富多彩的社工活动。

请扫二维码

关于职业价值观,有以下一些普遍认同的观点:

不是道德或伦理:道德、伦理和职业价值观彼此互相联系,但是它们是有区别的,道德和伦理主要是对人起约束作用,价值观则对人起推动作用。

行为的驱动力:来自职业价值观的强烈驱动力推动人去追寻一份符合内心价值观的事业。

非常主观的:职业价值观没有标准答案,你可以对各种职业价值观进行自由组合和排序。

自我与世界互动的方式:职业价值观体现自我与职业世界以及这个社会互动的方式,心理学家米尔顿·罗克奇把价值观称作"存在的方式"。

从生活哲学中发展而来的:文化、国家、家庭、成长经历、性格、特殊事件等共同孕育了职业价值观。

相对稳定,但也会变化:可能你工作五年和工作十五年后的职业价值观会发生变化,职业价值观会随着你的需求、视角和成熟度等的变化而变化。

需要用行动去践行:职业价值观不是停留在语言层面的,需要用行动去感受、选择和追求。马斯洛认为人可以通过行动去选择自己喜欢的价值观。正如冰淇淋大亨本·科恩和杰瑞·格林菲尔德说过:"我们不可能把价值观挂在家里就去上班,然后希望回家之后还能重新穿上。"

二、核心职业价值观

既想追求高薪,又希望安逸稳定?幻想着有份工作如这句流行语:"位高权重责任轻,钱多事少离家近",这句话体现了很多人追求的职业价值观,但是这些价值观之间是有较大矛盾的或者是过于追求完美的,那么要学会排序和取舍,也就是找到你的核心职业价值观。核心职业价值观定义了你理想的生活。当职业选择与职业价值观相匹配时,人会更愿意主动适应职场、克服困难,更容易获得职业成就感与幸福感。我们了解自己的核心职业价值观,有利于理清思路和做决策,在做决策时会更加坚定和明确。

价值观要有取舍,因为现实中很难有一份职业可以满足你看重的所有价值观,或者是难以在同一个时刻满足你想要的所有价值,也许要有个过程,也许要接受这种不完美。我们经常要面对选择,最好的方式是找到核心价值观,从而有一把衡量利弊的尺子。

美国著名生涯辅导大师舒伯在 1970 年开发了职业价值自测量表,包括 15 个职业价值观,分为内在价值、外在价值和外在报酬 3 个维度,共计 15 种,分别是:内在价值——利他主义、美的追求、创造发明、智力激发;外在价值——独立自主、成就满足、声望地位、管理权力;外在报酬——经济报酬、安全稳定、工作环境、上司关系、同事关系、多样变化、生活方式。

利他主义:让你能为他人和社会奉献爱心、做贡献。

美的追求:使你能够创造美的事物、享受美,并将美带给人们。

创造发明:能使你发挥创意,发明创造、设计新产品或产生新思想。

智力激发:能让你独立思考,满足你爱思考、提高智能的要求。

独立自主:能让你以自己的方式工作,有较大的空间和自由度。

成就满足:工作有较大的挑战,让人有成就感和自豪感。

声望地位:让你在别人眼里有地位、受尊敬。

管理权力:允许你从事管理工作,有一定的地位,可以指挥别人、安排任务。

经济报酬:经济收入高于其他行业或薪资增长空间大,收入高于相同条件的人。

安全稳定:不太可能失业,工作内容、薪资、人际关系等较稳定。

工作环境:在怡人的、喜欢的工作场所里工作。

上司关系:在一个公平待人并且能与之融洽相处的管理者手下工作。

同事关系:能与你喜欢的人接触并共事,同事关系良好。

多样变化：在同一份工作中有机会尝试不同的工作内容、工作岗位。

生活方式：工作能让你按照自己所选择的生活方式生活，较好地平衡工作与生活。

【课堂活动】

我最在乎什么？

每个人在职业上都有各自不同的价值追求，以上 15 个职业价值观的分类和解释不是最重要的，重要的是能够启发你的思考。

1.毕业五年内，对你来说最重要的三个核心职业价值观是什么（可以是以上 15 个之外的），并定义其含义。

2.当下，什么样的选择和行动更有利于你实现这些价值观？

3.如果是一生的职业生涯，对你来说最重要的三个职业价值观是什么？为什么？

职业价值观的排序可以指导你将时间和资源投入你认为最匹配的工作中去，创造一个与之一致的职业生涯。当然，社会、客观因素及现实压力等可能会让你与自己的价值观脱轨或者暂时远离，希望当你感到迷茫时，能重拾自己内心的价值观。正如莎士比亚所警示的："忠实于你自己，追随于自己，昼夜不舍。"

三、职业锚理论

无论是定义自己的成功、择业、跳槽还是分析和改变职业现状，明确职业价值观都是关键的一步，它可以帮助你理解某个职业选择如何影响你的生活。职业生涯是人一生的生涯中非常重要的部分，明确职业价值观的过程也是一个使你深刻体会"什么对我的生活最重要"的过程。

职业锚理论由美国麻省理工学院斯隆商学院、美国著名职业指导专家埃德加·H.施恩（Edgar.H.Schein）教授提出，是通过研究该学院毕业生的职业生涯提炼总结出来的。斯隆商学院的 44 名 MBA 毕业生，自愿形成一个小组接受施恩教授长达 12 年的职业生涯研究，包括面谈、跟踪调查、公司调查、人才测评、问卷调查等多种方式，最终分析总结出了职业锚理论。

锚，是船只停泊定位用的铁制器具。职业锚，是指当一个人不得不做出选择的时候，他无论如何都不会放弃的职业中至关重要的东西或价值观，也就是人们选择和发展自己的职业时所围绕的中心，有了这样的思考和认知后，还要储备相关的能力，再在社会实践以及未来的实际工作中进一步去体会、调整和坚定自己的选择。此外，经过初期职业阶段后，在实践中逐步调整和确定职业锚，人们在职业生涯的中后期可能会根据变化了的内外部情况，调整自己的职业锚。

职业锚理论包括八种职业锚类型，如图 2-13 所示。

图 2-13 八种职业锚类型

(1)技术型:追求在技术领域的成长和技能的不断提高,以及要有应用这种技术的机会。他们对自己的认可来自他们的专业水平,他们喜欢面对来自专业领域的挑战。

(2)管理型:追求并致力于岗位晋升、拥有管理权力、实现自己的想法、组织安排他人工作。从事具体的技术工作往往被当作是通向管理层的途径。

(3)自主型:希望自主安排自己的工作方式、工作习惯和生活方式。追求能施展个人能力、个性及创意的工作环境,最大限度地摆脱组织的限制和制约。

(4)安全型:追求工作中的安全与稳定感,未来的工作内容、薪资以及退休金等是可预测的,这让他们感到放松。

(5)创业型:希望凭自己的能力去创建属于自己的公司或属于自己的产品(或服务),而且愿意去冒风险。他们可能正在别人的公司工作,但同时他们在储备资源、评估创业机会,为创业做准备。

(6)挑战型:喜欢解决看上去无法解决的问题,工作要有难度,允许他们去战胜各种困难、战胜强硬的对手等。新奇、变化和困难是他们所喜欢的,如果事情非常容易,则觉得没有意义。

(7)服务型:特别希望通过工作可以奉献和助人,例如:通过开发新的产品消除疾病。

(8)生活型:希望工作允许他们平衡个人的需要、家庭的需要和职业的需要,他们需要一个能够提供足够的弹性让他们实现这一目标的职业,甚至可以牺牲他们职业的一些方面。

个人在进行职业规划和定位时,可以运用职业锚思考自己的职业价值观类型、职业偏好,确定自己的发展方向,审视自己的职业价值观与相关职业的匹配关系,以及如何能够实现这样的价值观。职业锚将通过实际的工作进行进一步的确立,同时人们以职业锚为其稳定源,获得职业的进一步发展。

第3章

发现"我"的职业性格

【教学目标】

通过本章的教学,学生应该能够:

1.了解什么是职业性格;

2.了解职业性格的测评方式及 MBTI 测评维度;

3.了解职业性格与职业选择之间的关系;

4.通过测评解读自己的职业性格及匹配职业。

【教学内容】

第一节　你我不一样:职业性格概述

第二节　我有我的风格:职业性格识别器

第三节　选对降落伞:职业性格与职业选择

第一节　你我不一样:职业性格概述

【名人名言】

人的性格是扎根在骨头和血液里的。

——高尔基

【案例导入】

苏婷和腾基都是大一的学生,在宿舍里两人趣味相投却又差异明显,苏婷凡事条理清晰,自己的东西各有归处,整整齐齐;而腾基则总是很难把东西归置整齐,往往在她看书时,会突然想起忘记把公交卡放哪,等找到公交卡又会想起要准备明天实训的材料。但在完成具有创造性的小组作业时,腾基总是灵感不断,而苏婷却经常一脸茫然,苦思冥想无从下手。这样的场景你是不是也会经常遇到?

请你思考:

1.你身边也有类似的例子吗?

2.你如何看待苏婷与腾基的不同?

(案例编写:汪琳)

一、性格与职业性格

(一)性格

三千多年前,希腊德尔菲的阿波罗神庙被人们称为"大地的肚脐眼"。在神庙的旁边刻着七位圣人的训示,其中一位圣人叫塔列斯,他给人类留下的圣谕是:人啊,认识你自己。从此,它成了人类永恒的坐标,屹立至今。

东方古语云:"积行成习,积习成性,积性成命。"西方也有名言:"播下一个行为,收获一种习惯;播下一种习惯,收获一种性格;播下一种性格,收获一种命运。"可见无论东西方,对性格形成的看法都一样。那么,什么是性格呢?尧谷子认为,人的性格就是人性决定的人格。性格是人格的表现。

性格主要体现在态度特征、认知特征、意志特征及情绪特征四个方面,它们之间也会相互影响。态度特征及意志特征是性格的主要方面,其中态度是性格的核心,它决定着个体的行为方式。

(二)气质与性格

通过对气质与性格的认知,可以更好地了解自己、理解他人;并对不同性格与职业之间的关联有更深的认识,看到更多的可能。气质和性格的共同作用使个体表现出有别于他人的心理活动和行为方式,形成自己独有的风格。现在有这样一个场景,可以帮助我们理解不同气质对行事风格的影响,假设多血质、胆汁质、黏液质、抑郁质四个人去看电影,但是迟到了,看四个人不同的表现:

胆汁质:不认为迟到就不可以进了,与检票员争执,强烈要求进去看电影。

多血质:确定自己迟到后,不会强行进入,而是四处观察,想办法,最后可能绕到其他入口,顺顺当当进入电影院,看了一场电影。

黏液质:知道自己迟到后,很平静,会到附近的一个咖啡厅等候,等着看下一场电影。

抑郁质:知道自己迟到后,很沮丧,转身回家。

气质无好坏,多受遗传因素影响。

(三)职业性格

对于职业性格的认知与分析,主要来源于心理学上的理论与测评,心理学有很多经典的性格测验,例如,卡特尔 16PF 测验,从乐群性、冒险性、情绪稳定性、独立性等角度分析。九型人格将人的性格分为九种,分别是 1 号性格完美型、2 号性格给予者、3 号性格实干者、4 号性格悲情浪漫者、5 号性格理智型、6 号性格怀疑型、7 号性格活跃型、8 号性格领袖型、9 号性格和平型,如图 3-1 所示。

图 3-1 九型人格

除此之外,还有色彩性格、大五人格、MBTI,本章的第二节将专门介绍国际上最为流行的 MBTI 测评及其在职业选择中的应用。

【小贴士】

人格决定命运而非性格

人格一词源于古希腊语 persona,原意是希腊戏剧中常戴的面具。人格具有两层含义：人格的"面具"是人们遵从社会文化习俗的要求而做出的反应和人的外在品质，就像舞台上根据角色要求所戴的面具；人格的内在特征是面具后面的真实自我，是一个人不愿展现的人格成分，如同演员摘掉面具回到真实的生活。人格有着复杂的结构，包括气质、性格等。气质是人的天性，对人们的言行倾向有影响，但不能决定人的社会价值。性格是人们对现实和周围世界的态度，表现了一个人的品德、价值观、人生观、世界观，流露于人们的行为举止中。性格是在后天社会环境中逐渐形成的，同时也受个体的生物学因素的影响，气质与性格对人有很大的影响，但不能决定人的命运。而人格的功能却很强大，完善的人格可以促使人在遭遇挫折时发奋拼搏，而不是一蹶不振。弗洛伊德将人格分为自我、超我与本我。

因此，人格决定一个人的生活方式，命运是由人格决定而不是性格决定。

二、职业风格

职业风格系统是影响人职业活动的心理个性特征，主要包括气质和性格。如果说个体在职业活动中选择"干不干""干什么"是受其动机、兴趣等的影响，"干得怎么样"受其智力、能力制约的话，那么"怎么干"则在更多意义上受其气质、性格的影响。

不同气质类型的人可能表现出不同的职业风格，如多血质的人可塑、灵活，职业的适应面相对较广，但他们喜欢多样化与工作内容的变化，对于事务型、对细节要求较高的工作会显得难以适应；胆汁质类型的人，与多血质的人相似，不过他们的情绪、行为反应强度都会比前者明显，他们在具有挑战、需要应对突发情况，甚至风险高的工作上表现优秀，一旦工作四平八稳、规律明显时，他们会表现得乏味而缺乏耐心；黏液质类型的人与前两者不同，他们安静、稳定，对工作的稳定性、耐受性情有独钟，不依赖人际社交，但善于与人打交道；抑郁质类型的人专注、敏感、责任感强、情感细腻，适合一些需要持久、细致、耐心的工作。虽然不同气质类型的人对于工作的内容有不同的偏好，但也不排除他们会灵活地将不同类型的工作做成符合自己气质类型的样子，因此，气质类型与职业的对应也不是唯一性的，而是多元的、多样的。

综上所述，要了解我们的职业风格，首先需要对自己的气质与性格有较为清晰的认知，否则难以在生涯发展的过程中扬长避短、发挥优势。

【拓展资源】

阿德勒的故事

美国心理学博士阿弗雷德·阿德勒在小学时，数学学得很糟糕。老师深信他"数学脑子迟钝"，就将此告诉了他的家长，让他们对自己的儿子不要期望过高。他的父母也相信了老师的话。阿德勒被动地接受了他们对自己的评价，而且他的数学成绩也证明了他们说得对。但有一天,他觉得自己能解答老师在黑板上出的同学们都解答不出来的难题,他把自己的想法告诉了老师,老师和同学们都哈哈大笑,于是,他愤愤不平地走到黑板前,把题目解答了出来,在场的人都目瞪口呆,从此,阿德勒认识到他可以学好数学。

你如何看待阿德勒童年的这段经历?你身上是否也有这样被他人强加的标签,甚至影响了你的自我评价?可以做些什么去掉这些标签、去掉这些影响发展的"魔咒"?

【课堂活动】

左右手写名字

活动场地:不限。

人员要求:不限。

材料准备:实训手册。

活动目标:了解自己在性格上也会存在"左右手"。

活动流程:

1.请在一张空白的纸张上写下自己的名字;

2.换另一只手握笔,再一次在纸张上写下自己的名字。

引导讨论:

两次签名有什么不同的感受?请用3~5个词形容。

项目说明:

当用平时习惯使用的手签名时,会觉得很自然,写得又快又好,而用平时不太使用的另一只手签名时,虽然也能写,但会觉得有些吃力、写得比较慢,也不如习惯用的那只手写得好。不仅是签名,在其他事情上也是如此:我们总会有擅长和不擅长的方面,有习惯或不习惯的方式,正如性格与职业的匹配,当两者相匹配时,可以做得省力且优秀,相反,则需要花更多的时间与精力才能取得成就。

三、职业性格的分类

从不同的角度可以对职业性格做不同的分类,比较常见的主要有如表 3-1 所示的分类。

表 3-1　职业性格的类型、特征及适合的职业

类　　型	特　　征	适合的职业
变化型	在新的和意外的活动或工作情境中感到愉快,喜欢有变化的和多样化的工作,善于转移注意力	记者、推销员、演员

续表

类　型	特　征	适合的职业
重复型	适合连续从事同样的工作,按固定的计划或进度办事,喜欢重复的、有规律的、有标准的工种	纺织工、机床工、印刷工、地铁售票员
服从型	愿意配合别人或按别人指示办事,而不愿意自己独立做出决策,担负责任	办公室职员、秘书、翻译
独立型	喜欢计划自己的活动和指导别人活动或对未来的事情做出决定,在独立负责的工作情境中感到愉快	管理人员、律师、警察、侦察员
协作型	在与人协同工作时感到愉快,善于引导别人,并想得到同事们的喜欢	社会工作者、咨询人员
机智型	在紧张和危险的情况下能自我控制沉着应付,发生意外和差错时不慌不忙出色地完成任务。	驾驶员、飞行员、警察、消防员、救生员
自我表现型	喜欢表现自己的爱好和个性,根据自己的感情做出选择,能通过自己的工作来表现自己的思想	演员、诗人、音乐家、画家
严谨型	注重工作过程中各个环节、细节的精确性;愿意按一套规划和步骤工作尽可能做得完美,倾向于严格、努力地工作以看到自己出色完成工作的效果	会计、出纳、统计员、校对、图书档案管理员、打字员

【课堂活动】

了解多维度的自己:玩一玩周哈里窗

活动场地:不限。

人员要求:不限。

材料准备:笔、纸。

活动目标:从不同的角度了解自己的性格与特质。

活动流程:

1.请试着用三句话来描述你自己的特质,并写在下栏中:

(1)我是

(2)我是

(3)我是

2.找一位你的亲朋好友,请他列举你的三个特质,并和他一起讨论你自己所写下的特质,看看你的亲朋好友对你的看法与你对自己的看法有些什么异同。

引导讨论:

(1)我的亲朋好友认为我是:

举例说明：

(2)我的发现是(见图 3-2)：

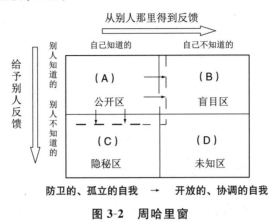

图 3-2　周哈里窗

第二节　我有我的风格：职业性格识别器

【案例导入】

伟鹏大学毕业后做过好多份工作，从事过家电、IT、广告、房地产等行业，开始时做人事，后来转为销售，再后来又改做广告策划、营销策划。做人事时，觉得人太复杂，夹在老板和员工中间，太难做——自己不适合从事这种低层次的人力资源管理；做销售时，成天要去拉关系、套近乎，感觉这不是自己所擅长的，收入也很不稳定。做了两年，有时业绩还不如一个刚来公司的新手。后来改行做广告策划，他经常有很好的想法，发现自己做广告方案比许多人都做得好(包括自己的上司)；有一次自己感觉做得很专业的整合营销策划方案，好几处被老板不加商量地做了修改。在客户那做了提案后，客户却对没有修改的策划内容很赞赏。

分析：伟鹏是一个典型的 MBTI 性格类型中的"概念主义者"。由于"概念主义者"非常自信、很有主见，喜欢与高素质的人一起工作，创意类、战略性、策划等需要产生点子的工作类型会使他们如鱼得水，但类似于报表、流程、监督等实务性的、内容琐碎的工作经常会令他们崩溃，选对池塘，才能钓对鱼。[1]

(汪琳改编)

[1]　佚名.职业生涯规划十大案例[EB/OL].(2017-10-30).[2018-03-10]http://3y.uu456.com/bp_6xhdo9z7kd2wkqq4m2ke_1.html.

一、MBTI 概述

从古希腊、古印度的哲学家,远至公元前 450 年的希波克拉底(Hippocrates),到中世纪的帕拉采尔苏斯(Paracelsus),早已注意到所有的人可以归纳为四种:概念主义者、经验主义者、理想主义者和传统主义者。同一种类型的人的性情具有惊人的相似之处。

1921 年,心理学家荣格(Carl Jung),弗洛伊德的正宗门徒,发表了他经典的心理学类型学说。他在书中设计了一套性格差异理论,他相信性格差异会决定并限制一个人的判断。他把这种差异分为内向性—外向性、直觉性—感受性、思考型—感觉型等。同时,他认为这些差异是与生俱来的,并且在一个人的一生中相对固定。荣格把感知和判断列为大脑的两大基本功能,前者帮助我们从外部世界获取信息,后者则使我们以特定的方式做出决定。它们在大脑活动中的作用受到各人生活方式和精力来源的限制,从而对人的外部行为和态度产生各不相同的影响。正是在这个意义上,性格被视为一种人与生俱来的天性。

20 世纪 40 年代,美国一对母女在荣格的心理学类型理论的基础上提出了一套个性测验模型。伊莎贝尔·迈尔斯(Isabel Myers)和凯瑟琳·布里格斯(Katharine Briggs)以她们的名字命名这套理论模型,叫作 Myers-Briggs 类型指标(MBTI)。MBTI 作为一种对个性的判断和分析,是一个理论模型,从纷繁复杂的个性特征中,归纳提炼出四个关键要素——动力、信息收集、决策方式、生活方式,对此进行分析判断,从而把不同个性的人区分开来。MBTI 人格分类模型和理论的意义在于"解释人与人之间的差异现象"以及优化决策,对决策流程"进行理性的干预"。

目前,MBTI 被翻译成 30 多种文字,全球每年有 200 多万人接受测评。有 80% 的世界 500 强企业已采用 MBTI 方法用于员工的发展及组织效率的提升。MBTI 被认为是当今全球最权威、最著名、应用最广泛的职业生涯规划和个性测评理论。它主要通过识别人与人之间的性格特质,以确定适合被试者的岗位特质和工作特质,从而为其提供合理的工作及人际决策建议。

心理学家大卫·凯尔西(David Keirsey)发现,这些由不同文化背景和不同历史时期的人各自独立研究得出的四种不同性情,对性格的描绘有着惊人的相似。同时他发现,MBTI 性格类型系统中的四种性格倾向组合与古老智慧所归纳的四种性情正好吻合。这四种组合如图 3-3 所示。

图 3-3　四种组合

二、MBTI 性格评估

　　MBTI 测评可以帮助我们解释为什么不同的人对不同的事物感兴趣、擅长不同的工作，并且有时不能互相理解。这个工具已经在世界上运用了将近八十多年的时间，老师学生利用它提高学习、授课效率，青年人利用它选择职业，夫妻利用它增进感情，组织利用它改善人际关系、进行团队沟通、组织建设、组织诊断等多个方面。在世界五百强企业中，有 80％的企业有 MBTI 的应用经验。

　　评估自己的人格类型，了解自己及他人的天赋及差异，既可以借助量表完成，也可以结合四个维度的理解自行完成。MBTI 的四个维度如同四把标尺，每个人的性格都会落在某个点上，这个点靠近哪个端点，就意味着个体有哪方面的偏好。如在第一个维度上，个体的性格靠近外倾这一端，就偏向外倾，而且越接近端点，偏好越明显。

(一)四个维度

　　MBTI 人格共有四个维度，每个维度有两个方向，共计八个方面，如图 3-4 所示。这四个维度具体而言，分别是指：

　　(1)我们与世界的相互作用是怎样的(精力支配)？

　　外向(E)和内向(I)。

　　(2)我们自然留意的信息类型(认识世界)？

　　实感(S)和直觉(N)。

　　(3)如何做决定(判断事物)？

　　思考(T)和情感(F)。

　　(4)做事方式或生活态度？

　　判断(J)和认知(P)。

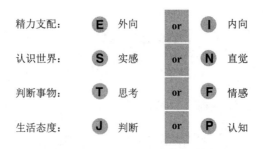

图 3-4　MBTI 的四个维度八个方面

　　每个人的性格都位于四种维度每一种中点的这一边或那一边,我们把每种维度的两端称作"偏好"。例如:如果你落在外倾的那一边,就说明你具有外倾的偏好。如果你落在内倾的那一边,就说明你具有内倾的偏好。

(二)16 种性格类型

　　四个维度,两两组合,共有 16 种类型。以各个维度的字母表示类型,如图 3-5 所示。

图 3-5　MBTI 的 16 种性格类型

　　四个维度在每个人身上会有不同的比重,不同的比重会导致不同的表现,关键在于各个维度上的人均指数和相对指数的大小,以下将分别介绍各种类型的突出特点。

1.ISTJ(最有责任感)

　　ISTJ 型的人是严肃的、有责任心的和通情达理的社会坚定分子,是值得信赖的。他们重视承诺,对他们来说,言语就是庄严的宣誓。

　　发展建议:

　　除了关注现实问题,需关注更深远的、定向于未来的问题;需考虑人的因素,向他人表达其应得的赞赏;应避免陈规,尝试寻找新的选择;需培养耐心,应付那些需要用不同方式沟通或忽视规则和程序的人。

　　适合领域:

　　工商业领域、政府机构、金融银行业、技术领域、医务领域。

适合职业：

审计师、会计、财务经理、办公室行政管理、后勤和供应管理、中层经理、公务（法律、税务）执行人员等，银行信贷员、成本估价师、保险精算师、税务经纪人、税务检查员等，机械工程师、电气工程师、计算机程序员、数据库管理员、地质学家、气象学家、法律研究者、律师等，外科医生、药剂师、实验室技术人员、牙科医生、医学研究员等。

2.ISFJ（最忠诚）

ISFJ型的人忠诚，有奉献精神和同情心，理解别人的感受。他们意志坚定而有责任心，乐于为人所需。

发展建议：

工作中需要估计风险，以积极、全面的观点看待未来，需发展更多的自信，需要更直率，学会宣扬自己的成就，对其他形式的做事方式需保持开放态度。

适合领域：

无明显领域特征，医护领域、消费类商业、服务业领域均可。

适合职业：

行政管理人员、总经理助理、秘书、人事管理者、项目经理、物流经理、律师助手等；外科医生及其他各类医生、护士、药剂师、特教教师、医学专家、营养学专家、顾问等；零售店、精品店业主，大型商场、酒店管理人员，室内设计师等。

3.INFJ（最有思想）

INFJ型的人生活在思想的世界。他们是独立的、有独创性的思想家，具有强烈的感情、坚定的原则和正直的人性。即使面对怀疑，INFJ型的人仍相信自己的看法与决定。他们的评价高于其他的一切，包括流行的观点和存在的权威，这种内在的观念激发着他们的积极性。通常INFJ型的人具有本能的洞察力，能够看到事物更深层的含义。即使他人无法分享他们的热情，但灵感对于他们重要而令人信服。

适合领域：

咨询、教育、科研等领域，文化、艺术、设计等领域。

适合职业：

心理咨询工作者，心理诊疗师，职业指导顾问，大学教师（人文学科、艺术类），心理学、教育学、社会学、哲学及其他领域的研究人员等；作家、诗人、剧作家、编剧、导演、画家、雕塑家、音乐家、艺术顾问、建筑师、设计师等。

4.INTJ（最独立）

INTJ型的人是完美主义者。他们强烈地要求个人自由，具有独创思想中，不可动摇的信仰促使他们达到目标。

适合领域：

科研、科技应用技术咨询、管理咨询、金融、创造性行业。

适合职业:

各类科学家、研究所研究人员、设计工程师、系统分析员、计算机程序师、研究开发部经理等,各类技术顾问、技术专家、企业管理顾问、投资专家、法律顾问、医学专家、精神分析学家等,经济学家、投资银行研究员、证券投资和金融分析员、投资银行家、财务计划人、企业并购专家等,各类发明家、建筑师、社论作家、设计师、艺术家等。

5.ISTP(最现实)

ISTP 型的人坦率、诚实、讲求实效,他们喜欢行动而非漫谈。他们很谦逊,对于完成工作的方法有很好的理解力。

适合领域:

技术、证券、金融、贸易、运动、艺术等领域。

适合职业:

机械、电气、电子工程师,各类技术专家和技师,计算机硬件、系统集成专业人员等;证券分析师,金融、财务顾问,经济学研究者等;贸易商、商品经销商、产品代理商(有形产品为主)等;警察、侦探、体育工作者、赛车手、飞行员、雕塑家、手工制作者、画家等。

6.ISFP(最有艺术气质)

ISFP 型的人平和、敏感,他们保持着许多强烈的个人理想和自己的价值观。他们更多的是通过行为而不是言辞表达自己深沉的情感。

适合领域:

手工艺、艺术领域,医护领域,商业、服务业领域等。

适合职业:

时装、首饰设计师,装潢、园艺设计师,陶器、乐器、卡通、漫画制作者,舞蹈演员,画家等;出诊医生、出诊护士、理疗师、牙科医生、个人健康和运动教练等;餐饮业、娱乐业业主,旅行社销售人员,体育用品、个人理疗用品销售员等。

7.INFP(最理想主义)

INFP 把内在的和谐视为高于其他一切。他们敏感、理想化、忠诚,对于个人价值具有一种强烈的荣誉感,个人信仰坚定,有为自认为有价值的事业献身的精神。INFP 型的人对于已知事物之外的可能性很感兴趣,精力集中于他们的梦想和想象。他们思维开阔、有好奇心和洞察力,常常具有出色的长远目光。在日常事务中,他们通常灵活多变、具有忍耐力和适应性,但是他们非常坚定地对待内心的忠诚,为自己设立了事实上几乎是不可能的标准。

适合领域:

创作类、艺术类,教育、研究、咨询类。

适合职业:

各类艺术家、插图画家、诗人、小说家、建筑师、设计师、文学编辑、艺术指导、记者等;

大学老师（人文类）、心理学工作者、心理辅导和咨询人员、社科类研究人员、社会工作者、教育顾问、图书管理者、翻译家等。

8.INTP（最善于用概念去分析解释问题）

INTP型的人是解决理性问题者。他们很有才智和条理性，以及创造性的才华。INTP型的人十分独立，喜欢冒险和富有想象力的活动。他们灵活易变、思维开阔，更感兴趣的是发现有创见而且合理的解决方法，而不是仅仅看到成为事实的解决方式。

适合领域：

计算机技术、理论研究、学术领域、专业研究领域、创造性领域。

适合职业：

软件设计员、系统分析师、计算机程序员、数据库管理员、故障排除专家等，数学家、物理学家、经济学家、考古学家、历史学家等，证券分析师、金融投资顾问、律师、侦探等，各类发明家、作家、设计师、音乐家、艺术家、艺术鉴赏家等。

9.ESTP（最具有自发性）

ESTP型的人不会焦虑，他们是快乐的。ESTP型的人活跃、随遇而安、天真率直，他们乐于享受现在的一切而不是为将来计划什么。

适合领域：

贸易、商业、某些特殊领域，服务业，金融证券业，娱乐、体育、艺术领域。

适合职业：

各类批发商、中间商、零售商、房地产经纪人、保险经纪人、汽车销售人员、私家侦探、警察等；餐饮、娱乐及其他各类服务业的业主、主管、特许经营者、自由职业者等；股票经纪人、证券分析师、理财顾问、个人投资者等；娱乐节目主持人，体育节目评论，脱口秀、音乐、舞蹈表演者，健身教练，体育工作者等。

10.ESFP（最慷慨）

ESFP型的人乐意与人相处，有一种真正的生活热情。他们顽皮活泼，通过真诚和玩笑使别人感到事情更加有趣。

ESFP型的人天真率直，很有魅力和说服力。他们喜欢意料不到的事情，喜欢寻找给他人带来愉快和意外惊喜的方法。

适合领域：

消费类商业、服务业领域，广告业、娱乐业领域，旅游业、社区服务等其他领域。

适合职业：

商场销售人员，娱乐、餐饮业客户经理，房地产销售人员，汽车销售人员等；广告企业中的设计师、创意人员、客户经理，时装设计和表演人员，摄影师，节目主持人，脱口秀演员等；旅游企业中的销售、服务人员、导游，社区工作人员、自愿工作者、公共关系专家、健身和运动教练、医护人员等。

11.ENFP(最乐观)

ENFP 型的人充满热情和新思想。他们乐观、自然,富有创造性和自信,具有独创性的思想和对可能性的强烈感受。

适合领域:

广告创意、广告撰稿人、市场营销和宣传策划、市场调研人员、艺术指导、公关专家、公司对外发言人等。

适合职业:

儿童教育老师、大学老师(人文类)、心理学工作者、心理辅导和咨询人员、职业规划顾问、社会工作者、人力资源专家、培训师、演讲家等;记者(访谈类),节目策划和主持人,专栏作家,剧作家,艺术指导,设计师,卡通制作者,电影、电视制片人等。

12.ENTP(最具有发明性)

ENTP 型的人喜欢兴奋与挑战。他们热情开放、足智多谋、健谈而聪明,擅长许多事情,不断追求增加能力和个人权力。

适合领域:

项目策划、投资银行、自我创业市场营销、创造性领域、公共关系、政治。

适合职业:

投资顾问(房地产、金融、商业等)、各类项目的策划人和发起者、投资银行家、风险投资人、企业业主(新兴产业)等;市场营销人员,各类产品销售经理,广告创意人员,艺术总监,访谈类节目主持人、制片人等;公共关系专家、公司对外发言人、社团负责人、政治家等。

13.ESTJ(最严格做事的)

ESTJ 型的人很善于完成任务。他们喜欢操纵局势和促使事情发生;他们具有责任感、勤勤恳恳,信守他们的承诺;他们喜欢条理性并且能记住和组织安排许多细节;他们能及时和尽可能高效率地、系统地达成目标。

适合领域:

无明显领域特征。

适合职业:

大中型外资企业员工、业务经理、中层经理(多分布在财务、营运、物流采购、销售管理、项目管理、工厂管理、人事行政部门)、职业经理人、各类中小型企业主管和业主。

14.ESFJ(最和谐的)

ESFJ 型的人通过直接的行动和合作,积极地以真实、实际的方法帮助别人。他们友好且富有同情心和责任感。

适合领域:

无明显领域特征。

适合职业：

办公室行政或管理人员、秘书、总经理助理、项目经理、客户服务部人员、采购和物流管理人员等；内科医生及其他各类医生，护士，健康护理指导师，饮食学、营养学专家，小学教师(班主任)，学校管理者等；银行、酒店等大型企业客户服务代表、客户经理、公共关系部主任，商场经理，餐饮业业主和管理人员等。

15.ENFJ(最能说服别人)

ENFJ 型的人热爱人类。他们认为人和感情关系是最重要的，而且他们很自然地去关心别人。他们以热情的态度对人生，感受与个人相关的所有事物。

适合领域：

培训、咨询、新闻传播、公共关系、文化艺术。

适合职业：

人力资源培训主任，销售，团队培训员，职业指导顾问，心理咨询工作者，大学教师(人文学科类)，教育学、心理学研究人员等；记者、撰稿人、节目主持人(新闻采访类)、公共关系专家、社会活动家、文艺工作者、平面设计师、画家、音乐家等。

16.ENTJ(最能指挥)

ENTJ 型的人是伟大的领导者和决策者。他们能轻易地看出事物具有的可能性，很乐意指导别人，帮助别人把想象变为现实。

适合领域：

工商业、政界、金融和投资领域，管理咨询、培训等专业性领域。

适合职业：

各类企业的所有者、高级主管、总经理，社会团体负责人，政治家等；投资银行家，风险投资家，股票经纪人，公司财务经理、财务顾问，经济学家，企业管理顾问、战略顾问、项目顾问，专项培训师等；律师、法官、知识产权专家、大学教师、科技专家等。

【拓展资源】

吉讯大学 MBTI 测评大数据分析

根据厦门某高职院校 2018 级至 2022 级学生在吉讯大学平台完成的 MBTI 测评数据，全校在线完成测评人数为 12263 人，其中男生 5557 人，女生为 6706 人，我们在此数据中所用的中文译名均参照大卫·凯尔西的《请理解我》一书。凯尔西在此书中指出：你所选择的方式，很大程度上都是由你自身的气质所决定的，通过测评可以帮助我们了解自己，理解他人，但同时也要了解到，并不能依据测评结果给自己或他人贴标签，这些结果可能因为量表、文化、施测条件与环境、解读人水平等差异而有不同。此外，根据与 MBTI 性格类型的人口学数据的对比，该校的 MBTI 吉讯大学测评数据，与此数据并无相似性。如图 3-6、表 3-2 所示。

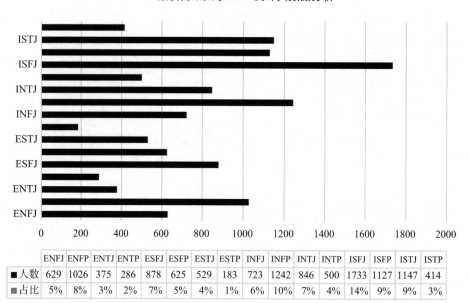

某校吉讯大学MBTI测评大数据分析

	ENFJ	ENFP	ENTJ	ENTP	ESFJ	ESFP	ESTJ	ESTP	INFJ	INFP	INTJ	INTP	ISFJ	ISFP	ISTJ	ISTP
■人数	629	1026	375	286	878	625	529	183	723	1242	846	500	1733	1127	1147	414
■占比	5%	8%	3%	2%	7%	5%	4%	1%	6%	10%	7%	4%	14%	9%	9%	3%

图 3-6 某高校吉迅大学测评后台的人口学统计数据比例图

(数据来源:某高校吉讯大学测评平台 2018-2020 级大数据)

表 3-2 某高校吉讯大学测评后台的人口学统计数据表

类型	人数	占总测评人数的比重/%	男生	占该类型人数的比重/%	女生	占该类型人数的比重/%
ENFJ(教育者)	629	5	251	40	378	60
ENFP(奋斗者)	1026	8	463	45	563	55
ENTJ(指挥者)	375	3	197	53	178	47
ENTP(发明者)	286	2	147	51	139	49
ESFJ(供给者)	878	7	347	40	531	60
ESFP(表演者)	625	5	276	44	349	56
ESTJ(监管者)	529	4	273	52	256	48
ESTP(倡导者)	183	1	97	53	86	47
INFJ(辅导者)	723	6	344	48	379	52
INFP(医治者)	1242	10	559	45	683	55
INTJ(策划者)	846	7	486	57	360	43
INTP(建造者)	500	4	250	50	250	50
ISFJ(保护者)	1733	14	685	40	1048	60

续表

类型	人数	占总测评人数的比重/%	男生	占该类型人数的比重/%	女生	占该类型人数的比重/%
ISFP(创作者)	1127	9	477	42	650	58
ISTJ(检查者)	1147	9	505	44	642	56
ISTP(手艺者)	414	3	200	48	214	52

（数据来源:某高校吉讯大学测评平台2018—2022级大数据）

第三节　选对降落伞:职业性格与职业选择

一、职业性格与职业匹配的价值

性格没有优劣之分,但不同的性格特点对于不同的职业确实存在“匹配”与“不匹配”的问题,就如一个性格急躁的人很难做好服务业,而一个直觉型的人难以匹配对细节有严格要求的工作一样。因此,明确自己的性格特点,并且选择适合自己的职业,这是生涯发展中重要的一步。人们信奉每个人都是独一无二的:有的人做事雷厉风行,有的人做事慢条斯理,有的人机智灵活有弹性,而有的人严谨认真爱捕捉细节……这些差异使得人与人之间如此不同。

职业性格与职业匹配的价值体现在:

首先,职业性格与职业匹配能提高职业适应力。

一个人的个性会影响到职业的适应力,当他从事的职业与其个性相吻合时,更容易适应职业的要求,快速度过职业的适应期,避免因职业适应带来的焦虑、压力与困扰。

其次,职业性格与职业匹配能增加职业满意度。

发挥其能力,做出成就。反之,可能导致其原有才能的浪费,或者必须付出更大的努力才能成功。所以,职业性格与职业匹配将增加职业的满意度,使得人们更容易在某个职业领域中持续发展。

最后,职业性格与职业匹配能推动职业成就感。

职业性格与职业匹配,将使我们更容易从职业中获得成就感。例如:职业性格与职业的匹配通常要求从事财务工作的人细致谨慎、从事销售工作的人热情主动……“性格如脚,工作如鞋”,当性格与职业很不匹配时,人们会感到工作无趣和压抑,可能就与出色的职业表现永远地擦肩而过。

二、职业性格与职业选择之间的规律

美国著名的人力资源顾问罗杰·安德生在其著作《如果找对职业——每一种性格都能成功》中,有一个惊人的发现:98%的成功人士之所以成功,是因为他们所从事的职业与自己的性格相适应,相反,失败者们总是想在与自己性格不相适宜的领域获得成功。

"性格是命,职业是运",你特别的聪明才智就藏在你自己的性格里,而真正适合你的职业应当能够体现你的个性与天赋。如果你找到了适合自己的位置,工作本身就会充分而全面地调动你的才能。千万不要做你不擅长的事情,如果你做了,你会发现自己深陷于泥潭之中,只能徒劳地挣扎、抱怨。

"职业没有最好的,只有最合适的。""好的首先是合适的。"很多人认为投身热门的职业或行业就意味着自己前途不可限量,这实际上是不对的,因为某一职业、行业有着光明的前景,是热门职业,是朝阳产业,并不等于这职业或行业中的每一个人都有前途。如果你的性格不适合这一职业或岗位,需要调整适应职业或岗位的就比较多,工作表现可能会因此受到影响。

国内外研究者普遍认为,不同职业群体存在"典型人格类型",即在该职业群体中,某　种或几种人格类型具有明显人数比例的优势。其中,管理者人格类型得到了众多学者的关注。例如:TJ 型在管理者中最为普遍。国外学者通过施测统计发现管理者中ESTJ、ENTJ、INTJ、ENTP 型所占比例远超普通人群。我国学者对中国企业管理者的人格类型、中澳及中美管理者人格类型的跨文化差异进行研究后发现,ESTJ 和 ISTJ 是中、澳、美三国企业管理者共同偏向的人格类型。

同时,我们也可以从另一个视角来看待职业世界,性格就好比我们抵达职业世界的工具,要把它用到合适的地方,为我们所用,而不是为我们所困。尽管职业存在刻板印象,但也不尽然,我们可以选择适合自己的职业,也可以将职业做成自己想要的样子和风格。

举个例子:演员这个职业各种性格类型的人都有,关键是找准自己的角色定位,演自己能演好的角色。放眼职业世界也是如此,性格与职业的匹配可以是一见钟情,也可能是日久生情,顺势而为。有些人误将能力不匹配职业要求视为是性格不合适,最常见的说法就是:内向的人不适宜做销售。实际上,是否适合做销售,与性格没有关系。但做得好的销售,往往是外向型性格的。顶尖销售需要具备的两个特质:同理心和自我驱动力,内向的人更容易具备的是"同理心"。这种同理心,会让你学会换位思考,敏感捕捉客户情绪及心理变化,以达到更好的沟通效果,取得对方的信任。但内向性格的人在自我驱动力上相对而言要弱于外向性格的人。

通过对 MBTI 的学习与了解,借助 MBTI 规范的施测与测评结果的分析与解读,我们可以更好地了解自己、理解他人,并在职业世界中寻找到更易于实现匹配的职业或岗位,穿对鞋,选对路。

【拓展资源】

当 F(情感型)遇到 T(思考型)

　　故事发生在大学校园里,一男生(T)与一女生(F)彼此默默都有好感,但都没道明。一天晚上,女生(F)拉男生(T)一起去操场散步,彼此都没说话。正值秋季,天亦渐凉。走了一会儿,女生(F)停了下来,含情脉脉地看着男生(T)说:"我冷……"男生(T)看着她,一本正经地说:"跑两圈就不冷了。"

　　然后呢? 然后就没有然后了。

(改编自网络 汪琳)

【小贴士】

吉讯测评的使用方法

　　测评网址:http://XMCU.careersky.cn/jixun/Account/signIn。

　　也可以直接扫码登录测评页面:

请扫二维码

　　如图 3-6 所示。

图 3-6　测评页面

　　使用学号与教师指定密码,即可登录吉讯测评,随后即可进行各类生涯测评,开始规划探索与实践之旅,测评会自动生成报告以供参考,详情请扫二维码仔细阅读。

请扫二维码

第 **4** 章

打造专属的职业能力

【教学目标】

通过本章的教学,学生应该能够:

1. 了解职业能力在求职中的重要性;

2. 定义并确认职业能力;

3. 认识到职业能力的可转换性特点;

4. 在撰写简历及准备面试时,注意使用技能词语。

【教学内容】

第一节　职业能力的内涵及其作用

第二节　职业能力的类型

第三节　职业能力的评估

第四节　核心职业竞争力

第一节　职业能力的内涵及其作用

【名人名言】

一个青年，如果从不肯竭尽全力来应付一切，如果没有坚强不屈的意志，如果没有真挚诚恳的态度，如果不施展自己的能力，如果不振作自己的精神，那么绝不会有多大成就。

——戴尔·卡耐基

只有那些敢于相信自己体内蕴藏着比周围的人群更为优秀的能力的人，才可能获得灿烂辉煌的成功。

——布鲁斯·巴顿

【案例导入】

胡厦生，某高职院校 2013 级涉外旅游专业学生，目前就职于建发国旅，担任专职导游。对于新入职适应方面的情况，厦生说公司负责排团的经理特别懂得给什么样的人安排带什么样的团，不但遵循循序渐进、由易到难的原则，并且兼顾到导游的收入。由于他会说闽南语、粤语，在带团的过程中，有一定的语言优势，因为经常会有说闽南语或粤语的华侨或港澳的客人，不太会普通话，这时候自己的语言优势就凸显出来，小时候因为对粤语比较感兴趣，就自学，当时也奇怪为什么会喜欢学这个，又没什么用，没想到现在带团反而是一个优势。

王桂娣，某高校旅游管理专业学生。从小就向往当一名导游，高中时期她就通过了普通话二级甲等考试，并且考取了职业导游必备的国家导游证。当其他同学还在为前途发愁的时候，她早已在大一时就领起了万元工资，而这甚至比全职导游的月工资高出好几倍。王桂娣说，其实当导游并不像想象的那么好玩。照顾旅客的饮食而顾不上吃饭，深夜温故导游词而顾不上睡觉，没有床位只好睡宾馆地下室……这些常人吃不了的苦，她都尝过。如今不管是 3 岁孩子，还是 80 岁老爷爷，她都有一套给力的"作战方案"。

从案例中我们可以看出，一名导游除了具有语言表达能力，还必须具备较强的组织协调能力、对特殊问题的处理能力和突发事件的应变能力、较强的自控能力等，并且要拥有很强的服务意识与技能，努力满足游客的正当需求。这才是一个导游的职业能力。(完整文章请扫二维码)

请扫二维码

一、职业能力的内涵

职业能力(occupational ability)是人们从事其职业的多种能力的综合。职业能力可以定义为个体将所学的知识、技能和态度在特定的职业活动或情境中进行类化迁移与整合所形成的、能完成一定职业任务的能力。职业能力主要包含三方面基本要素：

(1)为了胜任一种具体职业而必须具备的能力，表现为任职资格；

(2)指在步入职场之后表现的职业素质；

(3)开始职业生涯之后具备的职业生涯管理能力。

如果说职业兴趣能决定一个人的择业方向，以及在该方面所乐于付出努力的程度，那么职业能力则能说明一个人在既定的职业方面是否能够胜任，也能说明一个人在该职业中取得成功的可能性。

请扫二维码

二、职业能力的作用

(一) 职业能力是职业胜任的必要条件

任何一个职业岗位都有相应的岗位职责要求，一定的职业能力则是胜任某种职业岗位的必要条件。因此，求职者在进行择业时，首先要明确自己的能力优势以及胜任某种工作的可能性。当个人的职业能力与从事的岗位相匹配时，职业的胜任度较高，做起事情来更得心应手。例如：服装设计师必须具备较高的审美能力及搭配能力、较强的设计创新能力以及对色彩及面料流行有准确的判断力，如果你不具备这些条件，你就很难成为一名专业的服装设计师。但是，你可能当不成一名合格的服装设计师，却具备从事网站开发的有利条件，你有过硬的计算机软件数据分析能力，能够运用计算机语言进行详细设计、代码开发，这些能力能够使你顺利有效地完成网站建设等工作。

龙生九子，各不相同。每个人的职业能力也各有偏重，这种偏重影响着人们活动的范围、完成的效率和成就的高低。因此，根据自身职业能力来进行职业选择和职业活动，是职业胜任的必要条件。

(二) 职业能力是职业生涯发展的基础

职业生涯是一个人的职业经历，它是指一个人一生中所有与职业相联系的行为与活动，以及相关的态度、价值观、愿望等连续性经历的过程，也是一个人一生中职业、职位的变迁及工作、理想的实现过程。职业生涯发展是一个动态的过程，职业能力就是人的职业生涯发展和创造的基础。

美国职业指导专家约翰·霍兰德通过对自己职业生涯和他人职业发展道路的深入研究,引入人格心理学的有关理论,于1959年提出了具有广泛社会影响的人业互择理论。他认为,最为理想的职业选择就是个体能找到与其个性类型重合的职业类型,即人职协调。个性类型与职业类型的相关程度越高,个人的职业适应性越好;相关程度越低,个体的职业适应性越差。通过霍兰德的个性类型,我们也能了解到个体类型的能力偏重,更有利于职业的选择。

能力是成功地完成某种任务或胜任工作的必不可少的基本因素,没有能力或能力低下,就难以达到工作岗位的要求,不能胜任。个体的职业能力越强,各种能力越是综合发展,就越能促进人在职业活动中的创造和发展,就越能取得较好的工作绩效和业绩,越能给个人带来职业成就感。

【课堂活动】

结合自己的专业,开展一场头脑风暴,谈谈今后从事的职业方向及需要什么样的职业能力。

讨论原则:

1.自由思考,即要求同学们尽可能解放思想,无拘无束地思考问题并畅所欲言,不必顾虑自己的想法或说法是否"离经叛道"或"荒唐可笑"。

2.延迟评判,即要求同学们在讨论时不要对他人的设想品头论足,不要发表"这主意好极了!""这种想法太离谱了!"之类的"捧杀句"或"扼杀句"。至于对设想的评判,留在讨论后的分享交流。

3.以量求质,即鼓励同学们尽可能多而广地提出设想,以大量的设想来保证质量较高的设想的存在。

4.结合改善,即鼓励同学们积极进行智力互补,在增加自己提出的设想的同时,注意思考如何把两个或更多的设想结合成另一个更完善的设想。

【拓展资源】

如果你要从事某个职业,那么你知道该职业所应具备的能力吗? 你平时积累了相应的能力吗? 请对照下列具体能力。

1.抽象推理:能够脱离具体实物的存在理解思想的能力,不是用词汇和数字,而是用符号或图像表达概念。

2.听觉辨别:区分不同音调、音色、音的长短的能力。

3.书写能力:记录、复制、存档、校对、识别细节、避免拼写和计算错误的能力。

4.颜色辨别:察觉颜色的相似性与不同以及感知不同深浅的颜色的能力,观察颜色之间的协调性的能力。

5.眼、手、足协调：在视野范围内手足协调运动反应的能力。

6.手指灵活性：手指迅速、敏捷、精确地操纵微小物体的能力。

7.形状感知：进行视觉对比、观察物体和图画的形状及阴影的细小差别的能力。

8.语言使用：使用词汇、语法、标点的能力。

9.机械推理：理解物理、机械、工具、机器设备等的能力，掌握建筑、操作、机械维修知识。

10.记忆：回忆已发生事件或保留学习信息的能力。

11.运动协调：四肢和身体在保持一定速度、姿势和精确性的情况下，有节奏地精确运动的能力。

12.数字能力：迅速、准确地理解数字和进行数学推理的能力。

13.说服能力：提供可信服的理由或劝说他人采纳自己观点的能力。

14.身体力量：运用身体肌肉去完成搬、运、抬举重物的能力，还有耐力。

15.敏捷：思维敏捷，或身体以一定速度、灵敏度和准确性运动的能力。

16.社会技能(同感)：理解他人和与人相处的能力，感同身受地体会他人处境的能力。

17.空间能力：在头脑中描绘各种形状和大小的三维对象的能力。

18.文字推理：理解文学表达的思想或概念的能力，使用文字思维和推理的能力。

第二节　职业能力的类型

【名人名言】

有志者，事竟成，破釜沉舟，百二秦关终属楚；苦心人，天不负，卧薪尝胆，三千越甲可吞吴。

——（明）胡寄垣

真正的幸福包含了一个人能力与天资的完全运用。

——道格拉斯·斐杰斯

【案例导入】

厦门市劳动模范——陈炎珠的故事

陈炎珠，厦门城市职业学院 2005 级涉外旅游专业学生，2011 年她荣获"9·8 最佳服务大使"称号，2015 年被评为建发旅游集团金牌管家。2009—2016 年的接待任务中，她作为正国级首长的专职管家,连续八年春节期间坚守岗位,以酒店为家,为首长一行提供无微不至的服务。2017年五一前夕,她获得厦门市2014—2016年度劳动模范称号。

2007年,闽南农村姑娘陈炎珠从厦门某职业学院毕业后,入职厦门海悦山庄酒店,当时酒店刚开业,很多设施设备还在调试检测中。而她,发现自己的工作就是"守楼"——一个人守着一栋空楼,一度备受挫折。

所幸的是,她没有在这种情绪中沉沦下去。陈炎珠说,无法改变环境就改变自己。她主动为自己找活干,自己学习,从熟悉楼宇的每一个角落到主动了解设施设备并学以致用。这种"眼"里有活,"手勤、脚勤"的工作作风,很快使她脱颖而出。

海悦山庄承担着重要的政务接待任务,连续八年春节,陈炎珠都在上班,从区域卫生秩序检查、空调温度测试,到房间一个加湿器的增配、一件外套的准备、一句户外风大的话语,她"随时随地准备着提供服务"。

这位朴实的农村姑娘说,工作时,她时刻想到的是:"我的服务对象就是我自己或是我的家人,我做的事情不是给别人看的,而是为大家好。"虽然做着最普通的事,但陈炎珠充满自豪。她说,扫地、除尘、去污,看似简单,但真要做到极致,绝非易事。

请大家一起来思考:案例中的陈炎珠拥有哪些职业能力?它们分别属于哪些类型?

一、职业能力的分类

(一)职业能力的类型

职业能力根据不同的标准,可以划分为不同的类型。

根据能力内容的不同,可分为空间判断能力、社会交往能力、组织管理能力、察觉细节能力、运动协调能力、数理计算能力、语言表达能力、书写能力这八大类能力。[1]

按照能力涉及的领域,可分为职业认知能力、职业操作能力和职业社交能力三类。职业认知能力是指获取职业知识的能力;职业操作能力是指用肢体完成某种职业活动的能力,如手工裁剪、机械维修等;职业社交能力是指直接影响社会交往活动效率的能力,如语言的沟通、人际的交往等。

根据创造的程度,可分为职业模仿能力、职业再造能力和职业创造能力。职业模仿能力是指仿效他人的职业活动方式做出相似行为的能力;职业再造能力是指在职业活动中按现成的模式顺利地掌握知识、技能的能力;职业创造能力是指在职业活动中独立掌握知识,发现新的规律,创造独特、新颖、有社会价值的产品的能力,它的特点具有独特性和变通性。

---

[1] 汤锐华.大学生职业规划与发展:职业规划与职业素养:第二版[M].北京:高等教育出版社,2016.

　　根据能力的结构,可分为一般职业能力、特殊职业能力。一般职业能力,是完成各种不同职业活动具备的共有的最基本能力,包括智力。有些职业对智力水平有较高的要求,例如教师、工程师、科学家、科研人员、侦探等。特殊职业能力,也称特长,指具备从事某种专业活动或特殊领域的活动的能力,如运动能力、音乐能力、想象能力、绘画能力、侦查能力等。

　　由于职业能力是多种能力的综合,因此,综合以上分类标准,可以把职业能力分为一般职业能力、专业能力和综合能力。一般职业能力主要是指一般的学习能力、文字和语言运用能力、数学运用能力、空间判断能力、形体知觉能力、颜色分辨能力、手的灵巧度、手眼协调能力等。此外,任何职业岗位的工作都需要与人打交道,因此,人际交往能力、团队协作能力、对环境的适应能力,以及遇到挫折时良好的心理承受能力都是我们在职业活动中不可缺少的能力。

　　专业能力主要是指从事某一职业的专业能力。在求职过程中,招聘方最关注的就是求职者是否具备胜任岗位工作的专业能力。例如:你去应聘会计工作岗位,对方最看重你是否具备基本的运算能力。

　　职业综合能力主要包括四个方面:(1)跨职业的专业能力。从以下三方面可以体现出一个人跨职业的专业能力:一是运用数学和测量方法的能力;二是计算机应用能力;三是运用外语解决技术问题和进行交流的能力。(2)方法能力。一是信息收集和筛选能力;二是掌握制订工作计划、独立决策和实施的能力;三是具备准确的自我评价能力和接受他人评价的承受力,并能够从成败经历中有效地吸取经验教训。(3)社会能力。社会能力主要是指一个人的团队协作能力、人际交往和善于沟通的能力。在工作中能够协同他人共同完成工作,对他人公正宽容,具有准确裁定事物的判断力和自律能力等,是岗位胜任和在工作中开拓进取的重要条件。(4)个人能力。随着中国经济体制改革的深入、法制的不断健全完善,人的社会责任心和诚信将越来越被重视,假冒伪劣将越来越无藏身之地,一个人的职业道德会越来越受到全社会的重视,爱岗敬业、工作负责、注重细节的职业人格会得到全社会的肯定和推崇。

(二)多元智能理论

　　多元智能理论是由美国哈佛大学教育研究院的心理发展学家霍华德·加德纳(Howard Gardner)在 1983 年提出的。加德纳从研究脑部受创伤的病人发觉他们在学习能力上的差异,从而提出本理论。传统上,学校一直强调学生在逻辑——数学和语文(主要是读和写)两方面的发展。但这并不是人类智能的全部,不同的人会有不同的智能组合。例如:建筑师及雕塑家的空间感(空间智能)比较强、运动员和芭蕾舞演员的体力(肢体运作智能)较强、公关的人际智能较强、作家的内省智能较强等。根据加德纳的理论,学校在发展学生各方面智能的同时,必须留意每一个学生只有某一两方面的智能特别突出,而当学生未能在其他方面追上进度时,不要让学生因此而受到责罚。

在人才观上,多元智能理论认为几乎每个人都是聪明的,但聪明的范畴和性质呈现出差异。"天生我材必有用",学生的差异性不应该成为教育上的负担,相反,这是一种宝贵的资源。我们要改变以往的学生观,用赏识和发现的目光去看待学生,改变以往用一把尺子衡量学生的标准,要重新认识到每位学生都是天才,只要我们正确地引导和挖掘他们,每个学生都能成才,如图 4-1 所示。

图 4-1　多元智能化理论

【课堂活动】

接下来,我们用两个小活动来一起探索自己拥有的能力吧。

1.夸夸我自己

请在 5 分钟内尽可能多地写下自己所拥有的能力。与你的同伴分享,看看谁写得多。大家写的一样吗? 有什么不同?

汇总大家所写的能力。可以将它们分类吗? 可以分为几类?

2.请你夸夸我

请将主题转发至朋友圈,请朋友们用 5 个正向的词描述你的特点。

汇总朋友们所写的词,将它们归类到相应的类别,看看你有哪些能力。

二、识别你的技能

(一)技能的定义

《辞海》将技能定义为:个体通过反复练习形成的合乎法则的活动方式。根据活动中的主要成分,分为动作技能和智力技能;根据其复杂程度,分为初级技能和高级技能。通过反复练习达到迅速、精确、运用自如的技能叫熟练,也叫技巧。《教育词典》把技能定义为:通过学习重复和反省而习得的体能、心能和社会能力,个体对这种能力的提高也许是无止境的。这些定义都较好地解释了什么是技能,从中可以看出技能与知识的差异,技能不仅在于"知道",而且能"做到"。

(二)技能的特点

1.技能都是通过一定的方式后天习得的

外显的动作技能和内隐的心智技能都可以用一定的方式表现出来。同时技能的发展和提高是一个面向目标不断熟练化的过程。因此,人的技能培养是可能的,而且是必须贯彻终生的。教师职业的复杂性、创造性、挑战性的特征,更要求把职业技能的培训贯穿于职业生涯的全过程。

2.技能与知识密不可分

知识带有有和无的性质,技能则以熟练和不熟练来衡量。在练习和掌握某种技能时,必须运用某些储存在大脑中的先决知识。有效的知识必须能够指导活动。能力是在运用知识解决问题的过程中表现出来的。知识并不直接转化为能力,技能就成为联络知识和能力的桥梁。

(三)技能的分类

技能是执行具有生产力任务的能力与某些应用行为,能够以数量或品质区分精通的程度,完成一项任务或工作的技能程度要视达到的效果、耗费的时间以及应用的资源而定。

(1)技能可分为技术类、管理类、人际互动类、企业类,技术类技能是具有工作单位相关的概念、方法与工具应用的能力,个人能够有效监督与管理他人是管理类技能,人际互动类包括有效与他人沟通及互动的技能。技能通常是运用所需要的知识自主来完成某些任务,通常与工作者的资格有关,缺乏技能的工作者不容易完成相关任务。

(2)获取技能的方式有正式教育、训练、非正式学习及工作经验等,在训练与教育的相关文献里,一般将技能区分为基本技能、一般性技能、职业技能。基本技能,是作为发展更深度技能的必要技能,例如读写能力、计算能力。一般性技能包括问题解决、团队合作以及增进个人学习与表现的能力。职业技能,指能够帮助达成某职业任务的技术性技能。

(3)技能按其熟练程度可分为初级技能和技巧性技能。初级技能只表示"会做"某件事,而未达到熟练的程度。初级技能如果经过有目的、有组织的反复练习,动作就会趋向自动化,而达到技巧性技能阶段。

(4)技能按其性质和表现特点,可区分为如书写、骑车等活动的动作技能和像演算、写作之类的智力技能两种。在技能形成过程中,各种技能动作之间会相互影响。已形成的技能若促进新技能的形成,叫技能正迁移;如果已形成的技能阻碍了新技能的形成,叫技能干扰,或技能负迁移。

(四)识别你的技能

最通用的技能分类是辛迪·梵和理查德·鲍尔斯提出的,分为专业知识技能、可迁移技能和自我管理技能。通常人们比较容易了解自己所具有的知识技能,但实际上后两种技能更为重要。它们使我们能够在更广的范围内选择职业而不局限于自己所学的专业;它们在我们职业竞争中具有关键性的作用,并且促使我们在工作中更好地发展;而比起对单纯知识技能的重视,雇主们对它们更加重视。

1.专业知识技能

专业知识技能就是你所掌握的知识,需要经过有意识的、专门的学习和记忆,常常与我们的专业学习或工作内容直接相关。比如,你是否掌握外语、地理、电脑编程,或化学元素周期表等知识?专业知识技能一般用名词来表示。知识技能不可迁移,也就是说,它们是一些特殊的词汇、程序和学科内容,必须通过教育或者培训才能获得。我们可以通过以下问题来发现自己的专业知识技能:你大学学习的是什么专业?你的专业课有哪些?除了专业课之外,你还选修了哪些课程?你参加过哪些相关培训?你最近在看什么书?而专业知识技能的获得可通过以下途径:在校教育,业余辅导、自学相关课程,专业会议、讲座、研讨会,资格认证考试培训;岗前培训、在职教育,业余爱好、娱乐休闲、社团活动、家庭职责等。

专业技能重要吗?让我们来看看案例《谁先被淘汰?》。

CCTV-2 的大型人力资源节目《绝对挑战》第 57 期"美国虹软北京分公司"招聘铃声设计师,有三名挑战者出场:1 号蔡静,出生于洞庭湖畔的湘潭,毕业于北京广播学院文艺系广播电视编导音乐编辑专业,作为应届生,缺乏经验,满怀自信和憧憬走进《绝对挑战》。2 号关云鹏,北京广播学院录音工程专业应届毕业生,一个"没有性格却很有个性"的哈尔滨小伙子,曾为中华网掌中万维、乐乐网制作手机彩铃,以及为某公司制作手机节目。3 号杨修雯,首都师范大学历史系历史教育学专业应届硕士毕业生,一个具有感染力和创造力的北京女孩。在多家报刊上发表文章若干篇,曾担任文艺委员,策划文艺晚会,演出话剧,学习声乐和国标舞。

如果你是评委,你会先淘汰谁?为什么?

2.可迁移技能

可迁移技能就是你所能做的事,也称为通用技能。它可以在生活的方方面面,特别是工作之外得到发展,也可以在工作内外、工作之间通用。与知识技能相比,可迁移技能无所谓更新换代,而且无论你的需求和工作环境有什么样的变化,它们都可以得到应用。因此,可迁移技能也是个人最能持续运用和最能够依靠的技能。事实上,知识技能的运用都是在可迁移技能基础之上的,是用人单位最看重的部分,一般用动词来表示,比如,教学、组织、说服、设计、安装、帮助、计算、考察、分析、搜索、决策、维修等。我们可以通过以下问题来发现自己的可迁移技能:你都会做什么? 你参加过哪些社会实践? 请用5～10个动词来概述你的工作能力。你觉得自己最突出的工作能力有哪些? 哪些能力使你能够胜任这项工作? 可迁移技能的获得一般通过以下途径:参与实践、归纳总结,观察学习、模仿体会,专业训练、实习培训,业余爱好、娱乐休闲,社团活动、家庭职责等。

3.自我管理技能

自我管理技能就是你所具有的特征和品质,可以帮助一个人更好地适应环境、应对工作中出现的问题,是个人最有价值的"资产",是职业生涯成功与否的关键,因此它也被称为"适应性技能"。自我管理技能无论是一个人先天具有的还是后天习得的,都需要练习。它们也可以从非工作(生活)领域迁移转换到工作领域。一般用形容词或副词来表示。比如你是勇于创新还是循规蹈矩,是认真仔细还是敷衍了事,能否在压力下保持镇定,是否对工作有热情、有责任心等等。我们可以通过以下问题来发现自己的自我管理技能(请用5个形容词来描述)。在老师眼里,你是一个什么样的学生? 你的同学通常怎么评价你? 通常,你给人留下最深刻的印象会是什么? 你觉得自己身上最明显的特点是什么? 自我管理技能的获得一般通过以下途径:榜样的力量、认同与练习,观念的多元化,自我认知的提高,意志力的培养,丰富的精神生活,业余爱好、娱乐休闲、社团活动、家庭职责等。

【课堂活动】

练习:我愿意与……样的人共事

1.请列出你愿意与之共事的人的特质,并在小组中进行讨论,看看大家最重视的特质都有哪些。

2.请思考:我是这样的人吗? 符合大家所描述的理想同事吗? 我的个性特征会怎样影响我的生涯发展?

【拓展资源】

以下是 Boss 直聘"2021 企业人才需求趋势调查问卷"中雇主最希望职场人提升的素质能力与职场人最希望提升的能力两者之间的对比图。团队合作、人际沟通与协调、抗压与情绪管理是雇主最希望员工提升的三项素质型能力。这三项连续三年都位列雇主诉求的前五名,并且在 2020 年都受到了更高比例的关注。

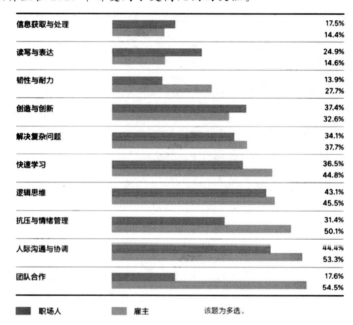

图 4-2 雇主和职场人对最希望提升的素质型能力看法的差异

【案例分享】

盖军衔,1955 年 12 月出生,厦门工程机械股份有限公司培训中心总监、高级工程师,厦门城市职业学院杰出校友,曾三度踏上南极,曾获全国"劳动模范"等荣誉。

盖军衔有着 30 多年的从业经验,经他手培训的技术工人超过 3000 名。

"我是踏着前辈的足迹成长的,现在我要当好工程机械维修的'播种机',让机械维修的新秀站在我的肩膀上攀登,把创新创造的火炬传递下去。"——这句话,是盖军衔的座右铭。

很传奇——三赴南极"修机器"。

盖军衔人生中最浓墨重彩的一笔,无疑是到南极"修机器",他是我国首批受邀参加南极科考的工程机械行业队员。

2004 年,在本报主办的"感动厦门"年度人物评选活动中,盖军衔高票当选,他在极地恶劣气候条件下修理机械的英姿和精神,成为厦门人民永远的骄傲。

很专业——闭着眼也能拆装机器。

"学艺就像盖楼，需要先打地基，把基础打牢固，然后才能盖高楼大厦。"这是盖军衔常说的一句话。

20岁时，盖军衔就进入了厦工，当时只是一名学徒工。面对装载机产品错综复杂的图纸和密密麻麻的电路、油路和管线，他不畏艰难，刻苦钻研机械维修，熟练掌握了各种类型装载机装配过程的每一道工序，练就了一身闭着眼睛也能拆装机器、诊断故障的本领。

由于注重知识积累，他逐渐成为装载机方面的行家。这些年来，他先后解决了近百项技术难题和疑难故障。他还指导青年技工从理论计算、电路设计入手，调整布局，经过精心改造电路设计，每年为企业节约成本300多万元。

在第十一届高技能人才表彰大会上，盖军衔获得了"中华技能大奖"荣誉称号。那一届获得这项荣誉的，全国也就30人，福建只有他一个。

——摘自《厦门日报》

第三节　职业能力的评估

【名人名言】

积财千万，不如薄伎在身。伎之易习而可贵者，无过读书也。世人不问愚智，皆欲识人之多，见事之广，而不肯读书，是犹求饱而懒营馔，欲暖而惰裁衣也。

——(南北朝)颜之推《颜氏家训·勉学》

一个人要么掌握很好的专业技能，要么掌握在生活中无孔不入的本领。这两者都是生财之道。

——亚·索尔仁尼琴

【案例导入】

优势

一家著名企业向社会招聘，去面试那天，小陈背了一包的资料、证书、剪贴本，考官边翻看他的简历、资料，边问："请问您有什么优势？"

小陈说："我参加了自学考试，获得了两个大学文凭……"考官摇头："我们集团20%的员工拥有硕士学历或博士学历，您的学历称不上优势。"小陈继续说："我曾当过兵，参加过抗洪救灾，比较能吃苦……"考官又摇头："现在我们的保安已经招满了。"小陈又说：

"我过去在一家民营企业的基层干过,后来当了车间主任、办公室副主任,我既有基层工作经验,又有机关的工作经验。"考官又摇摇头说:"本公司各个部门的管理层干部都是从基层员工中选拔的,你这也算不上优势。"小陈有些急了,想了想又说:"我还自学了日语,口语已达到能够比较熟练地和日本人直接交谈的程度……"考官笑一笑:"在我们这样知名的有外贸业务的公司里,已经从外国语学院招了许多名专业人才……"

小陈额头上已经冒汗了,心想自己没啥优势了,绞尽脑汁搜寻着自己的优势。在情急之中,他说:"过去我们企业出现过一次资金周转困难,我拿出结婚的 2 万元钱帮助公司渡难关,这是过去我们企业报对我的报道。"

考官看着我递过去的报纸,抬眼说:"就这个吗?""还有,"小陈接着说,"一次一位同事晚上说肚子痛,已经是深夜两点钟了,我立即找车、背人,很快将他送到医院,后来诊断为阑尾炎,医生说再晚一点儿就有生命危险。"

考官微笑着点点头,小陈更激动了,继续说道:"我还曾被市里评为'见义勇为先进个人'。一次我们公司的门店里有很多顾客,我看到一个小偷在掏一位顾客的皮包,我上前抓小偷,结果他们是一个团伙,我被歹徒刺伤,仍然死死拖住一个小偷……最后公安局破了案。这是我的荣誉证书。"

考官露出一丝感动,他凝神片刻说:"你们企业后来……""因为那是国有企业,体制问题,后来倒闭了,我也下岗了。"小陈解释道。

"你的优势还挺多嘛,这正是无与伦比的啊,你正是我们最需要的人才。"就这样,小陈被这家公司录取了,而且还被委以总裁办稽核专员的大任。

从案例中,我们能看到小陈具备不少职业能力,如获得两个大学文凭、自学日语且能够较熟练地进行对话,具有相应的专业知识技能。他在企业的基层和中层都有过相关工作经历,拥有组织、协调等可迁移技能。更重要的是,小陈表现出来的自我管理技能,如忠诚、热心、正直,但这些一开始未被小陈觉察到的技能,反而是企业更为看重的能力。

在现实中,我们很多人文凭高、技术强、经验丰富、有专长,自认为有很多优势,可对一些优秀企业来说,他们还有更优秀的人才。而那些平时被我们忽视了的对企业的忠诚、与同事的和睦关系、见义勇为的行为等,却是无与伦比的优势。因此,我们去面试时,要研究公司的历史和企业文化,看看他们最看重的、最缺少的、最需要的是什么,更要找到并展示自己的优势,从而一矢中的!

一、职业能力的评估

(一)评估你的能力

如果要求你写一份清单,列出自己的技能,你能写出多少技能?也许你写出的技能很少,但这并不代表着你拥有的技能仅限于此,而是因为你从未识别也没有习惯于思考和谈论它们。识别出自己所拥有的技能,并准确做出职业能力的评估,这是我们将要学习的内容。但是,由于我们从小被教导做人要谦虚,不能自我夸耀,因此,在自我评价时,往往会觉得"这不值得一提""这理所当然"。这些"不值得一提""理所当然"的内容,可能是被你忽略了的天赋,可能是你没有意识到价值的某种技能,也可能是你没有运用而莫名消失的技能。所有这些不当的假设使我们很难诚实准确地列出我们的技能。

现在,我们的目标就是尽可能地认识那些让自己在就业市场更具竞争力的技能,明确它们都是自我职业档案中的重要部分。一旦开始清晰地认识到自己的技能,你就能越来越认识到自己的特殊性,并不再以狭隘的眼光看待自己。比如,对于"你是谁"这个问题,可能得到的回答有"我是一名大学生""我是一个开朗的人""我是电子商务专业的学生""我是一名实习运营专员",或者"我是一个有创业经历的电商毕业生"。不同的回答内容,会将自己归类到不同的类型中,也给予用人单位不同的感受。如果你的回答是"我是一名大学生",面试官很可能会习惯性地将你归到"缺乏必要的工作经验"这个类别中。如果你的回答是"我是一名实习运营专员",面试官会认为你正在积累相关工作经验,并处于学习上升期。如果你的回答是"我是一个有创业经历的电商毕业生",面试官也许会对你创业经历中积累的能力感兴趣,也会将你从"没有经验的学生"这个群体中剥离出来,另眼看待。如果你在回答后,能通过言语让面试官了解你还具备解决问题、动员他人、协调日程等经验及能力,更能展现出你能胜任公司不同职位的不同要求的能力,给面试官留下深刻的印象。

因此,我们需要完成"评估你的技能"清单,这份清单包括了13类超过200个的技能。这些技能常被雇主所重视并且常以关键词的身份出现在就业市场。当你完成这份清单时,请仔细考虑这些技能是如何在你身上得到应用的。

(二)能力矩阵图

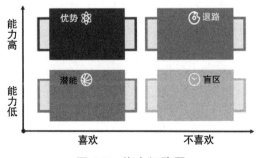

图4-3　能力矩阵图

第一象限,优势区。

这里具有自己很擅长同时又很喜欢使用的能力。这是一个人在职业世界里最宝贵的财产。想一想,如果一个人每天做的事都是自己擅长的,同时做这件事本身又能带来快乐,将会获得物质和精神上的双重收益。

第二象限,潜能区。

这里具有我们感兴趣、有天赋,暂时没有开发的能力。若对职业现状不满意,可以仔细研究潜能区,并投入精力挖掘潜能。因为这些是最有可能在未来为自己带来机会的能力。

第三象限,退路区。

这里具有自己很擅长但不喜欢的能力。当我们向着理想的职业之路前进,却四处碰壁,基本生存都成问题时,那些被自己忽视的优秀能力,将为我们赢得"避风港"般的工作。

第四象限,盲区。

盲区里具有自己不擅长,也最不愿意碰触的能力。我们应广泛涉猎各门类技能、知识,尽量减少自己的盲区。但术业有专攻,我们不可避免地会存在几种盲区,对于这些盲区,我们应尽量规避。但当我们的盲区对生涯发展形成不得不面对的挑战时,则需要正视盲区的能力,通过训练使我们可以应对工作、生活的挑战,不至于因此而拉低我们的长板。

(三)"评估你的技能"清单

在附录 2 中,选出你喜欢使用(即使不擅长)的技能前面画"＋",然后再次浏览并在你擅长的技能前打"√"。在你从未使用过的技能前面画"○",最后,在你想要得到并发展的技能前画"×"。在个人素质一栏下,选出所有适合你的词汇,并将这些词汇归类在能力矩阵图中。

完成所有步骤后,再看一下打"√"和画"×"的选项,这些是能自我激励或是你偏爱的技能。它们代表了你有这方面的优势或是你最感兴趣的领域。如果你尽可能地在工作中用到这些技能,并且寻找更多的机会使用它们,你就能在工作中获得更多的乐趣和满意度。[1]

二、识别可转换技能

(一)认识可转换技能

可转换技能指的是可以从一件工作到另一件工作,并能在多个职业中运用的技能。也许你担心自己缺乏工作经历,或者因为你选择了人文科学(比如英语、文秘)从而担心在毕业之后不容易将所学的内容应用到工作当中。现在,我们一起来讨论,你取得大学

---

[1] 苏柯尼卡,劳夫曼,本达特.职业规划攻略:原著第十版[M].北京:化学工业出版社,2014.

文凭后能具备哪些可转换技能。

让我们看看一个顺利毕业的文科生所应获得的可转换技能。文科生可以从事多种职业,事实上,大部分的文科生在毕业之后并没有选择与自己专业相符的工作。然而,作为一名文科生,你将在学业生涯中习得以下技能:

(1)交流能力。高效地倾听,书写论文和报告,向他人和小组证明观点的重要性,化解争论和差异,自我推销。

(2)处理问题或批判性思维技能。分析思维,抽象思维,发散性思维,定义问题,举一反三,预想结果,创造性解决问题,说服他人为团队最大利益工作,整合观点。

(3)人际关系技能。倾听,理解口头和非口头的交流,妥协,和同事交流,给他人建议,帮助他人处理问题,流畅地表达观点,和他人合作完成工作及处理问题,与不同背景的人合作,尊重差异,辅导或教授他人。

(4)组织技能。评估需求,组织表演和社交活动,设计程序,协调活动,授予责任,评估项目,安排项目流程,时间管理。

(5)研究技能。搜索计算机数据库和已发表的参考资料,确认主题,分析数据,数据分类和处理,调查问题,记录数据,书写报告。

因此,许多技能是可以从一份工作转换到另一份工作的。当你理解了一份工作需要什么技能,就算你没有这样的工作经历,你也可以在应聘过程中描述这些技能以证明你拥有完成这份工作的能力。通过所谓相同的技能,你们所拥有的技能和用人单位所需的技能就能联系在一起。

(二)撰写成就故事

那么,如何确认你的可转换技能呢?让我们一起完成课堂活动——撰写成就故事。

请写下生活中令你有成就感的具体事件,然后对其进行分析,看看你在其中使用了哪些技能(尤其是可迁移技能)。

这些"成就事件"不一定是工作或学习上的,也可以是课外活动或家庭生活中发生的,比如同学聚会、一次美好而难忘的旅游等。它们不一定是惊天动地的大事,只要符合以下两条标准,就可以被视为"成就":

(1)你喜欢做这件事时体验到的感受;

(2)你为完成它所带来的结果感到自豪。如果同时你还获得了他人的认可和表扬那就更好了,不过这并不重要。

在撰写成就故事时,每一个故事都应当包含以下要素:

(1)你想达到的目标,即需要完成的事情;

(2)你面临的障碍、限制或困难;

(3)你的具体行动步骤,即你是如何一步步克服障碍、达成目标的;

(4)对结果的描述,即你取得了什么成就,最好能够量化评估(用某种方法衡量或以数据说明)。

至少写出七个故事(越多越好)。如果有条件,请和两三位同学一起逐一进行分析讨论在其中你都使用了一些什么样的技能。最后看看在这些故事中是否有重复出现的技能,它们就是你喜爱施展也擅长的技能。将这些技能按优先次序加以排列。

举例:

这学期为了参评"文明班级",我们班要准备班级展示。作为班长,我承担了PPT制作的任务。一开始,我自己找了很多PPT模板和背景,并向大三的学姐要了不少以备选择。在我确定了整个PPT风格后,开始构思内容框架,但是这时却遇到了问题。如果把PPT按照演讲的思路制作,那么做成的PPT没有什么可观赏性,更没有亮点能吸引人眼球。那么,要怎样才能让观众觉得演讲不乏味,PPT又美观呢?刚开始我想修改演讲思路,把班级展示混在一起,这样做成的PPT能让观众和评委觉得不死板,但这样一来,演讲就变得杂乱无章了。于是,我又改变了策略,将演讲内容分为四个方面,并增加了PPT的版面效果。在我换了很多PPT背景后,终于选定了一个能够跟动态效果图相匹配的模板。接着,我又从制作动态PPT的操作指南中学习到了动态画面其实只需对某一部分设置不同的动作路径即可。之后,现学现用,做了几个相对复杂的动态效果,配上原有的模板,完成了整份PPT。最后,请同学们提建议,对PPT进行了修改。在现场评比中,我们班取得了第二名的好成绩,并荣获了"文明班级"的荣誉称号。

制作PPT所涉及的技能有:快速学习;善于利用人际资源;寻求帮助;清晰的沟通思路;搜索信息;图片文字的处理、编辑和组织;面对新情况,表现出灵活性和很强的适应能力;敢于迎接挑战;积极主动;耐心;关注细节;克服压力;PPT的制作方法。其中,前六项都是可迁移技能,中间六项是自我管理技能,最后一项是知识技能。

我的成就故事:

_____

我所喜爱使用且擅长的技能:

_____

【小贴士】

描述技能

记住,技能是就业市场的硬通货。拥有的技能越多,描述得越好,得到的机会就越大。

1.思考大学生应获得的可转换技能。

2.在你阅读每一类技能时,想一想你在学校、休闲活动或在工作经历中是怎样运用它的。

3.在电脑上建立一个技能文件夹作为你职业生涯文档的一部分,提醒你所拥有的"自我激励"技能以及在哪方面运用过这些技能。

4.为了使你对自身技能的描述及展示更具有说服力,在制作简历或参加面试前请回顾你的技能文件夹。

5.你对技能的描述能力令你从其他候选人中脱颖而出,成为用人单位的首选。

【拓展资源】

如何用好你的职业能力:买土豆的故事

小爱若和小布若差不多同时受雇于一家超级市场,开始时大家都一样,从最底层干起。可不久小爱若受到总经理的青睐,一再被提升,从领班直到部门经理。小布若却像被人遗忘了一般,还在最底层混。终于有一天小布若忍无可忍,向总经理提出辞呈,并痛斥总经理用人不公平。总经理耐心地听着,他了解这个小伙子,工作肯吃苦,但似乎缺少了点什么,缺什么呢?

他忽然有了个主意。"小布若先生,"总经理说,"请您马上到集市上去,看看今天有什么卖的。"小布若很快从集市回来说,刚才集市上只有一个农民拉了一车土豆卖。"一车大约有多少袋?多少斤?"总经理问。小布若又跑去,回来说有10袋。"价格多少?"小布若再次跑到集市上。总经理望着跑得气喘吁吁的他说:"请休息一会吧,你可以看看小爱若是怎么做的。"

说完叫来小爱若:"小爱若先生,请你马上到集市上去,看看今天有什么卖的。"小爱若很快从集市回来了,汇报说到现在为止只有一个农民在卖土豆,有10袋,价格适中,质量很好,他带回几个让经理看。这个农民过一会儿还将弄几筐西红柿上市,据他看价格还公道,可以进一些货。这种价格的西红柿总经理可能会要,所以他不仅带回了几个西红柿作样品,而且还把那个农民也带来了,他现在正在外面等回话呢。

总经理看了一眼红了脸的小布若,说:"请他进来。"小爱若由于比小布若多想了几步,于是在工作上取得了成功。

第四节 核心职业竞争力

【名人名言】

不论是成就自己的人生理想,还是担当时代的神圣使命,青年都要珍惜韶华、不负青春,努力学习掌握科学知识,提高内在素质,锤炼过硬本领,使自己的思维视野、思想观念、认识水平跟上越来越快的时代发展。

——习近平

【案例导入】

义务劳动换来正式工作

　　罗晶大学毕业后,几次都与就业机会失之交臂。这天,他按照报纸上的信息,去了一家用人公司求职,没想到这家公司原定招聘 8 名员工,前去报名的却有好几百人。当罗晶填好了表格,耐心列队等候公司面试时,有一位员工模样的人过来对他们说:"我们的老总还有一个小时才会来这里。现在,我有点急事想请大家帮忙。我们刚到了几车水泥,眼看天要下雨了,但一时又找不到搬运工,我想请你们帮忙卸一卸水泥,好吗?"大家见他也是本公司的人,就想动身去帮忙卸水泥。可是,有的人发牢骚:"卸水泥是工人的工作,我们没必要去卖苦力。"这样一来,一大半人都站着不动。罗晶却和另一小部分人走出队伍,主动跟那个人去卸水泥。待水泥卸了一半多,那人又来说话了:"诸位,对不起,我们的老总刚才来电话了,说今天来不了了,真是很抱歉。"这些正在卸水泥的大学生沉不住气了,有的说:"这不是故意耍我们吗? 不干了!"有的说:"咱又不是他们公司的员工,让我们义务劳动,没门!"呼啦啦一下子又走了一大半。而罗晶等少数几个人却一直坚持到把水泥全部卸完。

　　当他们在水龙头下用手捧着水洗完了脸之后,刚才那个请他们卸水泥的人笑眯眯地对他们说:"恭喜你们,刚才是我预设的一场特殊考试,你们几个全部及格了,从此刻起,你们就是我们公司的正式职员了。"这几位通过了"特殊考试"的大学生这才知道:这位不起眼的"员工"竟是他们的老总。

一、用人单位最重视的技能

　　职业核心竞争力是人们在工作和生活中除专业岗位能力之外取得成功所必需的基本能力,它可以让人自信和成功地展示自己,并根据具体情况来选择和应用。当前,职业核心竞争力已经成为就业、再就业和职场升迁所必备的能力,也是在校生、已就业和即将就业人群竞争力的重要标志。目前,我国已经进入高质量发展阶段,高质量发展需要高质量人才。党的二十大报告提出,加快建设国家战略人才力量,努力培养造就更多大师、战略科学家、一流科技领军人才和创新团队、青年科技人才、卓越工程师、大国工匠、高技能人才。作为支撑现代化产业体系建设的重要基础,大国工匠和高技能人才被纳入国家人才战略,折射出新时代尊重技能、崇尚技能的价值取向。

　　在大学毕业生身上,用人单位通常寻求的是毕业生的教育背景、经验和态度的综合素质,而这些素质决定这些应聘者是否有资格担任公司的某一职位。有些领域需要专门的知识或证书,但大部分职业并不要求有什么特殊的知识技能,而需要的是一些更为普遍、一般性的技能和素质，即可迁移技能和自我管理技能。根据美国"全国大学与雇主协会"(National Association of Colleges and Employers)的调查，美国雇主们最为重视的技能和个人品质按顺序排列如下：

(1)沟通能力；

(2)积极主动性；

(3)团队合作精神；

(4)领导能力；

(5)学习成绩；

(6)人际交往能力；

(7)适应能力；

(8)专业技术；

(9)诚实正直；

(10)工作道德；

(11)分析和解决问题的能力。

我们可以看到，其中的第 1、4、6、7、11 都属于可迁移技能，第 2、3、9、10 都是自我管理技能，而知识技能排在第 5 和第 8。

美国劳工部及美国职业生涯发展协会(National Career Development Association)对雇主进行的另一份调查也显示：雇主们非常重视员工的自我管理技能和可迁移技能，具体如下：

(1)善于学习；

(2)读、写、算的能力；

(3)良好的交流能力，包括听、说能力；

(4)创造性思维和解决问题的能力；

(5)自尊、积极、有奋斗目标；

(6)事业开拓能力；

(7)交际、谈判能力及团体精神；

(8)良好的组织和领导能力。

事实上，中国用人单位所看重的同样是这些能力。许多企业在招聘人才时，不仅看其学习成绩，更重视其他的综合能力，如良好的沟通、表达能力，较强的分析、组织能力及领导能力，尤其是团队精神。随着大数据、云计算、人工智能、区块链等新技术逐渐进入经济社会各个领域，我国对高技能人才特别是大国工匠的技能需求正在从"熟能生巧、巧能生精"转变为"技术赋能、跨界融合"。这一技能需求转变的关键在于如何有效推动前沿技术在产业领域的落地应用和融合创新，大国工匠已成为链接技术创新与生产实践的核心劳动要素。

图 4-4 是 BOSS 直聘《2021 企业人才需求趋势调查问卷》中,雇主最希望职场人提升的素质能力与职场人最希望提升的能力两者之间的对比图。团队合作、人际沟通与协调和抗压与情绪管理是雇主最希望候选人和员工提升的三项素质型能力。连续三年,这三项都位列雇主诉求的前五名,并且在 2020 年都受到了更高比例的关注。

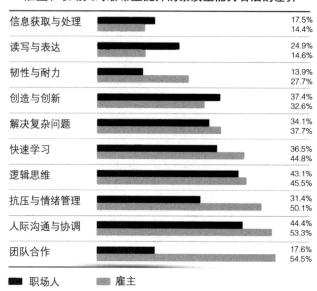

雇主和职场人对最希望提升的素质型能力看法的差异

图 4-4 最希望提升的素质型能力

二、了解职业对技能的要求

仅仅对自身具备的技能有很好的了解是不够的,我们还需要了解这些技能可以在什么样的职业中得到应用,以及自己心仪的职业在技能方面有什么样的要求。因此,我们需要掌握探索职业技能要求的途径和方法。这一环节我们来讨论通过哪些途径能够了解职业对技能的要求。

1.参考网站

当下有不少较大型的招聘网站,每天发布大量的职位空缺信息,对每一种职业的工作内容和技能要求有详细的说明,这是个很好的参考资源。

浏览某招聘网站后,对自己心仪的职业的技能进行描述:

_____

2.生涯人物访谈

所谓"生涯人物访谈",就是向实际从事某一职业的人了解该职业的技能要求。通常,用这种方法可以比较详细、具体地了解特定职业不为常人所知的要求,可以有效地帮助个人在进入某一行业前做好职业方面的技能准备。

从"生涯人物访谈"所收集到的有关职业技能的要求有：

3.其他方式

除了上述两种方式,还可以通过现场参加招聘会、向家人或亲友了解、查看报纸等途径。大家一起来讨论,还有什么方法能够获得需要的信息呢？

【课堂活动】

写出你的五个理想工作的职责,在每个职责后面写下两个或两个以上相关经历(如：推销——曾在一个小时内推出 20 张面值 100 的促销卡)。

在那些还未涉足的领域,你可能想通过学习来使自己有能力胜任理想职业。你可以通过参加相关课程、在目前的工作中不计报酬做一些额外的工作或是做和你理想工作有关的其他工作来获得经验。

【小贴士】

在面试中,对自身技能的清晰描述及展示方式将成为你的竞争优势。

【拓展资源】

不负韶华　不负青春

《旧唐书·房玄龄杜如晦传论》："世传太宗尝与文昭图事,则曰：'非如晦莫能筹之。'及如晦至焉,竟从玄龄之策也。盖房知杜之能断大事,杜知房之善建嘉谋。"唐太宗李世民有两个得力的宰相,一个是"尚书左仆射"房玄龄,一个是"尚书右仆射"杜如晦,两人各具专长又各有特色。房玄龄善于出计谋,但不善整理自己的想法；杜如晦虽不善谋略,但精于做决断。唐朝开国未久,许多规章典法,都是他们两人商量制定的,辅佐唐太宗开创了二十三年的"贞观之治"。顾嗣协有诗云："骏马能历险,犁田莫如牛；坚车能载重,渡河不如舟。"就如"房谋杜断"所示,每个人都有自己的可用之才,只看是否用得适当,是否用其所长,扬其所长。习近平总书记指出,"新时代中国青年处在中华民族发展的最好时期,既面临着难得的建功立业的人生际遇,也面临着'天将降大任于斯人'的时代使命"。青年人只有把人生理想融入国家和民族的事业中,才能最终成就一番事业。因此,青年大学生要珍惜韶华、不负青春,要努力学习掌握科学知识、提高内在素质、锤炼过硬本领,要长志气、硬骨气、蓄底气,勇做走在时代前列的奋进者、开拓者、奉献者！

第**5**章

探索职业世界地图

【教学目标】

通过本章的教学,学生应该能够:

1.了解职业发展的基本形态;

2.掌握职业信息搜集的方法;

3.清楚外界因素对职业发展的影响。

【教学内容】

第一节　行企职概述

【名人名言】

多闻阙疑,慎言其余,则寡尤。多见阙殆,慎行其余,则寡悔。言寡尤,行寡悔,禄在其中矣。

——《论语·为政》

【案例导入】

"我本科的专业是应用地球物理,读研时专业是油藏描述。求职时,我先对石油行业的单位进行了解,锁定了重点目标后,就通过各种渠道搜集信息。"刘华从西安一所高校毕业后,顺利地进入中油国际海外研究中心。刘华说,从一开始找工作,他就清晰地认识到一定要有明确的定位,要有自己的目标,"千万不能随大流"。

张灿也有同样的看法,他毕业于北京的一所高校,现就职于中国移动通信集团。"研二那年,毕业后从事什么工作的问题一直困扰着我。机关、高校、外企、国企,看上去都不错,该如何取舍呢? 经过对自己实力的分析,结合兴趣爱好,我决定放弃高校和外企,主攻机关和国企。一是因为我在学校已经生活了近 20 年,想换个新的环境;二是进外企,心里总觉得不是很情愿。

北京外国语大学毕业,现就职于某知名外企的宋婷婷对此也深有感触。她说:"现在,很多大学生只要看到单位来招人就去报名,也不管那份工作适合不适合,喜欢不喜欢,她们觉得这样做能得到更多的机会,其实这样做很不科学。求职是件很耗神耗力的事情,一个人的精力有限,要把有限的精力用在最重要的机会上,求职过程中的心态很重要,一个人如果接二连三地被拒绝,心态肯定受影响,容易形成恶性循环。普遍撒网的人,能对每次面试都尽心尽力吗? 都能进行充分的准备吗? 我想答案是否定的,竞争如此激烈,全力以赴才能赢,所以,要明确目标,充分准备。

以上几位毕业后能够顺利进入名企的同学有一个共同特点,那就是他们都是在充分探索了职业的信息之后,确定了自己的职业目标,并且保持了非常高的求职成功的概率,这不是偶然,背后其实有一个清晰的逻辑在发挥作用。

一、行业概述

马克思主义者认为,只有社会实践才是人们认识外界的真理性标准。辩证唯物论的认识论和知行统一观同样适用于大学生的职业生涯规划。学者周文霞指出:大学生对职业生涯环境的认知重点是社会环境和组织环境,具体包括社会政治、经济环境发展趋势;社会热点职业门类与需求状况;自己拟选择职业在当前与未来社会中的地位情况等。大学生要主动参与,积极投身到社会环境和组织环境的现实情境中,去亲身经历和搜集第一手信息作为自己进行职业生涯规划的直接依据。

行业是指从事国民经济中同性质的生产或者其他经济社会的经营单位或者个体的组织结构体系,如林业、汽车业、银行业等。

(一) 行业的分类

新国家标准《国民经济行业分类》(GB/T4754-2017)于 1984 年首次发布,分别于1994 年和 2002 年进行修订,2011 年第三次修订,2017 年第四次修订。该标准(GB/T4754-2017)由国家统计局起草,国家质量监督检验检疫总局、国家标准化管理委员会批准发布,并已于 2017 年 10 月 1 日实施。

根据国标《国民经济行业分类》,总共有 20 门类(见表 5-1),97 大类,473 中类和 1380小类,可见行业细分之多、之细,在我们绝大多数人的视野中,很多行业闻所未闻,甚至一辈子可能都遇不到,但这不妨碍我们先去了解它们。

表 5-1 国民经济行业分类

代码	行业	代码	行业
A	农、林、牧、渔业	K	房地产行业
B	采矿业	L	租赁和商务服务业
C	制造业	M	科学研究和技术服务业
D	电力、热力、燃气及水生产和供应业	N	水利、环境和公共设施管理业
E	建筑业	O	居民服务、修理和其他服务业
F	批发和零售业	P	教育
G	交通运输、仓储和邮政业	Q	卫生和社会工作
H	住宿和餐饮行业	R	文化、体育和娱乐业
I	信息传输、软件和信息技术服务业	S	公共管理、社会保障和社会组织
J	金融业	T	国际组织

(二) 行业的发展周期

　　自然界所有的生物都有其相对规律的生命发展周期,行业也不例外,随着时间的推移,市场对行业的需求也会发生变化,根据这一变化的不同,我们把行业分为四大发展周期,分别是曙光期、朝阳期、成熟期、夕阳期,如图 5-7 所示。

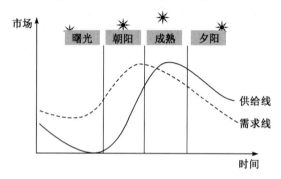

图 5-7　行业的发展周期

1.曙光期(又称为幼稚期)

　　这一时期的产品设计尚未成熟,行业利润率较低,市场增长率较高,需求增长较快,技术变动较大,行业中的先行者们主要致力于开辟新用户、占领市场,但此时技术上有很大的不确定性,在产品、市场、服务等策略上有很大的余地,对行业特点、行业竞争状况、用户特点等方面的信息掌握不多,企业进入门槛较低。行业处于此时期得特点是:产品概念炒得特别火,并因此产生了一定的市场需求,但因为行业特别特别新,并没有成熟的产品,市场也不是很规范,消费者的购买需求也很有限,行业的先行者们往往需要长时间的等待,比如生物工程行业。

　　处于此阶段的行业优点是:发展特别有前景,而且充满了意义,市场竞争对手很少,没有限制性的行业规则,可以大量创新。

　　处于此阶段的行业缺点是:不确定性特别高,从业者往往不知道具体什么时候这个行业会起来,需要长久的等待,收入普遍不高,甚至单纯养活自己都比较困难,长时间的等待很容易导致迷茫失落。

　　适合进入的人群:追求梦想和人生意义的有志之士,个性中充满韧性,能够百折不挠,相信自己的判断或者直觉,可以在生涯发展前期直接进入,也可以当作第二职业进入。

2.朝阳期(又称为成长期)

　　朝阳期行业的特点是市场需求在快速增长,行业的进入者也越来越多,产生大量的产品供给,但依然供不应求,市场乱象很多,由行业的前三名在逐步规范市场,比如电竞行业。

处于此阶段的行业优点是：行业发展速度非常快，由此带来从业者的高收入以及背后的高要求，针对行业的变化可以快速直接地响应，往往带来强烈的成就感。

处于此阶段的行业缺点是：竞争对手越来越多，压力也越来越大，往往需要高负荷的工作，同时，行业的变化也非常快，对工作的焦虑感如影随形。

适合进入的人群：实干家，渴望快速发展的人士，应变能力和学习能力强且具有创意和高效执行能力的人。朝阳期的行业是我们生涯发展的主战场，职业发展的高度，往往取决于你在这个行业的发展情况。

3.成熟期

成熟期行业的特点是市场需求和供给趋于平衡，行业发展稳定，市场规则明确，再进入的发展性不高，长期的高确定性容易带来厌倦感，比如鞋服行业、酒店行业以及绝大多数的国有企业。

处于此阶段的行业优点是：行业发展稳定，收益中等偏上，有相对清晰的职业发展通道，有明确的工作流程和准则，对工作的掌控感比较高。

处于此阶段的行业缺点是：行业的竞争对手偏少，工作趋于安逸，容易陷入无激情和低效能工作的状态，对工作容易厌倦，人浮于事，人事关系复杂。

适合进入的人群：资源的掌控者或者既得利益者，比较适于职业锚偏向追求稳定风格的人。

4.夕阳期（又称为衰退期）

夕阳期行业的特点是市场需求在快速下降，原来的产品被新的行业产品替代，市场开始供大于求，收入下降，并开始关注行业转型或职业转型，比如报纸行业。

处于此阶段的行业的优点是：行业走弱，工作节奏很慢，很舒适，没有竞争压力。

处于此阶段的行业的缺点是：行业要么转型，要么倒闭，收入偏低，并有持续下滑趋势，士气低落，容易沮丧，并为未来担忧。

对于这类行业，通常要谨慎进入，或及时退出，身处这类行业中的人，一方面要注意行业发展态势，另一方面要注意提升个体的核心竞争力，即使所处行业崩塌，也能在其他相关领域重启职业生涯。一般高职大专毕业生求职时，主要的应聘单位组织以企业居多，机关事业单位与群团组织较少，主要在基层就业中会有所体现。在此，主要介绍企业这一典型的单位组织。

二、企业概述

企业一般是指以盈利为目的，运用各种生产要素（土地、劳动力、资本、技术和企业家才能等），向市场提供商品或服务，实行自主经营、自负盈亏、独立核算的法人或其他社会经济组织。

现代经济学理论认为,企业本质上是"一种资源配置的机制",其能够实现整个社会经济资源的优化配置,降低整个社会的"交易成本"。

(一) 企业的分类

依据不同的分类标准,企业有很多种不同的分类方式:

(1)以投资人的出资方式和责任形式分为:个人独资企业、合伙企业、公司制企业。公司制企业又分为有限责任公司和股份有限公司。

(2)以投资者的地区不同分为:内资企业、外资企业和港、澳、台商投资企业。

(3)按所有制结构分为:全民所有制企业、集体所有制企业、私营企业和外资企业。

(4)按股东对公司所负责任不同分为:无限责任公司、有限责任公司、股份有限公司。

(5)按信用等级可分为:人合公司、资合公司、人合兼资合公司。

(6)按公司地位类型可分为:母公司、子公司。

(7)按规模可分为:特大型企业、大型企业、中型企业、小型企业和微型企业。

(8)按经济部门可分为:农业企业、工业企业和服务企业等等。

(9)按企业健康程度可分为:相对比较健康的随机应变型企业、军队型企业、韧力调节型企业,相对不健康的消极进取型企业、时停时进型企业、过度膨胀型企业、过度管理型企业。

(二) 常见的单位组织类型及区别

以上的企业分类虽然很多,但是大学生毕业求职,最常面对的单位组织类型也就几种,比如国有企业、民营企业、外资企业、政府机关单位、事业单位等,这也是我们大部分应届生理解到的狭义的单位组织类型,而这几种常见的单位组织,也有着自身明显的区别,如图5-8所示。

机关、事业单位 —— 国企 —— 外企 —— 民营	
规模大 →	规模小
稳定 →	灵活
保守、稳健 →	创新、变革
资源导向 →	结果导向
注重做人 →	注重做事

图 5-8　常见就业单位类型的对比

在上图中,越往左,单位组织的规模越大,越稳定,如政府机关、事业单位;越往右,单位组织的规模越小,越灵活,如小型民营企业、自由职业,同时,左边的单位组织因为稳定,所以工作模式偏保守和稳健;而右边的单位组织因为灵活,工作模式偏创新和变革。

再如,机关事业单位,职业目标是实现国家职能管理与公共服务、服务社会、报效国家;岗位职责、薪酬待遇、层级设置都相对规范、明确;人才选拔的路径通常都是公开招考;而民营企业或个体企业中,注重共同达成团队的KPI(关键绩效指标)等,通常以招聘形式招募人才。

无论是在哪个单位组织工作,都需要了解组织规则与组织文化,清楚个人的职业风格、气质特点与职业、岗位之间的契合度,如:同样是外企,日韩企业追求细节管理、过程管控;而欧美企业重视契约;同样是民企,有些民企的企业文化注重与中国传统文化的结合,而有些民企则更偏重全球化视野的融合。不同的单位组织形态,对从业者的要求可能会有所差异,需要具体分析。

一个企业在评估员工幸福指数时,一般会从以下几个方面进行:薪酬、福利、工作认可、资源配备、工作匹配、职位晋升、个人成长、公司管理、培训学习、工作环境、企业文化。同样,个体的职业满意度,通常也会受以上因素不同程度的综合影响。

三、职能概述

以企业为例,一家成熟的企业通常包含八大职能部门,代表了企业最常见的八大职能,分别是客服、生产/服务、销售、市场、财务、人力、行政、研发。当然,在企业不同的发展阶段,以及不同的企业形态,不一定全部有这八大职能,这里,我们拿最有代表性的成熟行业的企业来举例说明,比如鞋服行业,是完全包含这八大职能的。

客服:客户服务,主要体现了一种以客户为导向的价值观,它整合及管理在预先设定的最优成本——服务组合中的客户界面的所有要素。广义而言,任何能提高客户满意度的内容都属于客户服务的范围。

生产/服务:企业的产品分有形的实物和无形的服务,如鞋子是有形的产品,而咨询就是无形的服务。有形的产品通过流水线作业,由人工和机器共同完成,形成标准化的实物,以满足人的物质需求为主;无形的服务是通过人工或者互联网平台形成的偏个性化的服务,以满足人的精神需求为主。

销售:是指以出售、租赁或其他任何方式向第三方提供产品或服务的行为,该行为以直接达成交易为目标,是企业非常核心的一项职能,也是企业收入来源最直接的部门。

市场:也可称为营销,市场和销售一起组成了企业的营销部门,该职能发生在销售的前端,通过各种辅助性的活动来支持销售行为的达成,比如广告推广、地面活动推广、文案策划等。

财务:狭义的财务包括公司所有的账务往来、资金流动、资产管理等事宜,并为公司的经营决策提供依据的部门,包括出纳、往来账会计、成本会计等细分职能。

人力:指负责公司内部员工的选用育留等工作,一般包括人力资源规划、招聘、培训、绩效管理、薪酬以及员工关系六大模块的工作。

行政：包括公司的内部固定资产管理、维护，日常的行政接待，办公物品采购等工作内容，是公司的后勤保障部门，类似于"管家"的角色。很多小型公司会把人力和行政合并在一起。

研发：即研究开发、研究与开发、研究发展，是指各种研究机构、企业或个人为获得科学技术(不包括人文、社会科学)新知识，创造性运用科学技术新知识，或实质性改进技术、产品和服务而持续进行的具有明确目标的系统活动。

为了便于大家理解，表 5-2 展现了企业各职能岗位的情况。

表 5-2　企业各职能岗位的情况

财务		人力	行政	市场		销售	研发	客服		产品
财务总监		人力资源总监	行政总监	市场总监		销售总监	研发总监	客户服务总监业务指导		总工程师副总工程师
			总经理助理							
财务经理		人力资源经理	行政主管	市场经理		大区经理	研发经理	副客户总监	客户群总监	营运经理
						地区销售经理				
来往账会计	总账会计	人力资源部总经理助理	行政助理行政秘书			销售经理	项目主管	客户经理		生产经理车间主任
						销售主管				
成本会计	稽核审计	薪酬福利经理/主管培训经理/主管	行政专员资料管理员电脑操作员总机接线员……	市场专员	市场调研	高级销售代表		客户主管		生产计划协调员
										生产主管/督导/领班
出纳		绩效专员招聘专员薪酬专员人事专员		市场助理		销售代表	高级研究员研究员	客户主任客户服务人员		高级技术员
										技术员

四、企业文化

企业文化，是指一个企业在长期生产经营过程中，把企业内部全体员工结合在一起的理想信念、价值观念、管理制度、行为准则和道德规范的总和。它以全体员工为对象，通过宣传、教育、培训和文化娱乐、交心联谊等方式，以最大限度地统一员工意志、规范员工行为、凝聚员工力量，为企业总目标服务。企业文化能够激发和凝聚员工的归属感、积极性、主动性和创造性，是企业的灵魂和精神支柱。

有学者认为：Z 世代新员工更在意工作是否具有自由性、独立性、刺激性、挑战性。他们更在意自在感和幸福感，以及能否与自己欣赏的老板共事。

相比于经济契约,新生代的个体更在意心理契约。他们对企业的期望和自我的期望都比较高。他们可能首先不与企业谈经济契约,而是探讨如何改变世界,如何颠覆行业。当他们觉得企业无法满足自己的期望时,就会很快感到失望并选择跳槽。

个人的职业生涯发展需要借助组织平台放大价值,实现人生意义。在职业生涯发展的过程中,能否寻找到契合个人职业价值观与生涯使命与愿景的组织文化,时常会影响到个体生涯的满意度与幸福感。

因而,生涯个体能够清晰地看到自己的职业锚,与企业等组织的交集,寻找到锚定的职业方向,是一件重要的事情。

【课堂活动】

描述我身边的职业

每一个人的职业描述,必须包含三个要素,第一是所在的行业,第二是所在的企业,第三是在企业中所负责的职能,比如在教育培训行业的新东方厦门分公司里面负责教学管理工作,这是因为在不同行业、不同企业,职业的要求和描述可能会完全不一样。

那么依据你目前对行业、企业和职能的理解,尝试性选择你未来想进入的行业、企业以及负责的职能,并解释为什么。

【延伸阅读】

未来职业世界,什么能力会越来越吃香?

1997 年,国际象棋大师卡斯帕罗夫跟电脑深蓝下了一把,电脑两胜一负三平获胜,当时人类社会一片哗然。

2017 年,Google 的阿尔法狗跟围棋大师李世石下棋,也赢了。但这次我们的媒体变得比较轻松,而且还搞得蛮乐观的。

为什么相隔 20 年,人类社会对于这个事情的态度会有这么大的变化呢?

我们这一代人已经逐渐接受一个事实,就是机器真的已经在很多领域比人强了。

富士康,在 2011 年开始"百万机器人计划",今天 70％的工作由机器替代,直接导致数十万人下岗。

在加州,无人驾驶汽车已经跑了 17 个月。

百度在 2017 年 9 月 1 日已经拿到加州第 15 张无人驾驶的驾照。

到今天,你会发现司机的工作已经部分被机器所替代了。以前一个出租车司机,他需要有车、会开车、会认路、会收钱,但到今天你发现一个人只要会开车,认路的事情被机器导航所替代,算账的事情被平台做完。

机器变得这么厉害,那人该怎么办呢?

丹尼尔·平克在《全新思维》这本书里提到一个观点:世界已经从过去的高理性时

代,进入一个高感性和高概念的时代,有六种能力是非常稀缺且重要的,分别是:设计感、共情能力、讲故事的能力、整合力、娱乐感、意义感。

第一,设计感。

设计是"设置一种计谋,让事情得以推进"。也就是说,优秀的设计总是创造出一种新的解决方式,让事情得以顺利进行。比如说苹果被认为是全球最有设计感的公司,不是因为它的字体好看颜色好看,而是因为它创造出了一种手指就可以代替键盘的互动方式,解决了一个人机互动的全新问题。60 岁老人和 2 岁的宝宝都可以很顺利地学会,这种叫作设计感。

第二,共情能力。

简单来说,就是站在别人的角度思考,甚至思考得比别人更深入的能力。比如你在网上看到一些文章,觉得讲出来一些你特别想讲但是讲不出来的东西,那个作者其实就很有共情能力。所有伟大的产品经理都有共情能力。比如说微信的张小龙,微信总是能做出一些我们特别想用但是没有想到的功能,就是因为一个好的产品经理能够挖掘出你都没有意识到的需求。

第三,讲故事的能力。

所有著名的畅销书作家、好的导演……都是讲故事的高手,商业领袖也需要会讲故事。人人都爱听故事,好故事是有力量的。不仅仅是导演、小说家需要精通如何讲故事,对于我们每一个人,无论是找工作,还是销售产品、竞聘、晋升,甚至是找对象,讲故事的能力都非常关键。值得注意的是:这并非让我们去编一个不存在的故事,它在本质上其实是一种叙事逻辑。同样是一大堆事实,如何用符合逻辑、有感染力的方式将其呈现出来,这就是讲故事的能力。不少企业家都擅长将复杂的商业模式讲成谁都能懂的故事,从而获得更多的发展机会。

第四,整合力。

行业不断跨界,领域不断变化,最强的不是总在从头学习的人,而是持续整合的人。培训界有这么一句话:给小白要讲大牛,给大牛要讲跨界。比如混沌研习社的李善友老师从物理学去讲商业,吴伯凡老师从生态学的角度去讲商业、讲管理。跨界会产生心理距离,会更好地理解现状。彼得·德鲁克每隔三年换一个领域研究,查理·芒格有 100个不同领域的模型。

第五,娱乐感。

简单来说就是一个"让你觉得好玩的能力",娱乐是人类的天性,俄罗斯方块其实是一个没有任何目的的游戏,既不救公主也不找宝藏,它唯一的目的就是看你怎么死,但即使这样,人们也愿意一直玩下去,因为你享受这个玩的过程。

第六,意义感。

意义感是一个人自我领导和领导他人的能力。未来世界变化太多,我们基本上不可能在开始做时就明确地知道结果,但是如果你不全力以赴地做,就一点胜出的机会都没有——这个时候该怎么办呢?领导者会赋予这个事情本身一个意义。当做这个事情的过程都已经值回票价,你可能就不会太过关注结果,但这种状态是最有机会胜出的,所以如果有什么东西能抵御不确定性的话,那么就是确定的意义感。

第二节　职业评估与职业信息搜集

【名人名言】

知己知彼,方能百战不殆。

——《孙子兵法》

一、职业评估

(一)什么是职业评估

在初步了解行业、企业和职能的概念之后,如果想知道一份工作适不适合自己,可以对这份工作进行多方面、系统性的信息搜集与分析,即职业评估。

一份完整的职业评估应该包含被评估职业的所属行业、企业和职能的多方面信息。行业和企业部分的信息能帮助我们从宏观角度了解这个行业和相关企业的发展状态和特点。职能部分的信息能展示一份职业从进入、发展到退出有哪些条件、优势、风险以及发展路径,帮助我们从更细致的维度了解一份职业具体是什么样的。

完成一份有效的职业评估还是一项系统性工程。在确定评估对象后,我们要明确此次评估的目的和重点,进而制订职业信息搜集计划,然后通过计划中的途径和方法搜集职业信息并进行分析,最终达到职业评估的目的。

(二)职业评估的主要价值

我们身处一个不断变化发展的商业社会。对于大多数学生而言,商业社会纷繁复杂的各种职业显得新鲜又陌生,想要清楚地了解一份职业不是一件容易的事情。而职业评估能帮助我们透过现象看本质,展示出以下几点主要价值:

1.帮助我们更理性地选择职业

通过职业评估,我们会获取更多准确、即时的职业信息,比如会更加清楚一份职业的工作环境、雇主风格、行业前景,还有机会了解这份职业从业者的观点和价值观。这些信息能为我们的职业选择提供有价值的参考。

2.帮助我们增加获得一份职业的机会

在评估一份职业的过程中,我们会清楚这份职业的门槛,还有机会了解潜在雇主对雇员的偏好和雇佣流程。如果有意愿投身这份职业,我们会更加清楚求职准备的方向和方法,提高获得职业机会的可能性。

3.帮助我们的职业发展得更顺利

当我们正式进入一份职业,就要开始面对职业发展可能遇到的问题和挑战。职业评估帮助我们用发展的眼光看待一份职业,了解其长期的发展机会和潜在风险,让我们的职业之路走得更顺畅。

二、职业信息搜集

(一)职业信息搜集的主要途径

只要稍加留意,我们不难觉察到可以通过身边的许多途径获取职业信息。搜集途径在一定程度上会影响职业信息的准确度和搜集的难度。同时,职业信息来源越接近行业的从业人员,价值就越高。列举以下几个职业信息的搜集途径供大家参考,如图 5-9 所示。

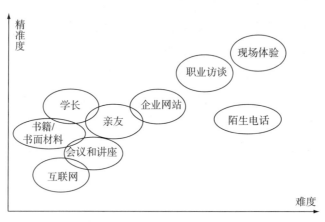

图 5-9 职业信息搜集途径

(1)互联网:通过搜索引擎查找企业网站、行业协会网站、新闻网站,或登录求职类、职业问答类互联网平台进行搜集。

(2)书籍:理论类书籍,比如《战略咨询》《广告学原理》,这类书可以帮助我们了解特定领域的工作内容;经验类书籍,比如一些行业顶尖人士的自传或经验分享——《我如何成为出色的销售》,这类书可以帮助我们分析一份职业对人的要求。

(3)书面材料:企业的宣传册、产品介绍;行业的期刊报纸,如《软件》《环球企业家》《二十一世纪经济报道》等;图书馆的行业报告,如《2015年中国商业零售业研究咨询报告》。

(4)会议和讲座:行业年会、研讨会或企业举办的相关讲座。我们可以在这些场合现场咨询行业、企业的专家,也可以收集名片,准备后续约谈。

(5)职业访谈:与业内人士进行深入的交流。如果无法直接找到这些人,可以通过亲戚朋友、同学、师兄师姐联系到身处某个行业、企业或在类似岗位工作的人,通过电话、邮件交流或当面访谈。

(6)陌生电话:这其实是职业访谈的一种特殊形式,即直接打电话给我们从未接触过的人,争取电话咨询或面谈的机会。

(7)现场体验:到企业实习或实地调研,收获最直观的体验和认知。

(二)职业信息搜集的主要内容

大学生群体处于职业的探索和定位阶段,职业评估最大的价值是帮助我们选择职业。在职业信息搜集内容这部分,我们就以判断一份职业是否适合自己为主要目的,探讨应该搜集哪些方面的信息。无论是大企业还是小企业,无论工作性质怎么样,我们都可以通过四个方面来评估一份职业,即未来趋势、工作内容、发展机会和环境文化。接下来,我们以问题罗列的方式分别展示针对这四个方面可以搜集的信息内容。

1.未来趋势

- 这份职业所属行业的发展趋势如何?是朝阳行业吗?
- 行业中有哪些标志性的企业?有哪些新兴企业?集中在哪些城市和地区?
- 企业的发展情况如何?近三年的盈利情况如何?增长幅度怎样?
- 企业的规模有多大?近期有没有扩张计划?
- 企业的主要产品或服务是什么?有什么特点?
- 企业的主要客户是谁?主要竞争对手是谁?

2.工作内容

- 这份职业的主要职责是什么?每天的主要工作是什么?
- 在知识和技能方面,对从业者有哪些基本要求?
- 是否对从业者有特殊要求?
- 在工作中主要接触的都是什么样的人?
- 工作节奏是什么样的,比如是朝九晚五,还是不定期加班?
- 工作的压力情况如何?压力的来源是什么?

3.发展机会

- 从事这份职业,未来3~5年的主要发展路径是什么?长期的发展如何?
- 在工作岗位上主要能收获的知识、技能有哪些?

- 企业有没有提供脱产或在职培训的机会？
- 从事这份职业一段时间后，能否有机会转型进入其他相关联的职业？

4.环境文化

- 企业的文化是什么？
- 企业倡导什么样的价值观？
- 企业里的人文氛围如何？
- 企业领导者的背景是什么样的？

（三）职业信息有效性的衡量标准

职业评估不仅仅是简单地搜集和罗列信息，我们需要借助如企业官网、职业访谈这样的途径搜集初步的职业信息，再分析、加工成真正对我们有帮助的信息。想要判断信息是否有效，可以采用两个衡量标准，即相关性和个人化。

1.相关性

无论是通过网站、书面材料，还是通过陌生电话、当面访谈的途径搜集职业信息，只要一不注意就容易被大量、零碎的信息淹没。相关性这一衡量标准，是指我们搜集来的信息与职业评估目的是否相关，常见的目的是做职业决策或提高求职成功率。打个比方，如果想要判断一家上市企业发展如何，企业的盈利情况、业绩增长和规模扩张等信息都具有高度的相关性，而且过往三年内的财务数据和扩张情况就比五年前的信息更相关。

2.个人化

通常来说，我们做职业评估都带有比较强的目的性，或许为了选择职业方向，或许为了争取目标企业的工作机会。个人化这一衡量标准，是指我们能否将职业信息通过分析，与我们自身的情况相结合，转化成"我的理解"。比如像工作节奏这样的职业信息，一份朝九晚五的工作能提供稳定的生活节奏，但在一些人看来就显得死板，不如忙的时候连夜加班，等空闲了就有充足的时间游山玩水。再比如企业规模，如果进入新兴的创业公司，可能意味着你需要身兼数职，快速了解企业的全盘运营。如果你在分工完善的大型外企就职，就有机会在某个细分领域从入门做到精深，再成为该领域的专家。只有将搜集而来的职业信息转化成"我的理解"，信息的价值才能真正得以发挥。

【延伸阅读】

未来 30 年，孩子们将面临怎样的职业世界

请扫二维码

【课堂活动】

职业世界大撒网

结合未来意向发展地域、行业、专业领域,搜集1~3个(越多越好)职业,并参照"工作说明书"(见表5-3)分析职业的胜任力等要求、与目前所学专业的相关度,如何做好相应的准备?

表5-3 工作说明书

工作说明书
1.岗位基本信息(含:职位名称、职位的汇报上级、职位管理的下属)
2.工作联系
3.工作职责
4.工作内容和活动
5.工作环境(含:工作场所、工作时间)
6.任职资格(含:年龄要求、学历要求、专业要求、工作经验要求、工作所需知识、工作中需要掌握的工具、职位的资格和认证、职位相关培训)
7.工作者技能(含:素质要求、其他要求)
8.工作者特质(含:职业兴趣、性格特征、价值观)
9.待遇及发展(含:薪酬、福利、职业生涯发展)

第三节　校园环境与职业生涯规划

【名人名言】

为天地立心,为生民立命,为往圣继绝学,为万世开太平。

——北宋教育家　张载

大学之道,在明明德,在亲民,在止于至善。

——《大学》

一、校园硬环境

有人说大学校园是很多学子,进去之前无比憧憬、进去之后无比无聊、走出之后又无比怀念的地方,它是学子们走进社会的预演场。环境决定论者认为:大学校园环境对学生的人际关系、学业适应、职业探索都会产生决定性的影响。虽然我们不能绝对化地将环境与人的发展对应直接的因果关系,但环境的确会对人的发展与行为产生制约或促进作用。好的校园环境能够极大地提升学生对未来职场的适应能力,也最容易培养出国家需要的栋梁之材,所以,一方面学校要为学生创造良好的校园环境,包括硬件设施、师资,以及文化氛围等;另一方面,学生要充分利用学校提供的各项资源,为自己毕业后的职业发展做好充分的准备。

教学楼、实验室、图书馆、实训室、实习基地等通常被视为一个学校的硬件设施。此章将主要以厦门城市职业学院为例,阐述校园环境与职业生涯规划之间的关系,阅读此节时可参照此方式,梳理你所在校园的环境与职业生涯规划之间的关联性。厦门城市职业学院办学始于 1952 年,是由厦门人民政府主办的全日制高等职业院校,2019 年获教育部认定为"优质专科高等职业院校",2020 年通过验收被确定为福建省示范性现代高等职业院校。学校先后被授予福建省"文明学校"和"文明校园"称号。学校秉持"因城而生,为市则活"的信念,因应区域经济社会发展和产业转型升级需要,持续调整专业布局和专业设置。按照"育人为本、跨界融合、服务需求、追求卓越"的办学理念,坚持"以学生为中心的办学"和"以奋斗者为本的治校",逐步形成"产教融合共同发展,大爱匠心协同育人"的办学特色和校园文化。

(一)学校硬件概况

学校占地 500.35 亩,2022 年招生专业 30 个,现有专业教学院系 8 个,全日制高职在校生 9426 人,累计招收来自 11 个国家的留学生 227 名。入选"福建省示范性现代职业院校建设工程"培育项目、"福建省首批深化创新创业教育改革示范高校"。汇集政府、高校、行业和企业的多方资源,互利共赢,协同育人,成立了校内二级学院——国际职业教育学院,学校与美国、加拿大、日本等国家的高校合作办学,共同培养具有国际化视野和中国"工匠精神"的专才。

(二)图书馆

学院图书馆面积约 1 万平方米。图书馆馆藏纸质图书 44 万册,中文纸质报刊 628 种,港台专业期刊 24 种,外文纸质专业期刊 10 种,电子图书 68 万种,数据库 16 个,阅览座位 1320 个。图书馆现有工作人员 20 人,设立了社会科学图书借阅室、自然科学图书借阅室、文学艺术图书借阅室、港台图书阅览室、工具书阅览室、古籍阅览室、报刊阅览室、过刊阅览室、电子阅览室、多媒体资料室等 10 个阅览室;所有阅览室均对读者开放;所购数字资源对校园网用户 24 小时开放。

(三)实训室

学校各系部专业均设有专业相关的实训室,商贸系校内建有物流仿真实训平台、仓储配送实训平台,物流沙盘实训平台,商务谈判、市场营销等实训平台;机械与自动化工程系建有机械制图实训室、模型制作实训室、钳工实训室、CAD/CAM 实训室、卫浴产品创新实训中心、汽车工程实训中心、先进制造实训中心、数控设备装调与维修实训中心、数字化精密测量与逆向工程实训中心、PLC 自动控制实训室、工业机器人技术应用综合实训中心等校内实训场所,拥有高速高精密五轴加工中心、三坐标测量机、复合影像测量仪等先进设备,设备总投资超过 1500 万,不一而足,均为各专业学习实操提供有力保障。

除此之外,还有党群活动中心、青年成长中心、心理咨询室、体育活动室、琴房、舞蹈室、智慧教室等。

二、校园软环境

校园软环境是非常重要,但又特别容易被忽视的一个影响学生成长的因素,它包括了学校的文化传承和底蕴、校训、文化活动等,是学生在学校获得精神富足,培养人生观和价值观的重要来源。

学校的文化传承和底蕴包括了学校的建校历史,第一任校长的生平事迹,历届培养出来的对国家对人民有杰出贡献的校友,学校的特色学科建设对该领域的价值等,这些都是每一位学生应牢记的历史信息,永远值得去学习和敬畏。学生应以此为动力,让自己不断去努力。

校训是广大师生共同遵守的基本行为准则与道德规范,它既是一个学校办学理念、治校精神的反映,也是校园文化建设的重要内容,是一所学校教风、学风、校风的集中表现,体现大学文化精神的核心内容,可以说,校训是一所学校的灵魂。但据不完全统计,很多学生毕业后,甚至在学校的时候,都没办法完整地说出学校的校训,让人不禁嗟叹。

文化活动是学习之外,学校组织或学生自发组织的各种社团活动,比如每年一次的校级运动会、大型的知识或技能竞赛、国庆游园会、英语角等,这些活动可以很好地促进学生在校期间各项能力的综合发展,也非常有利于学生毕业后的求职找工作。企业的 HR 在招聘应届生的时候,由原来的关注学习成绩,逐步开始关注校园软环境,包括师资力量、校园文化、学习氛围、办学声誉等。

(一)本土影响力

学院秉持"因城而生,为市则活"的信念,紧贴厦门先进制造业、现代服务业和战略性新兴产业技术技能人才需求,调整优化专业布局,形成了智能制造、云计算、旅游会展等 10 个专业群,是福建省最受考生欢迎的高职院校之一;2017 届毕业生就业率 97.58%,有 83.69% 的毕业生留在厦门工作,已成为地方建设现代化产业体系的一支重要力量。

(二)师资优势

截至 2021 年 12 月 31 日,厦门城市职业学院有教职工 623 人,其中博士 50 人,具有高级职称的 146 人,国家"万人计划"教学名师 1 人、厦门市拔尖人才 1 人,29 人次先后入选福建省高职院校名校长、福建省教学名师、福建省高职院校专业带头人、福建省高校杰出青年科研人才培养计划和厦门市海纳百川人才计划。拥有一支规模稳定,专业结构合理,具有较高教学水平、较强实际工作能力的双师型教师队伍。

(三)校园文化

学校注重将学生的职业技能提升和职业精神培育融为一体,以中华技能大师、杰出校友"盖军衔精神"为引领,实施"等待、陪伴、支撑、相信、严格"的大爱教育理念,培养学生的职业素养和职业精神。近五年,学校招生录取率 97.46%,毕业生平均就业率 96% 以上、专业对口率 80% 以上、本省就业率 86%、本市就业率 70%,已成为地方建设现代化产业体系的一支重要力量。"明德强技,笃行致用"是我校的校训,"育人为本、跨界融合、服务需求、追求卓越"是我校的办学理念。

学校有丰富多样的社团活动,比如就业促进会、职业生涯拓展协会、计算机协会、校学生会、外语协会、青年志愿者协会、帆船队、习近平新时代中国特色社会主义读书会等,这些社团可以很好地促进学生在校期间各项能力的综合发展,也有利于学生毕业后的求职找工作。现在企业的 HR 在招聘应届生的时候,较关注应聘者在学校参与社团活动的情况,因为工作需要的是实践技能,而不是简单的知识累加。

(四)奖学、助学政策及优才支撑计划

(1)学校设立形式多样的奖学金,包括奖励录取到学校就读的普通高考高分考生或有免试入学资格的中职考生的"全额奖学金",奖励品学兼优学生的"优秀学生奖学金",奖励做出突出贡献或具有特殊才华的"单项奖学金",奖励在专业技能方面追求卓越的"盖军衔奖学金"。同时,学校积极推荐学生申报"国家奖学金"。

(2)学校全面贯彻国家资助政策,设立了包括国家励志奖学金、国家助学金、退役士兵教育资助金、应征入伍服义务兵役资助金、直招士官资助金、毕业生求职创业补贴、突发性困难补助金、学费补助金、家庭经济困难毕业生就业补助金、"双困生"就业补助金、校园地助学贷款、校园地助学贷款还款救助、临时生活补助等资助项目,设立入学报到"绿色通道",协助市教育基金会开展"陈氏洪氏助学金"评定,为困难学生搭建起政府、学校、企业、个人等多方帮扶体系。

(3)学校设立勤工助学中心,为在校学生提供校内外勤工助学岗位服务,并为在校内勤工岗位工作的学生提供勤工补助。

(4)学校实施"优才支撑计划",每年遴选资助品学兼优的学生出国(境)进行为期不少于一学期的学习,提升技术技能,拓宽国际化视野。

【拓展资源】

大学三年都有啥活动

请扫二维码

【课堂活动】

1.活动目标:通过手绘地图进行校内环境资源的探索、挖掘、利用。

2.操作步骤:围绕设施、资源、社团、组织、人员等信息进行地图的绘制,分析这些信息与学涯、职涯发展之间的关系。你会如何利用这些资源?

第四节　社会环境与职业生涯规划

【名人名言】

故近朱者赤,近墨者黑;声和则响清,形正则影直。

——晋·傅玄《太子少傅箴》

每个人都处在一定的社会环境中,若离开社会环境,便无法生存与成长。社会环境中主流的工作价值观、政治经济形势、产业结构的变动等因素,无疑都会在个人职业选择上留下深深的烙印,因为我们都是环境的产物。"50 年代的兵,70 年代的工人,90 年代的个体户",每一个年代的职业地位排序都对高考志愿的选择和就业选择起着不可忽视的影响。不同的社会环境给予个人的职业信息也是不同的。

在进行职业规划和职业选择时,要充分认识社会环境对职业生涯的影响,注意分析社会环境的基本特点,了解社会环境的发展变化。只有充分了解社会环境因素,才能在复杂的社会环境中找到自己的职业位置,也只有这样,职业生涯规划才具有实际意义。

在现实生活中,社会环境对职业生涯的影响是多方面的,这是由社会环境的多种因素构成决定的。影响职业生涯的社会环境因素主要包括以下几个方面。

一、社会文化环境

文化环境是影响人们行为、欲望的重要因素,主要包括教育水平、教育条件和社会文化设施等。一般来说,在良好的社会文化环境中,个人会受到较好的教育和熏陶,从而使知识和能力水平得到更多的增长和提高,这会为今后的职业发展打下更好的基础。

社会文化还是影响人们行为、欲望的基本因素。社会文化反映着个人的基本信念、价值观和行为规范的变动。如果一个地区的人们崇尚职业的新奇性和变换性,那么这个地区的人在各企业之间的流动频率就高。

我国是一个地域辽阔的大国,社会文化的复杂性决定了个人职业选择与职业发展要考虑企业所在地的文化因素,如我国沿海地区的人可能喜欢保持契约关系,而其他地区的人可能喜欢传统的、稳定的雇佣制度。

二、人口环境

人口环境尤其是个人所在地区的人文因素对职业选择与职业发展有重要影响,其影响主要包括以下几个方面:

(1)人口规模:社会总人口的多少影响社会人力资源的供给,从而影响着职业选择和职业发展的机会。总人口越多,个人职业选择与职业发展机会就越少;相反,个人职业选择与职业发展机会就越多。

(2)年龄结构:不同年龄段的人有不同的追求,在收入、生理需要、价值观念、生活方式、社会活动等方面存在差异性,这决定了他们职业价值观的不同。不同年龄段人口的多少影响着职业选择和职业发展。

(3)劳动力质量和专业结构:社会劳动力的质量和专业结构影响职业选择和职业发展的机会。例如:在某地区,未经培训的普通劳动力可能会充裕,而受过高级培训的劳动力可能不足;在某些地区可能某方面人才比较充裕,但其他方面人才相当欠缺,这些因素都会影响职业选择和职业发展。

(4)人口的城市化:我国现在的城市化进程在加快,劳动力正在由农业转移到非农业就业。户籍制度的改革已放开户籍对就业的限制,从而对就业市场产生重大的影响。同时,户籍制度的放开将会使低素质的劳动力资源供给进一步增加,但由此会导致对高素质劳动力需求的增加。

(5)人口老龄化:现在的人口统计数据表明,我国人口正在迈向老龄化阶段。老年人口占整个社会人口的比例正在上升,这种人口老龄化趋势将推动医疗保健行业和社会服务领域的就业机会增多。

(6)人口流动:大量的统计数据表明,我国人口正在由内陆地区流向沿海地区,由经济不发达地区流向发达地区。这种人口的流动将导致沿海大城市的不断扩张。当然,近几年中央开发中西部地区的战略会对中西部地区的发展起到一定的推动作用,不过中西部地区的发展还需要一段时间,就业和职业发展的机会在近期来说主要还是集中在沿海地区。

三、社会价值观念

树立正确的价值观念,是树立正确职业观的基础。一个人生活在社会环境中,必然会受到各种社会价值观念的影响。价值取向既反映了社会对人才的价值评价和素质要求,也体现了一个人的思想发展和成熟的过程。对大学生来说,要坚持正确的价值观念,就要在大学的学习和训练中,进一步认可、接受社会积极进步的主体价值观。在学习和生活中,社会价值观念正是通过影响个人的价值观从而影响个人的职业选择。

四、经济环境

经济环境是影响职业选择和职业发展的重要因素,具体来说,经济环境因素主要有以下几个方面:

（1）经济形势。经济形势的变化对职业的影响是最明显又最复杂的。当经济处于萧条时期,企业的效益降低,对人力资源的需求减少,因而职业选择和职业发展的机会减少;当经济处于高速发展时期,企业处于扩张阶段,对人力资源需求增加,职业选择和职业发展的机会就增多。[1]

（2）劳动力市场供求状况。劳动力市场的供求状况对职业选择和职业发展产生重要影响。如果某类职业的人才供不应求,则职业选择和职业发展的机会增多;相反,某类人才供大于求,职业选择和职业发展的机会就减少。

（3）收入水平。社会对人力资源的需求是一种派生的需求,当人们的收入水平提高时,对商品消费的需求会增加,企业扩大生产,从而增加对人力资源的需求,职业选择和职业发展的机会增多;相反,则职业选择和职业发展的机会减少。

（4）经济发展水平。在经济发展水平高的地区,企业相对集中,优秀企业也比较多,个人职业选择的机会就比较多,因而就有利于个人职业发展;反之,在经济落后的地区,个人职业发展也会受到限制。

【拓展资源】

三部门发布 18 个新职业——包括碳排放管理员等

2021 年 3 月,人社部会同国家市场监管总局、国家统计局正式发布企业合规师、易货师、服务机器人应用技术员、电子数据取证分析师、碳排放管理员等 18 个新职业信息。这是《中华人民共和国职业分类大典》(2015 年版)颁布以来发布的第四批新职业。

此次发布的新职业中有多个新职业是数字化技术发展催生出来的。以服务机器人应用技术员为例,近年来,服务机器人已广泛应用在教育、娱乐、物流、安防巡检等领域。服务机器人应用技术员直接负责服务机器人的需求反馈、应用与推广,是推动服务机器人产业发展的重要人才支撑。

人民日益增长的美好生活需要也派生出多个新职业。例如,随着生活模式改变,近年来出现了将茶叶、奶、果蔬等融合开发的新式饮品,广受群众特别是年轻人的喜爱。调饮师职业应运而生。

随着我国经济发展方式向绿色低碳转型,碳排放管理的重要性日益显现,企业急需掌握相关碳排放技术,熟悉政策标准,能胜任碳排放规划、核算、核查和评估工作的技术人员,从而催生了碳排放管理员新职业。这一职业从业人员将在碳排放管理、交易等活动中发挥积极作用,有效推动温室气体减排。

---

[1] 赵励宁.大学生职业生涯规划[M].北京:中国人民大学出版社,2014:79-81.

第五节　家庭环境与职业生涯规划

【名人名言】

纸上得来终觉浅，绝知此事要躬行。

——陆游

【案例导入】

一封家书寄深情

2001 年 10 月 15 日是习近平的父亲、老一辈革命家习仲勋 88 岁生日。习家人难得团聚在一起，为习仲勋在深圳举办 88 岁寿宴。时任福建省省长的习近平由于公务繁忙，难以脱身，于是抱愧给父亲写了一封拜寿信。

敬爱的爸爸：

今天是您的 88 周岁生日，中国人将之称为米寿。若按旧历虚两岁的话，又是您 90 岁大寿。这是一个值得庆祝的大喜日子。昨晚我辗转反侧，夜不能寐，既为庆祝您的生日而激动，又因未能前往祝寿而感到遗憾和自责。

自我呱呱落地以来，已随父母相伴 48 年，对父母的认知也和对父母的感情一样，久而弥深。我从您身上要继承和学习的高尚品质很多，最主要的有如下几点：

一是学您做人。爸爸年高德劭，深受广大人民群众和我党同志、党外人士的尊敬。这主要是您为人坦诚忠厚、谦虚谨慎、光明磊落、宽宏大度。您一辈子没有整过人，坚持真理不说假话，并且要求我也这样做。我已把你的教诲牢记在心，身体力行。

二是学您做事。爸爸自少年就投身革命，几十年来勤勤恳恳、艰苦奋斗，为党和人民建功立业，我辈与您相比，实觉汗颜。特别是您对自己的革命业绩视如过眼烟云，从不居功，从不张扬，更值得我辈学习和效仿。

三是学习您对共产主义信仰的执着追求。无论是白色恐怖的年代，还是极左路线时期；无论是受人诬陷，还是身处逆境，爸爸对共产主义的信念仍坚定不移，相信我们的党是伟大的、正确的、光荣的。您的言行为我们指明了正确的前进方向。

四是学您的赤子情怀。爸爸是一个农民的儿子，热爱中国人民，热爱革命战友，热爱家乡父老，热爱您的父母、妻子、儿女。您自己博大的爱，影响着周围的人们。您像一头老黄牛，为中国人民默默地耕耘着。这也激励着我将毕生精力投入到为人民服务的事业中去。

五是学您的俭朴生活。爸爸平生一贯崇尚节俭，有时几近苛刻。家教的严格，是众所周知的。我们从小就是在您的这种教育下，养成勤俭持家习惯的。这样的好家风我辈将世代相传。

此时此刻,百感交集,书不尽言,上述几点,不能表达我的心情于万一。我衷心遥祝尊敬的爸爸健康长寿,幸福愉快!

儿近平叩首

二〇〇一年十月十五

"为人民服务就是对父母最大的孝"

习仲勋收到这封信后有什么反应呢?习近平母亲齐心在《忆仲勋》一文中写道:当桥桥向大家宣读这封信的时候,她不禁热泪盈眶,我和在场的人也无不为之动容。仲勋听完来信,非常理解儿子,向家人、子女和亲朋们说:"还是以工作为重,以国家大事为重","为人民服务,就是对父母最大的孝"!仲勋在最后的日子里多次对儿女们说:"我没给你们留下什么财富,但给你们留了个好名声!"这就是仲勋留给儿女及子孙后代的最为宝贵的精神财富!

看完案例请回答以下问题:

1.信中习近平总书记给父亲写的祝寿信中,提及在父亲身上继承和学习哪些高尚品质?

2.结合自身实际,在成长经历中,你觉得可以从父母身上传承与学习的优秀品质有哪些?

3.结合案例,你如何理解家庭与职业发展关系?

中华民族历来注重家庭、家教、家风。古语有云"天下之本在家"。家庭是个人社会化的第一个场所。蔡元培先生写过一句话:"家庭者,人生最初之学校也。一生之品性,所谓百变不离其宗者,大抵胚胎于家庭中。""家长是孩子做人的第一任老师。"这些话语都反映了家庭对个人成长的影响。这里的家庭不仅仅指父母,还包括了亲戚在内的家族生活环境及文化传承方式。他们的社会阶层及社会关系、职业成就和经济收入是影响孩子成长的物质环境,我们称之为"硬环境";他们的受教育程度及其世界观、人生观与价值观是孩子成长的"精神环境",我们称之为"软环境"。在谈及家风时,习近平总书记说到:千家万户都好,国家才能好,民族才能好。他强调,家庭是人生的第一个课堂,父母是孩子的第一任老师;有什么样的家教,就有什么样的人;家风是社会风气的重要组成部分。广大家庭都要重言传、重身教,教知识、育品德,身体力行、耳濡目染,帮助孩子扣好人生的第一粒扣子,迈好人生的第一个台阶。

一、家庭硬环境

（一）家族的社会阶层及人脉关系

社会阶层的概念起源于西方，阶层理论认为理想的社会结构应为两头尖、中间宽的橄榄形，而非金字塔或哑铃形。2001年，首次以官方的形式对新产生的社会阶层进行了论述，认为新的社会阶层已经产生，例如私营企业主、管理人员、技术人员等等。就各阶层在社会中的分布状况而言，我国的社会结构正在由传统社会的金字塔形结构向"两头小、中间大"的橄榄形社会结构过渡，目前总体呈鸭梨形或"圭"字形，从绝对数量上看，我国已经形成了相当规模的中间阶层。如果从构成中间阶层主体的专业技术人员的数量来看，在2015年已经突破5000万，约占全部从业人口的12.5％。在学术界，陆学艺等人通过在全国范围内开展调查，依据社会成员所掌握的组织资源、经济资源和文化资源，参照职业类型提出了中国社会的"十大阶层"结构，在学界和社会范围内产生强烈反响。这十大阶层分别是：国家与社会管理者阶层、经理人员阶层、私营企业主阶层、专业技术人员阶层、个体工商户阶层、商业服务业员工阶层、产业工人阶层、农业劳动者阶层以及城乡无业失业半失业阶层。

习近平总书记指出，共同富裕是社会主义的本质要求，是中国式现代化的重要特征。新时代的共同富裕是通过高质量发展满足人民日益增长的美好生活需要，通过扩大中等收入群体实现全体人民的共同富裕，通过缩小区域、城乡差距实现全域性共同富裕，通过共建共治人居环境和推动公共服务均等化，实现人的全面发展和社会全面进步。从生涯发展的视角，个体出生的家庭其所处阶层对个体成长、发展必然会产生初阶影响，包括基于此而衍生出来的人际关系。

美国学者科尔曼认为，家庭环境因素主要包括三种形式的资本：物质资本、人力资本、社会资本。物质资本主要是指为家庭提供教育成就基础的物质资源，也指经济资本，通过家庭收入或财富来衡量；人力资本主要是指帮助孩子学习的潜在环境，通过父母的受教育程度来衡量；社会资本能够补充和增强物质资本和人力资本，是自然人所处的社会环境所构成的资本。人脉关系，是指以自己为中心单位，向外围散射的人际利益关系网络。与一般的人际关系不同，人脉关系着重强调社交方面形成的人际关系网络。人脉关系中每个人之间都有一定的利益关系，这是组成人脉关系的基本。人脉资源对情感维系和社会发展具有积极作用，但人脉资源的异化会导致职务晋升通道狭窄，有损社会公平正义。现有社会结构下，要通过构建共同价值理念、激励相容机制来强化人脉资源的正功能，通过道德教化与延伸、制度监督与惩戒来消解人脉资源的负功能。

优势阶层子女在初入职场时获得的优势主要表现在：一是在只有低教育程度的条件

下,有更多的机会避免从事最低的非技术体力的工作;二是在拥有中等教育程度的条件下,有更多的机会进入专业技术等非体力阶层,或者很少掉到非技术体力这一城镇职业地位最低的阶层;三是高等教育尽管在录取上坚持分数面前人人平等,但这可能仅是表象上的平等,实际上有关家庭背景和城乡的社会分层导致的教育分层在基础教育阶段就已经逐步呈现,并且通过高考成绩加以强化,但教育仍是实现社会阶层跃迁的重要通道。

长辈所处的社会阶层以及围绕这个阶层形成的人脉关系对孩子的影响是全方位渗透式的,维持并向更高的阶层努力是长辈对晚辈潜移默化的要求。因此,这类家庭的孩子大部分从小接受的教育方向是能够继承父辈们的事业。总的趋势是:阶层越高,孩子的职业选择范围越小,自主性越弱;阶层越低,孩子的职业选择范围越宽,自主性也越强。

教材编写组在前期做问卷调研时,搜集了 2016 级 1600 余名学生的数据,通过分析后发现,同学的生涯适应性、主动性、创造力倾向、职业生涯决策的自我效能等方面与父母受教育程度、家庭经济条件等家庭因素有正相关关系。

(二) 家族成员的职业成就

职业成就也就是职业成功,是人们对职业成果意义的认识和评价,它取决于人们自身的需要和愿望。在职业生涯发展的不同阶段,人们所面临的任务不同,其追求也不一样,对职业成就的评价也会有变化。在职业生涯的早期,养家糊口、成家立业都需要物力财力,人们可能更注重财富标准;到了中期,人们可能会更关注职业发展的机会、家庭工作平衡、自我价值的实现;到了晚期,临近退休,人们可能更强调安全、有保障。

有人把职业成功的标准归纳为以下九种:

(1)财富标准:认为通过工作获得更多的经济回报,发财致富就是现代人成功的标志。

(2)晋升标准:认为职业成功就是晋升到组织等级体系高层或者在专业上达更高的等级。

(3)安全标准:渴望长时间稳定的工作,以获得职业上的安全感。

(4)自主标准:强调职业成功就是在工作中自主自由,对职业和工作有最大限度的控制权。

(5)创新标准:标新立异,做出别人没有做出的事情。

(6)平衡标准:在工作、人际关系和自我发展三者之间保持有意义的平衡。

(7)贡献标准:对社会、组织、家庭做出贡献。

(8)影响力标准:在组织中、行业内、社会上有足够的影响力,能够改变他人的心理和行为。

(9)健康标准:在繁重的工作压力下依然保持身心健康。

判断职业是否有成就的原则:在这个职业领域是否有创新且被社会所认可,财富、晋升、贡献、影响力这些要素自然会跟随过来,安全、自主、健康则属于个性化的子标准。

长辈的职业成就对晚辈的职业发展有着强烈的示范作用,在这样的家庭中,成为某个职业领域的专家似乎是毋庸置疑的。

(三)父母的经济收入

我们经常可以看到这样的情况:一些大学生由于经济拮据,又不想再拖累父母,于是随便加入一家向他伸出橄榄枝的企业,而最后的结果证明他当初的选择过于草率了。

在人力资本投资收益—风险的职业价值函数中,存在一个基本假定,即毕业生对择业持风险规避的态度,但这一假设忽略了家庭经济状况对毕业生择业行为的影响。在实际职业选择中,家庭经济状况不同的毕业生对待职业风险的态度也有所不同。通过某项调查发现,父母收入偏低的毕业生倾向于收入一般、风险较小的职业选择,如党政机关、学校、科研机构等;而父母收入较高的毕业生在择业中更倾向于外企、高新技术企业等相对收入较高、风险较大的职业。这表明递减的绝对风险规避的心态更接近毕业生的择业实际,即大学生择业时随着家庭财富的增多,可能选择更具风险性的职业。

在考虑家庭环境时,我们需要知道:家庭背景尤其是父母的经济收入对于大学生就业的影响导致了不良示范效应的产生,使得不公平的现象不断恶性循环。社会的正向风气被破坏,"拼爹""拼背景"的现象越加风靡,学生群体专心治学、发奋治学的动力被破坏,弱势群体的自信心不断受挫,这种不公平的现象容易导致他们的心理受到创伤,成长方式被扭曲。

家庭经济条件好、父母收入高并不代表你在择业过程中拥有绝对的优势,更多是在试用期工资较低的时候,你的生活过得比别人滋润一点,正确的做法是把多余的收入最大限度地用于学习和创新,而不是享乐。

二、家庭软环境

一般而言,父母的受教育水平高,其对子女的教育期望也高,在支持子女受教育方面具有更高的积极性。文化水平较高的父母在子女的学习过程中能够给予更多的帮助指导。而未受过教育或者教育水平不高的父母,对教育与个体发展的关系缺乏认识,对子女接受教育体现出较小的积极性,因此对子女学习提供的支持很少甚至不支持。

另外,父母(长辈)的"三观"(即世界观、人生观、价值观)对孩子学习与择业的影响也是巨大的。例如:父母如果认为好的工作就是稳定,最好是能去政府机关单位,找一份"铁饭碗"的工作,那么他们就会极力推荐,甚至托关系,让孩子进入这样的单位,而孩子如果想进入普通民营企业或者初创型公司,往往得不到父母的支持。[1]

---

[1] 邱仲潘,叶文强,傅剑波.大学生职业生涯规划[M].北京:清华大学出版社,2017:148-151.

【课堂活动】

画出你的家庭支持系统图

请根据个人实际情况,在图 5-10 的基础上,增加或减少图中的框或圆,从而画出属于你的家庭支持系统图;然后,在每个方框或椭圆图中填写每个人的"职业"以及他们所拥有的,能支持到你的"资源"。

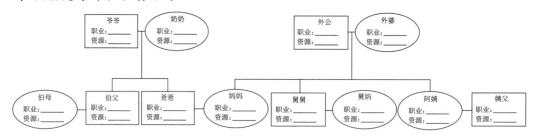

图 5-10　家庭支持系统图

说明:

(1)上图只是例图,除了图中这些有血缘关系的重要他人外,实际生活中,我们还会有朋友关系、同学关系等非亲属关系的重要他人。

(2)可用实线表示彼此之间的亲属关系,虚线表示非亲属关系;方框代表男性,椭圆代表女性。

(3)要知道,除了"我"有各种关系的重要他人,你的每一个家庭成员也都有属于他们的重要他人,如果他们的重要他人能支持到你,也请在图中标示出来,如"爸爸的好友张叔叔"。

(4)图中的"资源",应从广义角度去发现,你生命中遇到的每个人都拥有自己生存和发展的资源,除了经济资源、人脉资源、社会地位、影响力等这些外显资源外,更重要的还有其他内隐的人生财富,如:知识和技能、阅历和见识、智慧和思考、道德和品质等。所以,如果你用心去了解图中的每个人,你可以从他们身上或多或少地发现资源,这些资源也许就可以支持到你的生涯发展。

发现和思考[1]:

在完成这幅支持系统图之后,请回答以下几个问题:

1.我的家庭中最多人从事的职业是什么?

2.我想要从事这种职业吗?为什么?

3.父母如何形容和评价他们的职业?他们平时还会提到哪些职业?他们的想法对我的影响是什么?

4.在支持系统图中,还有谁对职业的想法对我影响深刻?他们的想法是什么?对我

---

[1]　林奇清.大学生职业生涯规划与管理:我的生涯,我作主[M].北京:科学出版社,2016:35.

的深刻影响又是怎样的？

　　5.我觉得我的支持系统中的人对我未来选择职业的影响是：

　　(1)哪些职业是我不考虑的,为什么？

　　(2)哪些职业是我渴望的,为什么？

　　(3)选择职业时,我还重视哪些条件？

第6章

创新思维与创意生涯发展

【教学目标】

通过本章的教学,学生应该能够:

1.理解创新思维的含义与实际意义,树立创新的信心;

2.理解创新思维对职业生涯规划与持续发展的作用;

3.理解并运用创新思维的基本方式。

【教学内容】

第一节　大学生与创新思维

【名人名言】

处处是创造之地,天天是创造之时,人人是创造之人。

——陶行知

【案例导入】

我院机械与自动化工程系 2013 级数控技术学生冯求武、杨世文、沈木树设计制造的"壳体类多功能机床夹具",在 2015 年 10 月 25 日闭幕的第十届全国高职高专"发明杯"大学生创新创业大赛上发挥出色,最终获得发明制作类一等奖的佳绩,如图 6-1 所示。

本届大赛共有来自全国 19 个省市的 58 所知名高职院校参加(全国示范校近 20 所),参赛作品共 1319 件,我院学生参赛作品结合教学改革实际需要创新开发的"壳体类多功能机床夹具",不仅能代替传统平口虎钳的功能,还能根据产品的结构特点满足多功能装夹的加工需求,装夹过程快捷高效、省时省力,将来可实现与机床的互联互通程序自动控制装夹,还可通过与工业机器人配合实现机床间的物料工件传送的柔性控制,夹具的设计理念完全符合中国制造 2025 产业升级改造的需求。该作品得到各界评审专家的充分肯定与好评。

图 6-1　获奖证书

一、创新思维的含义与意义

大家对常规思维都比较熟悉,也运用得比较多,常规思维是遵从已有的、普遍运用的思路和方法来解决问题,或面对问题安于现状,并未思考可以如何更好地解决。很多人是常规思维占主导,没有充分地运用创新思维。那么什么是创新思维呢?创新思维是对现有的认识和实践的升华,突破现有的常规思路,以新颖独特的思路或方法探索未知领域或解决已有的问题,从而创造新的有价值的物质或精神产物的思维过程。创新思维是指人们展开想象力和好奇心,不断以新颖的思考方式来解决问题,通过这种思维可以突破常规思维的界限,以超常规或反常规的视角去思考问题,提出与众不同的有效解决方案。

实践证明,开发人们的创造力有助于促进科技领域的发现和发明,有助于工商企业工作效率和管理水平的提高以及新产品的开发。大学生开发创造力,有利于毕业后尽快适应工作环境,将所学知识灵活运用于工作实践中,在工作中脱颖而出。

二、创新的普遍性

(一)处处可创新

创新可大可小,并不仅仅是惊天动地的发明创造才是创新,有利于改善个人学习生活、做好工作,有利于服务他人和社会的新方法、新技术、新产品、新服务等,都是创新的方向。生活工作中的创新并不都是高难度的技术研发,有很多新方法、新思路等着你去发现。例如,一个"小缺口"很好地改进了油漆桶的一个不足之处,是很有市场价值的创新。

图 6-2 油漆桶的创意(图片来源于网络)

医院有种昂贵的核磁共振成像仪,检查时,病人要在狭小的空间里一动不动大概15分钟,而且有噪音。很多儿童非常害怕做这个检查,要使用镇静剂才能完成检查,而镇静剂是有副作用的。

核磁共振成像仪的设计与开发者——道格·迪亚兹非常希望解决这个问题,对核磁共振成像仪进行了一番改造——并不是深奥的技术层面,而是将核磁共振检查设计成"历险"体验活动,将检查室和仪器都装饰成了有趣的儿童历险公园,还为医生准备了引导儿童的剧本,共有9种不同的"探险"系列,比如海盗船系列、宇宙飞船系列。该方法在试用的医院收到了很好的效果,儿童使用镇静剂的比例从80%降低到10%,甚至有儿童问:"明天还能再来吗?"

(二)人人可创新

在许多人心中有一种误解:只有天才人物或者科学家才具有创新能力。这种误解既是给自己画地为牢,浪费了宝贵的创造潜力,又是循规蹈矩的借口。创造学和心理学的研究表明:人人都或多或少有创造力,当然,与其他能力一样,创造力也需要开发,创新能力是可以培养的,这主要是要培养右脑的功能。斯坦福大学教授、创造力课程的优秀教师蒂娜·齐莉格在其著作《创意力:11堂斯坦福创意课》中写道:"根据我十多年从事创造与创新教学的经验,我可以肯定地讲,创新思维是可以培养和提高的。"

心理学家莫顿·列兹尼科夫、乔治·多米诺等人组成的研究团队,曾研究了117对15~22岁同卵和异卵双胞胎的创造能力。经过10个创造力测试,研究人员发现,这些双胞胎在创造力测试中的表现,只有30%是由遗传因素决定的。与之形成对比的是,在一般性智力测试(IQ测试)中,80%~85%的表现都由遗传因素决定。因此,一般性智力(IQ)较依赖于先天的禀赋,但是创造力则不是,后天可培养的空间非常大。诺贝尔奖得主、神经科学家埃里克·坎德尔曾说过:"大脑是一台创意机器。"

还有另外6个针对同卵双胞胎的创造力测试也证实了以上结论:人的创造行为只有25%~40%是由遗传因素决定的。这意味着,其余2/3的创新技能是后天学习的。

而且心理学研究还指出,创造力是一种特殊的心理能力,人的记忆力在25岁左右开始衰退,但创造力到80岁左右借助训练还有可能得到加强。

【案例分享】

"蓝领先锋"追梦人——盖军衔

在厦工人心目中,盖军衔是一个传奇。1975年参加工作的他,原是厦工装配车间的一名普通钳工,但他不满足于"递扳手"的角色,而是勇敢地向技术和知识进军。通过几十年如一日的学习钻研和创新进取,他成为名副其实的知识型、技能型、创新型职工,实现了从一名普通工人向掌握现代工程机械技术的高级实用型技能大师的跨越。据统计,他为企业主导产品的生产制造解决了近百项技术难题,仅改进装载机电路设计一项每年就可为企业节约成本200万元以上。

三、大学生创新思维的特征

大学生是思想活跃、富有创造力的群体,通过对自我和他人的分析,你觉得大学生的创新思维有哪些特征呢?

(一)充分具备创新思维的基础

创新思维是在常规思维基础上发展起来的,大学生的思维能力处于一生中的高峰水平,各种思维方式趋向完善,充分具备创新思维的基础。随着年龄的增长和教育的积累,大学生掌握和运用的抽象概念越来越多,抽象逻辑思维占主导地位。大学生的辩证逻辑思维也趋向成熟,能够更全面地、发展地看问题。

(二)思维灵活开放,进取求异

大学生的创新思维较活跃。大学生好奇心强,接受新生事物快,求异猎奇,追求个性和新意,具备良好的创新思维潜力,同时,大学生的思维有较鲜明的独立性和批判性。大学生常试图用自己的思路去解决问题,且对于落后、保守或不合理的东西,勇于展开争论辩驳,进行批判,但还需要加强培养创新思维和创新技法。

(三)创新思维方式有系别差异

横向来看,大学生的创新思维方式有系别的差异。有的专业内容比较抽象,学生主要运用抽象逻辑思维,而有的专业(如艺术设计类、学前教育)的学生更多地运用形象思维,锻炼了较高的视觉表象、动觉表象的感知和贮存能力。而且由于学习的专业化,思维受其学科限制,一般来说会导致发散思维减弱,聚合思维增强。因此,大学生创新既要运用自身擅长的思维方式,也要有意识地运用多种不常用的思维方式,提高创新思维能力。

(四)理论和实践基础还较薄弱

一方面,大学生的理论知识和社会经验还较少,创新思维的基础比较薄弱,对问题缺少深入的分析,创新思维的成果可能不成熟或价值不大。但是从另一方面来看,这也使得大学生受到的经验束缚较小,有利于创新。

(五)创新思维有很大发展空间

大学生要认识到自身有良好的创新思维基础和潜力,正处于最富有创造力和学习能力的阶段,创新思维有非常大的提升空间。即使目前创新思维水平不高,但这是可以通过学习、训练、运用加以提高的。

【案例分享】

2021年7月3日至9日,中美青年创客大赛分赛区选拔赛以线上的方式举行。我校两个参赛项目分别获得厦门分赛区、海口分赛区选拔赛的三等奖。

两个获奖项目来自电子系。"猫咪流浪救助站"(团队成员:蔡祎凡、上官炳桂、赵航湛、刘建林,指导老师:康凌)项目获厦门分赛区选拔赛三等奖,该项目关注社区流浪猫问题,将人工智能技术应用于大学生创客作品中。

"弘毅"(团队成员:青年教师连壮,学生庄鸿展、阮克锦,指导老师:郑子伟)获海口分赛区选拔赛的三等奖,该项目为师生共创的项目,开发的智慧设备综合管理云平台可对设备进行全程跟踪管理,实现设备综合管理工作的信息化、规范化与标准化。

中美青年创客大赛是由中华人民共和国教育部主办的一项国际性赛事,通过比赛的形式促进中美两国创客文化与生态的建设。大赛以"共创未来"为主题,倡导参赛者关注社区、教育、环保、健康、能源、交通等可持续发展领域,结合创新理念和前沿科技,打造具有社会和产业价值的全新作品。

图 6-3　获奖证书和奖杯

【小贴士】

创新就在你的身边,各个专业都可以在学习和今后的工作中进行创新。

更多的大学生/青少年发明案例,请扫以下二维码:

四、影响创新思维的因素

(一)发挥创新思维的积极影响因素

良好的知识基础、好奇心、毅力等有利于发挥创新思维,创新思维的积极影响因素包括:亟待解决的问题激发创新思维,广博的知识和求知欲为创新提供更多可能,对周围环境的高度敏感和好奇心激励创新思维,形象化的呈现方式促进创新思维,开展讨论可以刺激创新思维,理想信念和毅力有利于发挥创新思维等。

培养观察能力,提高对周围环境的敏感度将能让你抓住更多的创新机会。有两条小鱼在一起游着,一天它们遇到一条老鱼。老鱼向它们打招呼说:"早上好,今天的水怎么样?"这两条小鱼继续往前游,其中一条小鱼想了很久终于问另一条小鱼:"水是什么东西?"

很多人像故事中的小鱼,无视生活中真正重要的东西,不知"水"为何物。我们自认为对这个世界非常熟悉,生活在我们面前透明得像块玻璃,我们熟视无睹。其实生活中有很多宝藏,深入观察生活,才能在工作中有新发现,找到新方法,甚至是带来创新创业项目。

【案例分享】

大卫·弗莱德伯格是谷歌公司的前产品经理,他每天开车去上班时都要经过一家小型的自行车租赁店。他发现,只要一下雨,这家店就会关门。这让他想到很多地方,比如农场、滑雪场的生意都会受到天气的影响。于是,大卫觉得可以创业开一家天气意外保险公司,并取得很大的成功。

大卫在日常工作生活中,随时随地有创新的意识,并用创新的眼光看待事物,这为他的职业发展带来了重大的转折和机遇。

好奇心也是创新的重要起点和动力。好奇心会诱导我们去探索、去研究,它可以使人孜孜不倦地对事物进行观察、分析、研究,不断发挥创新思维,也许起初并不是为了得到某个研究成果,但是随着研究的深入,逐步带来了创新成果。永不满足的好奇心和广泛的兴趣爱好可以激发你去敲开创新的大门。

【案例分享】

我是通信19A班的刘青,我一进大学就要求自己一定要把本专业学好,而且要多尝试新事物,因为我不希望自己荒废时间,同时我有很强的好奇心。所以,我刚入学后就参加了很多比赛,比如演讲比赛、英语技能比赛等,我都是以学习的态度和多体验尝试的好奇心来做这些事,没有其他太大的思想压力。

我的兴趣爱好很广泛,如计算机技术、舞蹈(九级)、绘画、钢琴、写作、摄影等,我还在不断学习新事物。比如由于我还喜欢写作、设计,我觉得这可以跟微信公众号运营相结合,而且微信公众号的运营挺有挑战的,也需要创新,我对此很好奇,我就找书来学习。后来,学校图书馆有相关招聘,我成功应聘,管理图书馆的公众号近一年,在摸索中有所创新。

在专业学习上,我刻苦训练基本功,并且不断挑战自我和创新。例如,在2021年11

月的一带一路暨金砖国家技能发展与技术创新大赛国内赛中,我和方佳萍组成的团队在"5G网络建设与运维技术应用赛项"中获得二等奖。

图6-4　一带一路暨金砖国家技能发展与技术创新大赛合影

我获得的其他奖项还有:2021年第八届大唐杯全国大学生移动通信5G技术大赛国赛二等奖;2020年第四届"经世IUV杯"通信网络部署与优化设计大赛5G移动通信应用竞赛省赛(高职预赛)一等奖;2020年第十一届"挑战杯"福建省大学生创业计划竞赛金奖等。

我的职业目标是通信工程师,可以让我接近目标的各种途径,我都会去探索和实践,无论是通信技术的发展还是职业发展,创新永远在路上。

创新也离不开理想信念和毅力的支撑。理想像罗盘一样指导着人的社会活动和精神活动。创新的过程往往充满艰辛,基于个人或社会的理想信念能给人以强大的精神支撑,给人以战胜困难的勇气。创新要有信念的发动,我们需要了解自身的理想信念,认识它们,坚定它们,才能在创新中坚定地走下去,这其中,顽强的毅力也是不可缺少的。

【案例分享】

我很荣幸于2021年12月参加学校的"云顶星榜样"大学生青年榜样分享会,分享了自己从职业技能"小白"到专业竞赛达人的科技创新之路——我是以优秀校友盖军衔为榜样的机械专业学子曾林伟(机电19A)。

我一向认真学习和积极参加专业技能比赛,我在中职时便获得了全国职业技能大赛三等奖,之后免试入读城院,并获得全额奖学金。我大一的成绩达到班级前5%,又继续获得全额奖学金。跟我同一批入学的获得全额奖学金20几人中,我是唯一连续两学年都获得全额奖学金的同学。

我来到城院后,一直把盖军衔当作我的榜样,他精益求精、勇攀技术高峰,心系祖国发展,三上南极,这些都深深感染了我,让我明白了无论是在哪个岗位,只要树立了要为国家发展做出贡献的志向,踏踏实实学好技术本领,追求卓越、不断创新,每个人都可以尽自己所能做出不平凡的贡献。校长在开学第一课上也告诉我们要"把心放好、把事做好、把话说好"。我一直把盖军衔精神和城院"三好人"的要求作为自己的行动指南,通过三年的努力也取得了一定的成绩,我会继续奋勇拼搏。在理想信念的鼓舞下,我不断钻研专业技术。我充分利用课堂上的时间认真听讲,把每一个专业知识点学透,不懂的及时请教老师。平常有时间,我就去实验室进行实操,把理论与实践相结合。

图 6-5　分享会现场

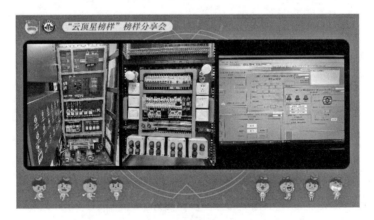

图 6-6　现代电气控制系统安装与调试设备

　　参加技能大赛,需要非常有毅力。一般最开始的备赛训练是先把基础打好,熟练掌握设备的每一个功能。从题库里最简单的题目开始做,这样一遍又一遍的训练,每一轮训练后都会有很大的提升。平常训练时不怕出问题,训练时暴露的问题越多,在赛场上随机应变的能力越强。对问题要及时总结和请教老师,想办法在下一套题目的训练中完善。

　　多尝试不同的解决方案和训练方法,结合与往届选手以及校外比赛选手交流的经验,多反思、多创新。我积极通过参加比赛锤炼自己的专业技能,并且也逐渐提升了创新思维和应变能力。

(二)克服创新思维的消极影响因素

创新并不是高不可攀的事,每个人都有创新的能力。但是有很多时候我们因为经验、权威言论等因素而束缚了创新的思维,捆绑了创新的手脚。

影响创新思维的消极因素如:常规的工作方式以及由此形成的惯用的思维程序阻碍了创新思维,虽然面对的情境已经改变了,但是人们往往习惯用老方法;从众心理阻碍创新思维;不加批判地相信权威人士或书本,削弱独立思考能力和创新思维;传统习惯的禁锢使人麻木;不够自信、没有主见、无法抵抗外界压力等不利于创新的心态等。

以上提到的消极因素其实就是思维定式。思维定式是指按照思维活动经验、自己或外界默认的前提假设,形成比较稳定的、模式化的思路和程序。自己先前积累的或者前人的知识、经验、习惯,使人经常按某种方式或按照不由自主默认的前提假设来思考问题,会使人们形成思维的"枷锁",从而影响对新问题的分析、判断。必须尝试怀疑和改变惯常的思维方式,打破传统思维的桎梏,才能有所突破和创新。

思维定式对创新思维有很大的阻碍作用,容易使人思想僵化、思维方法单一、因循守旧、没有主见,逐渐失去创新意识,慢慢变得"凡事司空见惯,总认为事该如此,无动于衷,随大流",这样是很难创新的。思维定式就像创新前给自己戴上了镣铐,它会限制我们的创新,我们要增强对思维定式的觉察,并且有勇气打破思维定式。比如,要有勇气打破从众心理。

【案例分享】

鸿运集团是一家大公司,在同一批进去的几十个实习生中,徐继兴的表现不算突出。面对激烈的竞争,他能留下来转正的希望很渺茫。但他抓住董事长巡查基层工作时几十秒的对话机会,打了一个漂亮的翻身仗。

一般来说,新人看到领导的自我介绍都是千篇一律的模式:"我叫……毕业于某学校某专业……"但徐继兴却激情饱满地说:"董事长好,我是新人徐继兴,继承的继,兴旺的兴,谐音'吉星'。能来鸿运集团实习对我来说是'鸿运当头',我也希望能为公司带来'吉星高照'般的好运气!"一席话,不卑不亢,坦然自若。

实习结束后,留下了3个人,徐继兴便是其中一个。一个月后,徐继兴在楼梯间遇到董事长,没想到董事长张口就叫出了徐继兴的名字。董事长说:"你能留下,是因为我想看看这个'吉星高照'的年轻人能带给我们怎样的好运气,你要好好努力。"

徐继兴的自我介绍不仅令人印象深刻,更让人看到了他的用心、自信和创新,真正发挥了自我介绍的作用。(案例删减自《会说话是本能 说得好才是优势》,蔡庆龙、沈慧著,2020.6)

从以上案例可看出,传统的、习以为常的方式并不就是最好的,我们需要增强对生活现象的反思和对思维定式的觉察。而且,还要小心权威人士对我们造成的束缚,权威人士的论断并不都是对的,不能盲目相信各种大大小小的权威人物而放弃独立思考与创新,这一点也可以以史为鉴。

【案例分享】

(飞机)是有趣的玩意儿,但无军事价值。

——马雷夏尔·费迪南·福什,高级军事学院院长暨战略学教官,1911 年

尽管电视也许在理论上和技术上是可行的,但从商业和资金方面来讲,我认为不可能,对这方面的发展我们还是少浪费梦想的时间吧!

——李·德福雷斯特,《纽约时报》,1926 年

人绝对登不上月球,不管将来科学多么先进。

——李·德福雷斯特,《纽约时报》,1957 年

没有理由要每个人家里有一台电脑。

——肯·奥尔森,数字设备公司总裁,1977 年

【小贴士】

我们相信权威,因为我们认为权威等于正确,因此选择相信权威将对自己有利,但是问题在于权威未必是对的。

【课堂活动】

大家熟悉的电风扇、电视、手机等都是创新的产物,而且还在不断更新换代,想一想自己小时候或更早的年代中,这些物品是什么样的,而如今有哪些创新之处? 未来还可以如何改进呢?

如今手机的创新之处:＿＿＿＿＿＿＿＿＿＿＿＿＿＿＿＿＿＿＿＿＿＿＿

＿＿＿＿＿＿＿＿＿＿＿＿＿＿＿＿＿＿＿＿＿＿＿＿＿＿＿＿＿＿＿＿＿＿

对手机的创意设想:＿＿＿＿＿＿＿＿＿＿＿＿＿＿＿＿＿＿＿＿＿＿＿

＿＿＿＿＿＿＿＿＿＿＿＿＿＿＿＿＿＿＿＿＿＿＿＿＿＿＿＿＿＿＿＿＿＿

生活中还有发现哪些让你欣赏的小创意吗? (如有新意的学生活动、商店、广告、日用品、美食、影视作品、游戏、建筑物等)

我发现的创意:＿＿＿＿＿＿＿＿＿＿＿＿＿＿＿＿＿＿＿＿＿＿＿＿

＿＿＿＿＿＿＿＿＿＿＿＿＿＿＿＿＿＿＿＿＿＿＿＿＿＿＿＿＿＿＿＿＿＿

＿＿＿＿＿＿＿＿＿＿＿＿＿＿＿＿＿＿＿＿＿＿＿＿＿＿＿＿＿＿＿＿＿＿

第二节　创新思维与职业发展

【名人名言】

有些人只看见事物的表面,他们问"为什么",而我却想象事物从来未呈现的一面,我问:"为什么不?"

——乔治·萧伯纳

一、创新思维对职业发展的意义

市场环境日新月异,作为即将步入职场的大学生,职业发展的机遇和平台也在变化。如何提升职业发展中的核心竞争力呢? 除了提高专业能力外,通用能力中的创新能力也是非常关键的。当今社会已经进入创新时代,各行各业都需要创新才能更好地生存和发展,创新型人才越来越受到企业的青睐。

创新思维对职业生涯的发展将起到巨大的助推器作用,创新思维带来的工作成果与成就往往是常规思维无法替代的。世界著名投资大师罗杰斯曾在自己的著作《投资大师罗杰斯给宝贝女儿的12封信》中写道:"不要让别人影响你。假如周遭的人都劝你不要做某件事,甚至嘲笑你想去做这件事,这件事其实可能是会成功的。这个道理非常重要,你一定要了解:与众人反向而行需要勇气。事实上,世界上从不曾有哪个人只靠'从众'而成功的。"

【案例分享】

黄达刚加入某大型集团采购部时,他像所有新人一样,也渴望被发现、被重视。但随着时间的推移,他发现达到这个目标也是需要方式方法的。

虽然公司会定期鼓励大家提管理意见,但能被采纳的极少。于是黄达不局限于如何用书面或口头的方式提出精彩的意见,他决定换一种特别的方式。

他借着公司"降本增效"的主题,策划了一个办公用品展。他把展览海报设计得非常独特,吸引力大量员工参观,其中不乏公司领导。

黄达把从全国各个分公司收集来的办公用品都汇集在一起,他以讲解员的身份向领导介绍这些办公用品的来源,以及参差不齐的价格。大家惊奇地发现,光是手套就采购了上百种。黄达现场粗略测算出:如果总公司能以集中采购再分别发货的方式,不但可以节约人工成本,更可以节约近五十万元。小小的手套能节省这么多钱,真是细微之处见真章呀。

活动深深触动了领导,他当天就任命黄达为采购部副主管。黄达的职位连升了三级。(案例删减自《会说话是本能 说得好才是优势》,蔡庆龙、沈慧著,2020.6)

二、职场创新的心态

图 6-7 职场创新的心态[1]

也许你会有图 6-7 中的想法,但是要小心,这些阻碍自己创新的观念可能会让你无法发挥创新潜力,在工作中难以脱颖而出。用创新的心态来工作,才能有效解决问题、做出特色、做出成果。也许在职场中,有各方面的约束和条件限制不利于创新,如时间限制、资金限制、人才短缺等,但这些因素更加迫使你必须要创新,才能更好地解决当前的不利因素。

某心理专家小组以实际从事创造工作的人与不从事此类工作的人为对象进行调查研究,得出如下结论:"富于创造力的人,认为自己具有创造力;缺乏创造力的人,不认为自己具有创造力。"人的创新潜能具有普遍性,所以,我们要解除对创新的误解,要有创新的心态和意识,才能成为有创新能力的人。正如振华重工原董事长宋海良先生在节目《中国正在说》中所感慨的:"把创新当习惯,把创新当文化。"

无论在学校还是步入职场,创新并不是做完工作后再做的事,而是你的心态和工作方式。只要有创新意识和积极的工作态度,即使从事最平凡的工作,也能从中发现乐趣,并做出引人注目的成绩。创新,不仅指发明新的产品和服务,还要找到一种方法来增加你所在组织的价值以及你个人的价值。无论你身处什么行业、组织、岗位,无论你是就业还是创业,你都有机会通过创新来更有效地解决问题、发展事业甚至造福社会。

---

[1] 图片来源:陈工孟.创新思维训练与创造力开发[M].北京:经济管理出版社,2016:33.

【案例分享】

　　《请停止无效努力——如何用正确的方法快速进阶》一书的作者孙圈圈,曾在上海遇到一位令她佩服不已的出租车司机,以下图文摘自孙圈圈的微信公众号:

　　上周出差,我叫了一部出租车去虹桥机场。上车之后,司机就跟我闲聊,得知他的生意好到来不及接,昨天一天就去了6趟机场,上个月还去了3趟舟山。

　　原来,这个司机有很多高招。

　　副驾驶座位前有个简易电脑桌,往返机场的客人,都是商务客,这个特别受欢迎。他还每天买一小束白玉兰挂在车上,难怪我发现有一股很自然的香气。

　　接下来还有让我惊叹的很多东西:

　　有个便携烧水壶,需要喝热水也没问题,后备箱的小冰箱有啤酒饮料。

　　有泡功夫茶的茶具,如果你长途包车,在收费站休息的时候,可以泡茶。

　　车上还有一个电源插座,可以给电脑充电。

　　晕车药,风油精,呕吐袋,免费Wi-Fi……

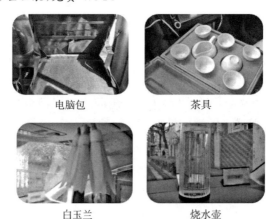

电脑包　　　　　　　　茶具

白玉兰　　　　　　　　烧水壶

图6-8　出租车上的物件

　　作为一个咨询顾问出身、现在做互联网教育、天天把用户挂在嘴边的人,完全没想到还有这种做法,把出租车做成了房车……

　　但是,有多少人会长途包车呢?

　　他说:"每周至少1次长途包车。我是海钓俱乐部的VIP。舟山那边有一个无人岛,游客上不去,只有我能包下一条船,开进去。"

　　他接着说:"你想象一下啊,你包一艘船,去一个无人岛,你可以在那里钓鱼、看海景、吹海风。然后,你可以直接在岛上支起一口锅、摆一桌酱料,对着大海吃火锅。"

　　然后我问他:"那都有谁找你包船呢?"

　　他说:"做金融的人最多,我带他们和客户一起去,只要去过一次,他们的客户一定会上瘾,还会去第二次,那么他们拿下这个客户的生意就容易多了。而且岛上哪儿都不能去,大家对着海景聊聊天,感情也好培养。我的乘客工作业绩好,我也能轻松赚个长途车费,还能一起去钓鱼,兼顾自己的爱好!"

这位师傅每个月赚的钱是一般出租车司机的 2～3 倍,但工作时间只有一般时长的 60%～70%,而且工作很有成就感。

【小贴士】

创新扎根于基层,即使小人物也可以创新。

三、未来职业世界对创新的要求

创新能力是现代社会生存和发展的重要能力,如果每个员工都没有创新意识,企业将失去创造力和竞争优势。面对不断变化的社会环境,墨守成规的个人和组织与富有创新精神的对手差得越来越远。世界管理大师彼得·德鲁克就曾说:"不创新,就死亡。"

世界知名 500 强大公司都很注重员工的创新能力,因为创新才可以使技术、产品和服务领先,并且与众不同。

全球经济论坛于 2016 年 7 月发表的 *The 10 Skills You Need to Thrive in the Fourth Industrial Revolution*(《第四次工业革命你需要发展的 10 大技能》),对比了 2015 年排名前十的技能与预期 2025 年排名前十的技能,创新能力的需求由第十名一跃升到第三名,第一、第二名分别是解决复杂问题的能力与批判性思维,可见,要想在未来的职场中拥有强竞争力,创新思维不可或缺。

如今,科学技术和社会发展日新月异,中国从"世界工厂"到"世界市场",从"中国制造"到"中国智造",大学生要培养什么样的能力才能更好地满足社会和市场的要求?你可以说出很多重要的职业能力,其中创新能力是越来越受重视和欢迎的能力。

机器已经逐渐取代我们的体力劳动和脑力劳动,如果我们能做的工作都是机器可以完成的,那么就要有很大的危机感。2021 年 4 月,习近平总书记针对全国职业教育大会作出重要指示,强调要加快构建现代职业教育体系培养更多高素质技术技能人才、能工巧匠、大国工匠。要实现从"工"到"匠"的迭代,实干创新是核心推动力。

【案例分享】

2020 年第十一届"挑战杯"福建省大学生创业计划竞赛中,我校的"智量星——智能计量无人化推动者"(团队成员:苏泉基、梁一涛、杨意萱、刘青、杨泽祥、张路、俞碧雯、章恒超,指导老师:俞涵)项目荣获金奖。传统的汽车称重等采用地磅称重,比较麻烦。该项目的创新之处是采用人工智能和物联网,运用高精度的触摸屏装载重电子秤等新技术,建立大数据平台。因此,可以提高称重效率、减少工作人员及降低劳动强度。

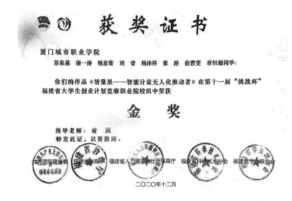

图 6-9 "智量星——智能计量无人化推动者"获奖证书

无人工厂、无人超市、无人餐厅、无人码头、无人酒店……未来社会和科技对传统职业将有巨大的冲击,有的职业甚至会消失,很多职业要被重新定义。著名的商业思想家丹尼尔·平克于 2005 年在其著作《全新思维》中就提出,在 21 世纪,软件正取代我们的大脑,至少取代我们大脑中负责线性思维、循规蹈矩、推理分析的那部分,比如,一个会计将面临来自智能软件的挑战,这些软件可以以更低的成本、更快的速度完成常规的简单重复的工作,这些在如今已成为现实。创新将是人们越来越核心的竞争力。

【案例分享】

"我们预计到 2025 年,基础财务可能会被机器人替代。"这可不是危言耸听,它出自一位行业专家之口。

德勤会计师事务所是世界四大会计事务所之一,德勤于 2017 年 6 月率先推出财务机器人产品,"小勤人"机器人几分钟就能完成财务几十分钟才能完成的基础工作,且可以 7×24 小时不间断工作。

德勤智能机器人可以将财务人员从烦琐的重复劳动中解放出来。现在只需要财务人员把增值税发票放入扫描仪中进行扫描,剩下的工作全部都由"小勤人"完成了。不到一分钟时间,"小勤人"已经成功查验了一张发票并在 Excel 表中登记了结果。一个"小勤人"3～4 个小时就完成了一个财务人员一天的工作。财务人员可以把更多的精力放到沟通交流和分析的工作中去,财务岗位将被重新定位。

央企中化国际(控股)股份有限公司财务共享中心选择了机器人帮助提升税务及财务工作效率,在降低人力时间成本、提升工作质量等方面收效明显。

长沙智能制造研究总院双创服务部部长曾伟表示,人工智能目前并不会完全替代传统会计人员的工作,企业所需的预算、成本控制、合理避税等更高级别的工作仍需专业财会人员。

【小贴士】

人工智能并不是为了取代人类,而是帮助人类从烦琐的重复劳动中解放出来,关注更高价值的、更需要创造力的任务。

【案例分享】

林琅是公司财务部的预算管理人员,她发现销售部最近半年的样品茶叶消耗量非常大。林琅就此事跟多名业务员沟通,他们大倒苦水,每次跟潜在客户联系时,对方都会说:"把你们的茶叶寄个样品过来。"这导致样品成本上升,可是谈成的生意反而更少。客户收到样品后,如果觉得茶叶好会通知我们,多数要来回面谈沟通好几次,才能成交。

林琅给出建议:"既然不接触就成交的情况并不多见,不妨把销售过程中的一个环节提到前面来,就能貌似没有拒绝要求,又能甄别出真正的客户。可以这样说,我们以前经常给客户快递样品,但是效果不好,您看这样可以吗? 您如果需要茶叶,我带茶叶过去拜访您,亲自和您沟通。"

后来,业务员按照林琅的话术沟通,果然反馈很好。与此同时,茶叶样品的成本立马降了下来。这件事随之被整理成案例,在财务部的会议上分享。(案例删减自《会说话是本能 说得好才是优势》,蔡庆龙、沈慧著,2020.6)

【拓展资源】

节目推荐:《机智过人》

央视 CCTV-1 的节目《机智过人》,是国内首档聚焦智能科技的科学挑战类节目,是全球顶尖人工智能研发精英和科技项目的巅峰盛典,从节目中可以了解更多最新的人工智能技术及对人类职业的挑战。观看节目请扫二维码。

请扫二维码

好书推荐:《全新思维:决胜未来的 6 大能力》

《全新思维:决胜未来的 6 大能力》(见图 6-10)由浙江人民出版社出版,作者是全球著名商业思想家丹尼尔·平克,他阐述了未来社会所需要的全新的思维能力。近一个世纪以来,社会被一种过于简单和重分析的思维模式所统治,使得这个时代到处都是"知识工人",然而我们不得不面对的是,某些工种将在强大的技术力量面前逐渐弱化和消失。未来将属于那些拥有与众不同的思维的人,"左脑"统治的以逻辑、线性、计算能力为主的"信息时代"即将过去,取而代之的是一个以创意、共情、娱乐感和意义追寻等"右脑"能力为主导的"概念时代"。

图 6-10 《全新思维》

【课堂活动】

小组讨论与分享:本专业领域的创新发展成果与展望。

第三节　创新思维的基本方式

【名人名言】

若无某种大胆放肆的猜想,一般是不可能有知识的进展的。

——阿尔伯特·爱因斯坦

一、创新思维的三个内在要素

一个创造性的想法在产生之初所依据的知识和信息一般都是比较少的,或是所依据的前提假设是不充分的,这个创新想法尚不能得到有效的支持。根据莱布尼兹提出的一个逻辑思维的基本规律——充足理由律,不符合充足理由律的是非逻辑思维,如猜想、想象、直觉、灵感等。非逻辑思维在创新思维中起着重要作用,尤其是在创新想法的提出阶段。之后,还要通过逻辑思维对之加以检验、论证。

逻辑思维、非逻辑思维以及知识是创新思维所必需的三个内在要素。有了非逻辑思维能力,人的思维就能超越已知的领域向未知的领域探索。有了逻辑思维能力,人们提出的创新想法才能得到进一步的证明和完善。当然,还要有丰富的知识作为原材料,人的思维才有基础和内容。

我们一直以来都重视学习知识和培养逻辑思维,这是我们思考和解决问题所必需的,也是创新思维的基础,所以常规思维是必要的。但是,一味吸收知识和运用逻辑思维使人们在原地打转,不容易点燃创新思维。要调动创新思维,就必须敢于突破现有的知识、规则、权威等,善用非逻辑思维,打破思维定式,激发出独特的想法,创造性地解决问题。凡事问问自己:难道只能这样吗? 还能做哪些尝试和优化?

二、创新思维的基本方式

(一)发散思维

"5+5 等于几?""几加几等于 10?"第一个问题的答案很明显,但是第二个问题的答案就非常多了,要回答第二个问题需要你的思维发散开来。发散思维是在思考时,充分发挥想象力,从一点向四面八方展开设想,它没有一定的方向,也没有范围限定,帮助人们找出更多更新的假设或解决方案。

面团加发酵剂后能烘烤成面包,运用发散思维,大胆假设,有人想到要是橡皮加发酵剂会怎么样呢?结果发明了橡皮海绵。又有人想到塑料加发酵剂会产生什么呢?发明了泡沫塑料。如果继续发散下去,你还会想到什么呢?

【案例分享】

在这个日新月异新的社会,我们更加需要不断学习,提升自己的专业水平,培养至少一个专业技能。而且"艺多不压身",我们要努力成为"π"型人才,这个"π"就像两条腿走路的人,"π"下面的两竖是指两种专业技能,上面的一横指能够将多个领域的知识技能结合起来,这样才能成为更有竞争力的一专多能、多专多能的人才。

北京中日友好医院神经外科医生李锐是滑雪的狂热爱好者,在不能滑雪的季节,他也坚持轮滑训练,保持体能和对滑雪的感觉。

那么,现在来考考你的发散思维,医生的滑雪特长有什么用武之地呢?

为了2022年北京冬奥会,2018年,中国开始组建滑雪医生团队。高山滑雪项目中,运动员一旦发生伤情,通常会比较严重,这就要求医生既要具备高超的救治技术,又要掌握过硬的滑雪技术。

通过选拔考核,四十多名和李锐一样医疗技术过硬又有丰富滑雪经验的医生,组成了中国第一支滑雪医疗保障军团。一天训练6个小时,连续四周,这样高体力和脑力的训练,滑雪医生们已经持续了四个冬天。让我们致敬滑雪医生!

图6-11 医生滑雪训练(图片来源于网络)

那么,你在职场的立足之本是什么呢?你还可以再学习什么其他本领呢?可以运用发散思维让自己打开思路,打造你的那个"π",成为多专多能的人才,具有更加不可替代的优势,而且有能力为社会做出更大的贡献。

(二)联想思维

1.联想思维的含义

联想思维是指将一种事物与另一种已知或还不存在的事物联系起来。联想是创新的翅膀,联想越广阔、越丰富,越有创新的可能。贝弗里奇在其所著的《科学研究的艺术》中指出:"独创性常常在于发现两个或两个以上研究对象或设想之间的联系,而原以为彼此没有关系。"

万物皆有联系,联想思维有着广泛的基础,它为我们提供了无限广阔的天地。如果不会运用联想思维,学一点就只知道一点,那么你的知识是零碎的,派不上什么大用场;可如果你善于运用联想思维,就会由此及彼扩展下去,做到举一反三、闻一知十,触类旁通,从而使思维跳出现有的圈子,获得创新的构思。

2.联想思维的类型

(1)接近联想

接近联想是指在思考问题时,根据事物之间在时间或空间上的彼此接近的关系进行联想。

【案例分享】

2020 年下半年,由于疫情防控、部分学生离校实习等情况,就业指导课程采用全程线上课的形式。有一次,一位教师在办公室上直播课,她突然想到很多在校的同学和自己都在校园,为什么不直接做一些线下互动呢?于是,这位教师对直播课做了一些创新——邀请学生代表一同上直播课,取得了较好的效果。

(2)相似联想

相似联想是指从一个事物联想到与之相似的事物(形状、原理、性质等方面),一般两者都是现存已知的事物。

【案例分享】

动漫 15MT 班的吴雨芸,从第一份工作辞职后,处于职业转换期,闲暇时间较多,经常在家做烘焙。有一次,她在路上看到蛋糕店,突然联想到巧克力——为什么很少看到巧克力店呢?是不是可以开一家手工巧克力店?于是,这开启了她的创业之路。

经历了创业初期的种种艰辛,但她坚持下来了,并取得了一定的成功。她在抖音上发布有创意的产品视频,获得了更多人的关注。同时,她还希望在产品上有所创新,制作独特的中国风的手工巧克力。

图 6-12 吴雨芸的抖音视频截图

(3)类比联想

类比联想是由某个事物的规律或现象联想到其他类似事物的思维活动,往往联想到的事物是目前还不存在的事物。

【案例分享】

2019 级商日专业的一位同学,在大学里做的最有创意的事,是和舍友一起在学校的商品交易会做的一个项目。他发现很多人买盲盒,觉得很有趣、刺激,于是思考:是不是可以借鉴这个形式运用于商品交易会呢?而且在学校以往的交易会上还没看到这种形式。于是,这位同学和舍友又进一步思考和创新,精心挑选自己的旧物作为盲盒,其他同学花 0.5 元可买一个盲盒,活动取得了很好的效果和收益。

(4)组合联想

组合联想是指把几种事物联系起来,组合成新的事物。各种多功能的物品就是源于组合联想,例如把熨衣板的背面做成穿衣镜,可作为充电宝和化妆镜的暖手宝,将养老院和幼儿园、养老院和青年公寓进行组合带来的管理创新等。

【案例分享】

2021 年的第十四届福建省大学生职业规划大赛中,有一名选手令人印象深刻,他的职业目标,是成为一名将数学教学与绘本结合的小学教师,很有创意。最终,获得了高职组第一名的好成绩。

【小贴士】

创新不仅仅是研发新的产品,组织中的各个部门和岗位都可以结合工作需要和工作内容进行创新。

(三)逆向思维

1.逆向思维的含义

逆向思维的特征是与事物常理相悖,逆向思维在突破传统观念、打破思维定式方面是很有效的,是创新思维中最活跃的部分之一,而且常可以帮助我们将不利化为有利,比如"变废为宝""化危机为机遇"。逆向思维常常令人交口称赞,常规思路无法解决的问题,用一种相反的思路却能迎刃而解,所以应该经常提醒自己"反过来想一想"。拥有看到事物对立面的能力,为人们打开一个充满新的可能以及创新想法的世界。

2.逆向思维的类型

(1)性质逆向

根据事物的某一属性(如大与小、正与负、动与静、进与退)的反转来解决问题。

【案例分享】

洗衣机的脱水缸,它的转轴是软的,用手轻轻一推,脱水缸就东倒西歪。可是脱水缸在高速旋转时,却非常平稳,脱水效果很好。当初设计时,为了解决脱水缸的颤抖和由此产生的噪声问题,工程技术人员想了许多办法,先加粗转轴,无效,后加硬转轴,仍然无效。最后,他们来了个逆向思维,弃硬就软,用软轴代替了硬轴,成功地解决了颤抖和噪声两大问题。这是一个由逆向思维而诞生的创造发明的典型例子。

(2)功能逆向

从已有事物的相反功能,去设想和寻找解决问题的途径。例如,一般金属腐蚀是一件坏事,但人们发现可以利用金属腐蚀原理进行金属粉末的生产,或用于电镀等其他用途。

【案例分享】

德国某造纸厂,因一工人的疏忽,生产中少放了一种胶料,制成了大量不合格的纸张。肇事工人拼命想办法补救,慌乱中把墨水洒在桌上,随即用那些不合格的纸张擦,结果墨水被吸得很干净。于是,这批纸被当作吸墨水纸卖了出去。

(3)结构逆向

从事物的相反结构进行逆向思维,如内与外、上与下、左与右等。市面上就有一款雨伞,雨伞的骨架竟然是在外面,这样设计的伞好处还真不少,你能想到哪些呢? 扫描观看视频揭晓吧!

请扫二维码

(4)因果逆向

从已有事物的因果关系出发,把因变为果去发现新的现象和规律。

【案例分享】

1820 年,丹麦一位物理学教授奥斯特验证了电流可以产生磁场。后来,英国物理学家法拉第怀着极大的兴趣研究和重复了奥斯特的实验。然后他有个想法,既然电流可以产生磁场,那么磁场可能也可以产生电。在这个假设的引领下,法拉第在十年后,用实验验证了他的想法,并在 1831 年提出著名的电磁感应定律,这一定律极大地改变了现代文明的面貌。

(5)方法逆向

从解决问题的方法上进行逆向思维,例如,物理学家开尔文根据高温可以杀菌、食品经过煮沸可以保存的实际现象,发明了冷藏工艺,为人类健康做出了贡献。

【案例分享】

魏东开了一家汽车维修店,月底的时候,他会安排员工去收客户的欠款。有一次,上个月的六份账单的款都没有收回来。原来,这几份账单都是客户持有异议的。但是员工仍然是一登门就说自己是来催款的,至于客户提出的质疑,员工们坚决表示公司没有错,客户不能以此为借口拖欠款项。

魏东觉得客户都是重视信用的,他们不付款是因为公司的服务环节确实出了问题。本着这个态度,他专心听取客户的意见,并详细记录在案。待客户的情绪平稳下来,他已经清楚问题的关键所在。

他对客户说了以下两点内容:首先,这件事处理不当,使您受到许多打扰,这都是我们公司的不是,在此我深表歉意。其次,听了您刚才的叙述,我深深感到您是个正直而有耐心的人。所以,这是您的账单,交给您全权处理,无论您的决定是什么,我们都欣然接受。

一份三千元的账单摆在客户面前,客户有两个选择:不付、部分支付。神奇的事情发生了,有五位客户选择全额支付账单,只有一位选择八折支付,而且全部都是当场支付的。更让人意外的是,这六位客户都分别介绍了其他客户给魏东。

这就是"催"与"不催"的神奇对比。(案例删减自《会说话是本能 说得好才是优势》,蔡庆龙、沈慧著,2020.6)

(四)横向思维

横向思维是相对于纵向思维而言的,纵向思维是按逻辑推理的思路直上直下的思维,而横向思维就是当纵向思维走不通时的脑筋急转弯。纵向思维有利于在同一个问题领域里深入研究,但是也容易形成思维定式,钻牛角尖,陷在本问题领域里。有一个故事描述了因极端纵向思维而导致的笑话:一个人养了一只猫,他在门上挖了个洞,这样猫可以自由进出,就用不着打扰他了。等到这只猫生了只小猫,他又马上在门上挖了第二个洞,而且略小点儿。

横向思维可以帮助人们从侧面迂回寻找问题的解决方法。例如,历史上著名的曹冲称象的故事,曹冲用的就是横向思维,先用船测大象的重量,然后转换成同样重量的一堆石头,再称石头,从而间接地称出大象的重量。相似的,还有我国著名农民数学家于振善称土地面积的故事。

【案例分享】

我是云计算18B班的林文强,我很喜欢不断创新和挑战,我在其中可以找到属于我的快乐!

2020年,我开始创业,做直播电商。我的创业进展较顺利,但我也需要有危机意识,不停地思考和寻求改进。直播电商的竞争越来越大,利润空间被压缩,我要如何在这个领域深耕和创新,提升自己的竞争力?

我发现很多同行和商户都难以招到主播,还有因兼职主播的人工成本太高及无法投诉等问题而犯难,但我有优质和充足的主播资源,而且是可持续的主播人才资源,因为我从本校等高校招聘主播,形成了企业、学生、学校的多方共赢,还筹划与母校进行校企合作。同时,我还有厦门大部分做直播带货的商户资源。

那么,我为什么要局限在提升现有的直播电商业务,我还可以为直播电商行业培养主播人才以及规范对主播的管理。正如"别人挖矿,我卖水"。

于是,2021年11月,我立马开始做市场调研,分析自身优势和风险等。12月,我成立了一家直播经纪公司,与包括母校在内的厦门三所公办高职院校开启校企合作,签订独家的合作协议,我们将联合培养主播人才。公司成立一个月后,顺利收回成本,开始盈利。目前,公司是福建省唯一的直播经纪公司。除了主播经纪和电商经纪,公司还计划做其他相关业务,如短视频模特、平面模特、实体店线上推广等。

图6-13　公司的第一期主播培训

请思考：

结合你的困扰或难点,当你运用纵向思维难以解决时,如何用横向思维找到方法?

(五)灵感思维

1.灵感思维的含义

在生活中,你有产生过灵感吗? 如果有的话,相信产生灵感的经历一定让你非常兴奋和自豪。灵感对各个领域的创新是非常重要的,有着不可替代的作用。

灵感思维是指经过大量信息的输入和长时间的思索仍没解决问题,突然产生新想法而瞬间得到解决思路,或是由于某种原因(如外界启发、情况紧急等)而猝然迸发一种新的领悟。灵感思维中经常含有创造性的联想,而且灵感思维带有巨大的突破性,是创新思维活动突然飞跃的心理现象,科学家的"茅塞顿开"、诗人的"神来之笔"、生活中的"急中生智"等,都是灵感思维的体现。

例如,德国化学家凯库勒长期从事苯分子结构的研究,一天由于梦见蛇咬住了自己的尾巴形成环形而突发灵感,得出苯分子的六角形结构。这样的灵感当然是得益于前期艰辛的思考。

【案例分享】

美国一位15岁的华裔少年肯尼斯,为了防止爷爷走丢,发明了一款防走失神器。肯尼斯因此获得"美国行动科学家奖",他还登上了TED演讲大会。

自从爷爷患了阿尔茨海默病,家人都非常担心爷爷走丢,姑姑也非常辛苦地日夜照看爷爷,仍是不能防止爷爷"出走"。为了寻找好的方法防止爷爷走丢,肯尼斯在网上疯狂查资料,希望能找到一款防老人走失的工具,但他最终一无所获。

两年前的一个夜晚,当肯尼斯照顾爷爷的时候,看到他正想要下床,在爷爷的脚碰到地面的瞬间,肯尼斯突然想到,为什么不在爷爷的后脚跟放个压力传感器呢?

当然,有了灵感并不是万事大吉。肯尼斯花了大量的时间学习电子装配设计、高级编程设计等,努力研发他想要的产品。最终,他用电子墨水打印出小巧方便的薄膜式传感器,将之安装在袜子上,然后依靠蓝牙传输将传感器检测到的压力传送到手机上,最后当压力过高时,手机自动报警。

在此后长达一年的实验里,全家阻止了爷爷的900次"出走",成功率为100%。为了能让更多类似老人得到帮助,肯尼斯将智能袜送给了加州的三家护理院,结果他发现有些老人并不喜欢穿袜子。于是,他把传感器设计成一个旋钮的纽扣,只要将它扣在贴身的衣物上就可以实现精准的探测。

2.灵感思维的培养与激发

宝贵的灵感来自信息的积累、勤奋的思考、动机的催化、潜意识的加工等,若要培养和激发灵感思维,需要勤奋钻研,怀有强烈的动机和上进心,同时又要善于留心其他相关或不相关的事物,并且适当放松,转换环境,张弛相间。

（1）信息输入

对于所研究的问题,不断往头脑中输入大量的信息,这些信息有的被深入加工,有的可能进入了潜意识,没有被明显地觉察和分析,但这些信息都是灵感产生的重要前提。总之,要有足够的信息,使大脑形成兴奋中心,才容易启动灵感思维。

（2）观察分析

在创新思维中,离不开观察分析,灵感思维也是这样。观察,可以是有目的、有计划、有选择地去观看和考察所要了解的事物,通过深入观察分析,可以从平常的现象中发现不平常的东西,引发灵感;也可以是闲暇时随意地观察。在对问题已进行较长时间思考的执着探索过程中,在同某些相关或不相关的事物接触时,有可能在头脑中突然闪现所思考问题的某种答案或启示。

（3）实践激发

实践是创造的阵地,是灵感产生的源泉。各项创新成果都离不开实践需要和实践经验的推动。在实践过程中,解决问题的迫切需要,会促使人们去积极地思考问题,增强探索的动机。而且实践中搜集的信息、接触的人与物、自我反思等,可以引发灵感思维。

（4）激情冲动

激情和积极的情绪,能够调动全身心的巨大潜力去创造性地解决问题。在激情冲动的情况下,可以增强注意力、丰富想象力、加深理解力,从而使人产生强烈的创造力,激情冲动也有助于引发灵感。

（5）适当放松

紧张思考之后的放松状态往往是迎来灵感思维的入口。所以当百思不得其解时,不妨转换环境,转移到非研究状态的日常生活中。放松的方式因人而异,形式多样,如聊天、散步、游泳、睡眠、做家务等。在平时也要善于抓住自己容易产生灵感的放松状态,比如睡前、早起。著名心理学家贝弗里奇认为:"灵感往往产生于轻松的活动中,灵感需要有乐观、轻松的精神状态。"

我们在充分肯定灵感思维的地位和特殊功能的同时,也不能片面地夸大其功效和作用。灵感思维的活动和灵感的闪现,往往是对解决问题的某种提示,而不是问题的彻底解决。灵感思维既是前期人们对某问题思考的结果,又是进一步研究和探索的出发点。从灵感的出现到实施并成功,往往还有一个持续探索的过程。达尔文当年阅读马尔萨斯的著作《人口论》,从其"人类竞争、弱肉强食"的观念中获得灵感,并由此想到生物界也存在"适者生存,不适者遭淘汰"的原则,后来经过长期的研究,最终提出了著名的生物进化论。

（六）直觉思维

1.直觉思维的含义

直觉思维是指在已有的知识、经验的基础上，不受某种固定的逻辑规则约束，凭感知直接把握事物本质，迅速解决问题或做出判断、预测；也就是我们常说的"第六感"，例如，考试中猜题、对某个环境危险情况的判断、对一个陌生人的性格判断等。直觉思维是调动各方面的知识经验，对思维对象进行整体的考察，并且省去了很多一步步推理的中间环节。

直觉思维是长期积累的经验的升华，能直接触及事物的本质。直觉思维对科学研究非常重要，爱因斯坦曾说："真正可贵的因素是直觉。"直觉思维也贯穿于日常生活工作中，例如，有经验的工人凭直觉，可以很快发现机器哪里故障；音乐家根据直觉，可以判断某个年轻人很有音乐才能。

美国著名心理学家杰罗姆·布鲁纳强调学生要培养直觉思维。他认为，直觉思维与分析思维不同，分析思维是以常规的方式按步骤分析，而直觉思维一旦出现，它不根据既定的步骤，而是采取跃进、走捷径的方式，产生认知过程的急速飞跃。不论在学科领域还是在日常生活中，不论是科学家还是小学生，都需要也都可以使用直觉思维，所不同的只是程度问题，其性质都是一样的。

法国数学家和物理学家昂利·彭加勒在《科学与方法》一书中也指出："逻辑可以告诉我们这条路或那条路保证不遇见任何障碍；但是它不能告诉我们哪一条道路能引导我们到达目的地。为此，必须从远处瞭望目标，教导我们瞭望的本领是直觉。"

2.加强直觉思维的途径

（1）获取广博的知识和丰富的生活经验

直觉的产生不是无缘无故、毫无根基的，它是凭借人们已有的知识和经验才得以出现的，因此，直觉思维往往比较偏爱知识渊博、经验丰富的人。获取广博的知识和丰富的生活经验是提高直觉思维的基础。

（2）培养敏锐的观察力和判断力

直觉思维突出的特点是其洞察力和判断力。观察力敏锐的人，其直觉出现的概率更高，直抵事物本质的效果更强。同时，有意识地培养自己的判断力，特别是提高对那些不太明显的无形事物的判断力，如印象、感觉、趋势、情绪等。

（3）学会倾听直觉的声音

直觉思维凭的是"直接的感觉"，需要你去细心体会、领悟、倾听。学会专注于内心，对培养直觉很重要。在生活、学习及创新中，要重视直觉的出现，当直觉出现时，不要压抑，试试"跟着感觉走"，多探索、多运用，唤醒这种独一无二的感知力。

在创造过程中，直觉思维确实是重要的一环，既要重视培养直觉思维，重视直觉的提示,又要注意单凭直觉思维得出的结论并不总是正确的,对于直觉得出的猜测,还要回过头来冷静地分析,进一步用实践来检验。

3.直觉思维与灵感思维的关系

直觉思维和灵感思维都是知识经验积累的产物,二者产生时都没有提前的心理准备,具有突发性。直觉思维和灵感思维都能引发创新,但并不是非要有直觉或灵感才能引发新思想,所以不要盲目追求直觉或灵感而忽视了基础工作,积极进行创新,灵感思维和直觉思维自然会得到培养。

直觉思维与灵感思维的区别:

(1)灵感思维往往需要一段时间的探索,有时甚至是在人们百思不得其解,感到山穷水尽时出现。直觉思维的产生并没有这样的心理准备过程。

(2)直觉思维出现在神志清醒的状态,而灵感则在人们意识清醒或者模糊时均可能产生,甚至产生于梦里。

(3)直觉思维的产生没有很明显的出乎意料,它是积累了大量相关经验而产生的一种高度简化的、直接的推论,而灵感思维往往是突如其来、出乎意料的。

【拓展资源】

好书推荐:《创新思维训练与创造力开发》

《创新思维训练与创造力开发》(如图 6-14 所示,陈工孟著)由经济管理出版社出版,主要内容包括:创新思维的阻碍、创新的七个来源、创造力是天生的吗、同理心地图、情境故事法、头脑风暴法、六项思考帽、开放式创新、愿景目标与战略创新、创新团队的领导等。

图 6-14　《创新思维训练与创造力开发》

好书推荐:《创意力:11 堂斯坦福创意课》

《创意力:11 堂斯坦福创意课》(如图 6-15 所示,[美]蒂娜·齐莉格著,秦许可译),由吉林出版集团股份有限公司出版。斯坦福大学是"硅谷创业摇篮",而蒂娜·齐莉格是斯坦福大学知名的教授创意课程的教授,也是美国很有魅力的创业导师之一。她写给年轻人的人生创意书《真希望我 20 几岁就知道的事》成为当年的年度畅销书。

图 6-15　《创意力:11 堂斯坦福创意课》

创意力是可以培养和练习的,也是可以被教授的。斯坦福著名教授齐莉格教授设计了一套用于产生创意的方法——"创意引擎"模式,把个体素质和周围环境都考虑在内,系统地阐述了提高创意思维的工具和方法,手把手教读者制造出新的创意,并配以鲜活的例子加深读者对理论的理解。

【课堂活动】

发现问题、筛选问题、解决问题

1.各小组在海报纸上至少写出生活中需要解决的五个问题(增加便捷舒适、提高安全性、提升健康、增加休闲乐趣、环境保护、增长知识等方面),选出其中一个最有意义的、适合研究的问题,作为该组将继续研究的问题。

2.各组员运用创新思维,将解决办法写在便签纸上,并将便笺纸贴在海报纸上。

3.将所有解决办法归类,同一类的排一列。小组选出最好的一个方案。

4.画出方案的模型图,并展示。

第7章

我的生涯我做主

【教学目标】

通过本章的教学,学生应该能够:

1.了解什么是职业决策、职业决策的内容及其主要构成要素;

2.理解职业决策的几种典型风格;

3.了解职业决策的影响因素、职业决策的基本原则;

4.掌握并运用职业决策的几种常用方法;

5.了解有关职业目标的确定及其路径分析;

6.掌握如何形成自己的职业决策及其评估与调整。

【教学内容】

第一节　决策与职业生涯决策概述

【名人名言】

永远不要认为我们可以逃避,我们的每一步都决定着最后的结局,我们的脚正在走向我们自己选定的终点。

——米兰·昆德拉

当选择变为一种抉择的时候,自由对人来说无异于刑罚。

——海德格尔

【案例导入】

苏梅梅是一所高职院校旅游管理专业大二的学生,即将升入大三成为一名准毕业生,最近苏梅梅觉得很苦恼,因为对于毕业后何去何从,她有不同的想法:一是专升本,继续学业的深造,提高自己的综合能力与竞争力;二是去校企合作单位实习实训,争取荪得就业机会,或者在厦门其他旅游行业寻找机会,留在厦门;三是到省外就业。这三个目标对她而言都是可能实现的,在权衡利弊时,每一个选项都令她左右为难,因此,梅梅陷入深深的纠结之中。

一、决策与职业生涯决策

(一)决策的含义

决策是指人(们)在生存与发展过程中,以对事物发展规律及主客观条件的认识为依据,寻求并实现某种最佳(满意)的准则和行动方案而进行的活动。决策是人的行为,是一种用脑行动、智力活动,是一种选择,是一种决定,是一整套活动,是一个过程。[1]决策通常有广义、一般和狭义的三种解释。广义的决策包括抉择准备、方案优先和实施等全过程;一般的决策是指人们按照某些准则在若干个备选方案之间的选择,它只包括准备和选择两个阶段的活动;狭义的决策就是作决定,即抉择。逻辑思维中的决策就是狭义的决策。

---

[1] 魏世孝,周献忠.多属性决策理论方法及其在C31系统中的运用[M].北京:国防工业出版社,1998.

　　在中国,"决策"一词源远流长,早在古代中国就有"龟策"、"策问"、"决策"等表述,并开始使用了决策的思想、概念与方法。如《韩非子·孤愤》中有:"智者决策于愚人,贤士程行于不肖,则贤智之士羞而人主之论悖矣。"

　　决策是人们在政治、经济、技术和日常生活中普遍存在的一种行为,也是管理中经常发生的一种活动;它是为了实现特定的目标,根据客观的可能性,在占有一定信息和经验的基础上,借助一定的工具、技巧和方法,对影响目标实现的诸因素进行分析、计算和判断选优后,对未来行动做出决定。

　　决策分析则是一门与经济学、数学、心理学和组织行为学有密切关系的综合性学科。它的研究对象是决策,研究目的是帮助人们提高决策质量,减少决策的时间和成本。因此,决策分析是一门创造性的管理技术。它包括发现问题、确定目标、确定评价标准、方案制订、方案选优和方案实施等过程。

　　它具有以下特点:

　　(1)决策的目标必须清楚。

　　(2)决策必须有两个及两个以上的备选方案。

　　(3)决策是以可行方案为依据的。

　　(4)决策的过程在本质上是一个循环过程,贯穿整个管理活动的始终。

　　(5)决策的主体是管理者。

　　(6)决策的目的在于解决问题或利用机会。

　　通常决策流程如图 7-1 所示。

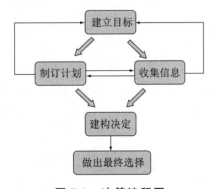

图 7-1　决策流程图

　　决策意味着自由,也意味着选择。我们可以通过两个故事来对比一下,有选择自由与没有选择自由情况下决策的差异。

　　故事一:英国剑桥商人霍布森在贩马时,喜欢把所有马匹都放出来供顾客挑选,但他会附加一个条件:只允许顾客挑选最靠近门边的那匹马。显然,这种附加条件实际上就等于告诉顾客没有选择。这种没有选择余地的所谓选择被人们讥讽为"霍布森选择效应"。

故事二:布里丹是大学教授,他之所以闻名据说是因为证明了在两个相反而又完全平衡的推力下,要随意行动是不可能的。他举的实例就是一头驴在两捆完全等量的草堆之间是完全平衡的。既然驴无理由选择吃其中哪一捆草,那么它永远无法做出决定,只得最后饿死。故事是这样的:布里丹养了一头小毛驴,他每天要向附近的农民买一堆草料来喂。这天,送草的农民出于对哲学家的景仰,额外多送了一堆草料放在旁边。这下子,毛驴站在两堆数量、质量和与它的距离完全相等的干草之间,可为难坏了。它虽然享有充分的选择自由,但由于两堆干草价值相等,客观上无法分辨优劣,于是它左看看,右瞅瞅,始终无法分清究竟选择哪一堆好。于是,这头可怜的毛驴就这样站在原地,一会儿考虑数量,一会儿考虑质量,一会儿分析颜色,一会儿分析新鲜度,犹犹豫豫,来来回回,在无所适从中活活地饿死了。布里丹的驴子之所以饿死,恰恰因为它是自由的,而自由在古希腊本来就有"刑罚"之义。

决策与决定不同,决策是找到普遍问题的一般性解决方案,可以真正解决问题,而且可以一次解决一批问题。决定是找到具体问题的个别性解决方案,最多一次解决一个问题,而且往往不能真正解决问题。决定如:"早上吃什么""出门穿什么"等,决策如:"高考志愿如何填报""毕业了是直接就业还是专升本、参军入伍"等。正如休谟所说,人的行为在很大程度上是受意志、情感等道德范畴内的东西左右的,而不是理性。在人的行为方面,理性确实是疲软的。因此,人们常说没有选择是不自由的,有选择是痛苦的。

(二)职业生涯决策的含义

生涯决策是指对生涯事件的选择和决定的过程。做决定是人成长过程中的重要环节,甚至可能成为人生的里程碑。随着年龄的增长,我们不得不自行决定一些重大的事情。"人在走路时,转弯最重要。"[1]生涯的转弯处,通常是人生的重要转折处,需要生涯抉择,影响也尤其重大。因此,我们通常在判断一个人是否成熟时,不仅包括生理、心理两个方面,还包括生涯方面,尤其是一个人的决策能力的高低决定了他的生涯成熟程度。

什么是职业生涯决策?

20世纪早期,由于社会发展比较稳定,个体一生职业变化不大,职业心理学家多采用"vocation"和"occupation"来称呼职业,相应的研究内容就为职业选择(choice of vocation)。随着社会的发展,现代人对待工作不再是从一而终,越来越多的研究者开始使用"career"一词来描述个体一生职业发展的轨迹。在学术领域,职业决策的概念经历了一个发展演进的过程。

职业生涯决策(career decision-making)的概念,最早出现于英国经济学家凯恩斯(Keynes)的经济学理论中,他认为个人在选择职业生涯目标与职业目标时,将以最大收

---

[1]　金树人.生涯咨询与辅导[M].北京:高等教育出版社,1998.

益及最低损失为标准,此处收益与损失包含任何对个人有价值的事物,如金钱、社会声望、人身安全、社会流动等。Jepsen 和 Gelatt 则在 1974 年提出职业生涯决策模型时,首次使用职业生涯决策的概念。Jepsen 认为职业决策是一个复杂的认知过程,通过此过程,决策者组织有关自我的职业环境的信息,仔细考虑各种可供选择职业的前景,做出职业行为的公开承诺;认为职业生涯决策是一个包括职业选择,且涉及对执行完成选择所需要的行为做出承诺的过程;提出职业生涯决策是人们所经历的从搜索可能的职业选项,到对比选项然后从中选择其一的过程。

《教育大辞典》将职业生涯决策定义为:人们根据自身特点和社会需要做出合理的职业方向抉择的过程,内容包括个人的价值探讨和澄清、关于自我环境的使用、谋划和决定过程。因此,职业生涯决策被认为不仅是一个即时的职业选择行为,而且是一个决策过程。

二、职业生涯决策基本理论

西方学者对职业决策进行了大量的研究,包括职业决策过程和对职业决策的影响因素,以下是 20 世纪 80 年代至今三个具有影响力的代表性理论。

(一)职业生涯决策的认知信息加工理论

1991 年,盖瑞·彼得森(Gary Peterson)、詹姆斯·桑普森(James Sampson)、罗伯特·里尔登(Robert Reardon)合著了《生涯发展和服务:一种认知的方法》(*Career Development and Services：A Cognitive Approach*)一书,阐述了认知信息加工的方法(cognitive information processing,CIP),提出了 CIP 理论。CIP 理论吸收了认知行为干预、决策制定策略等方法,提出了认知信息加工金字塔和 CASVE 循环(沟通、分析、综合、评估和执行)这两个核心观点。

认知信息加工理论基于八种假设,这些假设的核心内容如下:生涯选择以人们如何去思考和去感受为基础;进行生涯选择是一项问题解决活动;生涯问题解决的能力以人们了解什么和如何思考为基础;生涯决策需要良好的记忆;生涯决策需要动机;持续进行的生涯发展是终身学习和成长的一部分;生涯发展在很大程度上取决于人们的思维内容和思维方式;生涯质量取决于人们对生涯决策和生涯问题解决了解的程度。

(二)发展系统理论

发展系统理论认为个人的职业发展方向是开放的、不可预测的,而且发展的道路在一生都会有显著的变化,它强调解释每个人的、每一个具体的职业行为。包含了两个子理论:一是个人的活动过程理论,主要思想体现在 Ford(1987)的生活系统理论中(简称 LSF),LSF 注重个人功能和发展的整体性,将对人的一般特点的认识与特定个人的活动整合起来,认为没有对特定个人的准确认识,就不能形成有用的关于职业发展阶段的认识。二是个人活动的动机理论(简称 MST),体现在 Ford 提出的动机系统理论中。MST认为动机影响人们决定是否努力维持、恢复已有的状态,为更高的结果而奋斗。Ford 确定了三个动机成分:个人目标、个人力量信念和情绪,并认为这三个成分在现实生活中是共同起作用的。

(三)社会认知职业理论

社会认知职业理论(social cognitive career theory,SCCT)以班多拉(Bandura)的一般社会认知理论为主体,整合了霍兰德(Holland)的个人环境匹配论、舒伯(Super)的职业发展观等其他相关研究,试图通过个人—行为—环境的复杂交互作用来动态地揭示人们是如何形成职业兴趣、做出职业选择的。自我效能、结果期待、个人目标是 SCCT 理论的三个核心概念。自我效能是指人们对于自身完成某项任务的信念,涉及自己是否具备能力去完成工作行为的自信程度;结果期待指的是个人对从事特定行为的结果的信念;个人目标是个人从事特定活动的意图,又可分为职业目标和绩效目标两种。自我效能、结果期待和个人目标之间有着复杂的相互作用,同时,SCCT 除了重视三个基本概念外,也十分重视包容已有理论成果,如心理因素(兴趣、能力、价值观等)、社会因素(社会经济地位、性别等)、经济因素(就业、培训机会等)。

【拓展资源】

推荐书籍:《决策与判断》

《决策与判断》(见图 7-2)的作者是[美]斯科特·普劳斯(Scott Plous),由施俊琦、王星译,人民邮电出版社出版。决策和判断是我们每天一睁开眼睛就需要面对的,这本书非常有趣而科学,注重实验结果而不是心理学理论,提出人意料的结论而不是猜想,以及对研究的描述而不是数学公式。

图 7-2 《决策与判断》

第二节　职业决策模型介绍

【名人名言】

你即你的选择。

——卡夫卡

决策之所以难,是因为两个问题,一是舍得,一是未知!

——金树人

我们的决定决定了我们。

——萨特

【案例导入】

张航是某高职院校计算机网络专业的学生,他将于明年夏天毕业,在此之前他必须考虑毕业的工作去向。今年夏天他正在本地的一家计算机公司 A 做暑假工,公司经理对他的才能与工作态度非常欣赏,在暑期工结束前曾与张航有一次正式的谈话,欢迎张航在毕业后加盟 A 公司,如果张航同意的话,可以在 9 月底提前正式签约。在这次谈话后一个星期,张航收到他去年暑期打工的 B 公司的回函,回答他在一个月之前曾经询问过的招聘信息,信中告诉他,B 公司将在 10 月底进行一次公开的市场招聘活动,建议他届时可以前来应聘。同时,学校在每年的 11 月底都有一次大型的校园招聘会,届时也会有比 A 或 B 公司更优秀的企业前来招聘。

我们可以用树形图对张航的决策进行分析,如图 7-3 所示。

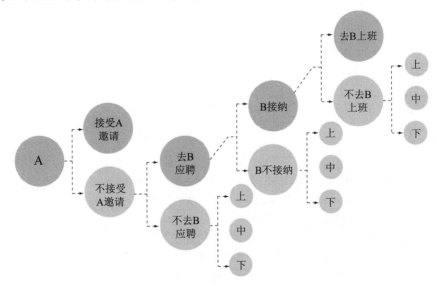

图 7-3 张航的决策树形图

综上 ,请思考以下几个与决策相关的问题:

1.张航需要在什么时间之前做出决策是否去 A 公司?

2.张航在毕业后的工作选择问题上,有几个机会可以考虑?

3.通过上面的树形图,你发现在做职业决策时运用模型进行分析有什么好处?

4.如果在每个选项中,再加上企业薪酬条件的考虑,是否增加其决策的不确定性?再加上其他诸如晋升、福利、通勤、专升本等等可能影响决策的因素呢?

一、职业决策模型的产生

随着运筹学的发展,出现了诸如线性规则、动态规则、对策论、排队论、存贷模型、调度模型等有效的决策分析方法。决策模型是为管理决策而建立的模型,即为辅助决策而研制的数学模型。它们均由计算机予以实现,成为实用的决策手段,即决策方法数学化和模型化。故对较重复性的,如例行的管理决策,可利用数学模型来编写程序,用计算机实现自动化,以提高效率。但对较大量存在的非结构化问题的求解和管理决策,就不是数学模型所能解决的,而必须考虑人在决策中的重要作用,这涉及心理学、社会心理学和行为科学。故建立数学模型只是决策科学发展过程中的一种方法。

从 20 世纪 60 年代开始,人们对如何做出职业决策的过程和行为进行研究,希望在各种不同的因素作用下,能够进行理性的选择和决策。职业决策模型理论运用了经济决策原理来分析和研究职业行为,为编制职业决策能力量表和计算机辅助指导提供了理论基础。其中,理性地诊断职业选择和职业发展障碍的思维方法,成为职业设计和职业管理良好的工作思维方式。

由此产生了三种模型——描述型模型、诊断型模型、描述诊断混合型模型,以下分别简要对这些模型进行介绍。

二、职业决策模型的主要类型

(一)描述型模型

描述型模型由泰特曼(Tiedeman)和奥哈拉(O.Harn)分别提出,其基本内容是:职业生涯决策是一个完整的过程,由一系列不断递进的阶段组成,第一阶段是参与阶段,完成"探索—定型—抉择—正式"等工作,即了解和收集信息,确定几种可选择方案,并选择其中一种,再进一步给予检验;第二阶段是履行和调整阶段,完成"定向—变动—调整"等几项工作,即初步接受并履行所做的选择,努力完成工作任务并希望得到发展,然后在这一过程中,取得个人选择和环境要求之间的平衡。

(二)诊断型模型

奇兰特(Gelatt)等人认为,应该运用科学方法进行职业生涯决策,并提出诊断型模型。诊断型模型在强调主体价值观、期望值和客观可能的重要性的同时,以理性的方式进行决策,经过循环往复,以一定的标准计算出收益和投入成本之比,最大值者即是最优方案。

(三)描述诊断混合型模型

描述诊断混合型模型综合以上两种模型的特征,提出谨慎的决策者具有以下七个方面的特征:

(1)对各种选择方案进行广泛而全面的考虑;

(2)审查各种方案的价值和目标;

(3)认真权衡各种选择方案的正反两方面结果;

(4)获得相关信息;

(5)吸收所有得到的新信息;

(6)决策之前对选择方案进行反复审阅;

(7)为实施方案预备条件。

(四)非线性决策模型

全球化和信息化时代的职业生涯是一种新的生涯形态,有人称之为"无疆界生涯"(boundaryless career),也有人称之为"无常生涯"(protean career),以区别于传统的生涯形态,其意即开放的、弹性的、变化的、个人驱动的和自主的生涯。

以上所介绍的三个模型都是线性决策的模型,混沌生涯则是一种非线性决策的模型,其中最有代表性且被学术界广泛认可的是由布莱特(Bright)和普莱尔(Pryor)提出的生涯混沌理论。生涯混沌理论认为,任何事物、环境都会发生变化,个体必须接受个人生涯发展的复杂性和不确定性,并通过持续的学习增强适应性,克朗伯兹在社会适应论中强调了生涯的不确定性,并提出了"拥抱偶然"的观点。

三、职业决策模型的新发展:混沌生涯理论与善用机缘论

澳大利亚研究者根据生涯混沌理论开发了"蝴蝶模型",如图7-4所示。这幅图左边是"计划圈",表示可以计划的、可能发生的事情,是指一个人完全按照自己的计划会实现的各阶段目标;右边是"机会圈",代表无法预料的、偶然的事件,是指一个人在遇到的机会、困难、挑战等偶然事件后可能做出的不同选择。这两个圆圈就像蝴蝶的两只翅膀,承载了人生的各种可能,因此被称为"蝴蝶模型"。

蝴蝶模型将生涯可规划的内容与可能遇到的突发事件有机地联系起来,通过这样的联系,着重强调了要妥善地处理好计划和不期而遇事件的关系,并提示学生满足生涯发展的需要应具备哪些关键能力。

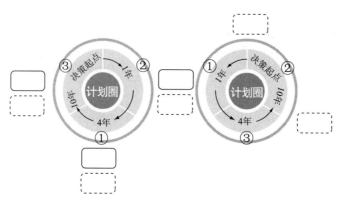

图 7-4　蝴蝶模型

以职业选择为例,这一模型的使用方法如下:

第一步:请父母、老师或同学事先帮忙填写一些你在未来 1 年、4 年和 10 年之中可能遇到的"事件卡片",如"顺利就业"、"得到赴国外大学参加交换学习的机会"、"本专业就业形势不理想"等,可以是好的机遇,也可以是面临的挑战,还可以是其他偶然的事件。

第二步:假想在大三毕业时的决定,在未来的 1 年、4 年、10 年之中,这一决定将导致何种结果以及使你最终实现的学习、生活和工作状态是什么。假如大三时我报考了本科旅游管理专业,1 年后就是我专升本结束后在继续深造的本科院校的专业学习情况,4 年后是本科毕业后两年的情况,10 年后是工作或继续深造的情况。在"计划圈"相应位置的实线框中填写这些预期的结果。

第三步:分别随机抽取自决策后 1 年、4 年和 10 年之中可能发生的"事件卡片",思考这些事件发生的可能性及其对自己规划的影响,并把这种影响填写在"机会圈"相应位置的虚线框中,如"未考上第一志愿的旅游系,因此进入了第二志愿院校相关专业的学习";从决策起点开始(大三毕业选择),沿着"计划圈"顺时针运动,在相应位置的虚线框中分别填写在"事件"影响下 1 年后、4 年后和 10 年后的情况。当然,实线框中的内容可以和虚线框一致,这说明偶然的事件并没有影响某一阶段目标的实现。

凯瑟琳·马歇尔认为,Planned happenstance 是对职业咨询理论的延伸和拓展,它将偶发事件纳入研究范畴,是研究关于如何创造及将偶发事件转化成机遇事件的理论。Planned happenstanc 直译成中文即"规划偶发事件",由金树人先生首先翻译为"善用机缘论",意指不排斥偶发事件的发生,强化对偶发事件的接受性,从中找出更多帮助生涯发展的机会。Planned happenstance 从英文意思上可以拆为 Planned-happen-stance,中文译为计划—偶发—姿态,含义是对偶发事件所持的一种态度和行为,善用机缘论是个体在职业生涯中,有意识地利用及创造偶发事件,将其转化成对其有益的机会事件的一种职业决策模型。

凯瑟琳·马歇尔等学者认为,善用机缘论要树立以下意识:

（1）意外事件在咨询过程不仅不可避免而且不可或缺；

（2）对未来规划的焦虑是正常且可以消除的；

（3）绘制职业蓝图的过程需要终身学习，需要面对种种意外事件做出无数次的抉择；

（4）职业决策的目标就是通过对好奇心、怎样从意外事件中受益以及如何创造机遇事件的探讨，帮助找到有关的方法，更好地选择自己的职业路径。

四、典型的生涯决策模型与工具的运用

(一)CIP 信息加工理论与 CASVE 循环的运用

CIP 信息加工理论与 CASVE 循环是当前职业生涯规划教育过程中最常用的决策模型。认知信息加工理论认为在职业决策过程中，个体会应用两类不同的知识，即关于自我的知识和关于职业的知识。通过对这两类知识的综合分析，最终才能做出有效的职业决策，如图 7-5 所示。

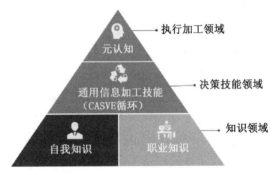

图 7-5 CIP 信息加工理论

该理论将生涯决定看作是生涯发展的关键，并用 CASVE 循环，即沟通（communication）、分析（analysis）、综合（synthesis）、评估（valuing）和执行（execution）来表述个体做出决策的过程。通过改进这五种认知信息加工技能，个体可以改善其职业生涯决策的能力。

元认知即思考自己如何做决定，它位于认知信息加工金字塔的顶层，包括自我谈话、自我意识等模块，是个体做出决策的执行层面。

知识领域相当于计算机的数据文件，需要进行存储处理。生涯决策问题的解决是一个认知的过程。

决策技能领域相当于计算机的程序软件，要对所存储的信息进行加工处理。执行加工领域相当于计算机的工作控制功能，按指令执行程序。决策技能可以通过 CASVE 循环模型获得，如图 7-6 所示。

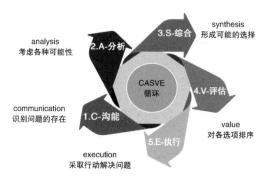

图 7-6 CASVE 循环

这五个阶段分别是:

(1)沟通(识别问题的存在)。

(2)分析(考虑各种可能性)。

(3)综合(形成可能的选择)。

(4)评估(对各选项排序)。

(5)执行(采取行动解决问题)。

具体而言,"沟通"主要涉及生涯问题各个方面或现实和理想生涯情境之间的差距。"沟通"是指个体"接收"到有关问题的信息,经过"编码"的过程,传输出"这个落差是个必须解决的问题"的信息。"沟通"阶段能识别到理想与现实情境之间存在差距的信息。这些信息可能通过内部或外部的信息交流途径来传达,内部途径包括消极情绪、规避行为和生理提示等,外部途径包括积极或消极的事件和他人重要的提示等。"沟通"阶段就是"了解我需要做出一个选择"的阶段。

"分析"以确定生涯问题的原因及生涯各部分间的关系为特征,是对问题所有方面进行更充分理解的一个反思阶段。好的问题解决者会利用时间去思考、观察和研究,从而更充分了解差距、了解有效做出反应的能力。"分析"阶段就是"了解我自己和我的各种选择"的阶段。

"综合"以形成一个可供选择的解决生涯问题的方法清单为特征。这一阶段将综合和加工分析阶段提供的信息,从而制订出消除问题或差距的行动方案。"综合"阶段就是"扩大并缩小选择清单"的阶段,可以理解为"综合细化"和"综合具体化"两个层面。

"评估"以对可能的解决方法进行排序为特征,尝试性的最佳选择从这一决策阶段中产生。这是"选择一个职业、学习计划或工作"的阶段,"评估"阶段的第一阶段是评估各个方案的利弊得失,即评估每一种选择对问题解决者和他人的影响。第二阶段是对综合阶段得出的各种选择进行排序,排列出优先级。

"执行"以实施生涯问题解决的规划和执行步骤为特征,可包括对解决问题的首选方法的尝试或真实性测验。这是"实施我的选择"的阶段。执行阶段是将认知转换为有计划有策略的行动,包括形成"方法—目标"联系,及确立一系列逻辑步骤以达到目标。

总体而言,CASVE 是在 CIP 金字塔模型中处于第二层决策技能领域的理性决策流程,这个金字塔模型可以简单地描述为:知己(自我认知)—知彼(环境认知)—决策—评估与调整,我们可以尝试使用 CIP 模型分析本节开篇中张航的职业决策案例。

(二)生涯方格与决策平衡单

1.生涯方格

生涯方格可用来探索和了解有关生涯选择时的想法,在这份方格中你必须列出一些可能或不可能从事的生涯选项,然后,根据比较或对照所列出的选择探索你的一些"生涯想法",这些想法可能是不同于其他人的独特想法,这些想法可能包含你对自己的了解和看法,如兴趣、性格、能力、价值观和特质等,可能包含你对他人的期待和社会规范的认知和觉察,以及你对工作世界的认识和展望。

制作"生涯方格"的目的,就是协助你系统地梳理这些多元想法,使你更有信心地为自己设定理想的生涯目标。以下是一位同学梳理的生涯方格,你可以参考表 7-1 罗列自己的所有生涯选择,并进行梳理。[1]

表 7-1 生涯选择方格

生涯选择方格

---

[1] 吴芝仪.我的生涯手册[M].北京:经济日报出版社,2008.

2.决策平衡单

决策平衡单(decision-making balance sheet)经常被应用于问题解决模式和职业咨询中,用以协助咨询者系统地分析每一个可能选项,判断分别执行各选项的利弊得失;然后依据其在利弊得失上的加权计分排定各个选项的优先顺序,以执行最优先或偏好的选项。当然,你也可以将此工具用于生活中面临的其他多选择决策的平衡梳理。

决策平衡单在职业咨询中实施时主要有下列步骤:

(1)将你的各种生涯选择水平排列在决策平衡单的顶部。

(2)在平衡单的左侧,垂直列出你在"自我物质得失""他人物质得失""自我精神得失""他人精神得失"四个方面的重要价值观和考虑因素。

(3)给各种价值观和因素按 1~5 的等级分配权重。一项价值观或因素的重要性越大,它的权重就越高。5 为最高权重,表示"非常重要";3 代表"一般",而 1 代表"最不重要"。对自我需求和价值观的准确了解,是给价值观和考虑因素指定权重的前提。

(4)按照各项生涯选择满足个体价值观和考虑因素的程度,进行打分,分值在"-5"到"+5"之间,其中"+5"表示"价值观和考虑因素在该生涯选择中得到了完全的满足","0"表示"不知道或无法确定",而"-5"表示"价值观和考虑因素完全未能得到满足"。

(5)将各项生涯选择的得分与各项价值观和考虑因素的权重相应相乘进行计分,将结果记录在相应的空格内。

(6)将每一选择下所有的正负积分相加,得出它的总分。对所有总分进行比较和排序。

表 7-2 是一个即将毕业的同学通过职业生涯决策平衡单,对自己所面临的选择进行梳理。可用来参照理解平衡单的运用。

表 7-2　生涯决策平衡单的使用

职业生涯决策平衡单							
所做的选择			专升本		B 企业就业		A 企业就业	
考虑因素		权重	(+)	(-)	(+)	(-)	(+)	(-)
自我物质得失	经济报酬	3		2	5		3	
	工作自由度	4	2		3			2
	休闲时间	3	1		2		1	
	工作稳定度	3	5		4			1
	工作难度	2	3			3	1	

续表

所做的选择		专升本		B 企业就业		A 企业就业	
考虑因素	权重	（＋）	（一）	（＋）	（一）	（＋）	（一）
升迁机会	3		3		3	1	
工作兴趣	4	0		1			2
其他因素	2	0		0		1	
他人物质得失　家庭经济	3		3		4	2	
相处时间	4		3		5	0	
家庭地位	2	0		0		1	
自我精神得失　成就感	2	2		1		1	
满足感	4	1		1		1	
挑战性	3	2			1		2
创新性	4	2		3			2
自我实现	5	1		0			1
他人精神得失　父母期望	3	1		2		1	
朋友期望	3	1		2		2	
他人期望	3	1		2		2	
合计		68	36	70	65	48	38
总分		32		5		10	

(三)SWOT 分析工具

SWOT 分析法又称为态势分析法，它是由美国旧金山大学的管理学教授于 20 世纪 80 年代提出来的，是一种能够比较客观而准确地分析和研究一个企业现实情况的方法，其中 SWOT 以其很好的分析模式被广泛应用于个人的自我分析中。

在制定生涯目标时，一方面要考虑到自身的内因，另一方面要考虑外因，SWOT 分析法是一种有效的自我诊断方法，可以帮助分析个人的优势与弱势，并帮助评估出个人所感兴趣的不同职业道路的机会和威胁所在。如图 7-7 所示：S 代表 strength(优势)、W 代表 weakness(劣势)、O 代表 opportunity(机会)、T 代表 threat(威胁)。其中上半部分 S 与 W 主要是分析内因，下半部分 W 与 O 主要是分析外因。利用这个工具可以从中找出对自己有利的、值得强化的因素，同时也梳理出对自己不利的、需要避开的状况，并且及时发现存在的问题，寻求解决方案，并明确日后的职业发展方向，协助做出职业决策。

图 7-7　SWOT 分析

表 7-3　个体职业决策中的 SWOT 矩阵

	优　势	劣　势
内部因素	指个体可控并可利用的内在积极因素： · 工作经验； · 教育背景； · 丰富的专业知识和技能； · 特定的可转移技巧（如沟通、团队合作、领导能力等）； · 人格特质（如职业道德、自我约束、承受工作压力的能力、创造性、乐观等）； · 广泛的个人关系网络； · 在专业组织中的影响力	指个体可控并努力改善的内在消极因素： · 缺乏工作经验； · 学习成绩差，专业不对口； · 缺乏目标，且对自我的认识和对工作的认识都十分不足； · 缺乏专业知识； · 较差的领导能力、人际交往能力、沟通能力和团队合作能力； · 较差的寻找工作的能力； · 负面的人格特征（如职业道德败坏、缺乏自律、缺少工作动机、害羞、情绪化等）
	机　会	威　胁
外部因素	指个体不可控但可利用的外部积极因素： · 就业机会增加； · 再教育的机会； · 专业领域急需人才； · 由于提高自我认识，设置更多具体的工作目标带来的机遇； · 专业晋升的机会； · 专业发展带来的机会； · 职业道德选择带来的独特机会； · 地理位置的优势； · 强大的关系网络	指个体不可控但可以使其弱化的外部消极因素： · 就业机会减少； · 由同专业的大学毕业生带来的竞争； · 具有丰富技能、经验、知识的竞争者； · 拥有较好的寻找工作技巧的竞争者； · 名校毕业的竞争者； · 缺少培训、再学习造成的职业发展障碍； · 工作晋升机会十分有限或者竞争激烈； · 专业领域发展有限； · 公司不再招聘与你相同学历或专业的员工

SWOT 分析法示例(表 7-4 来自 2014 年第七届福建省职业生涯规划大赛总决赛一等奖获得者金琼同学的职业生涯规划书),参考下表可以在职业目标清晰明确的情况下,协助我们做出较为理性的职业决策:

表 7-4　SWOT 分析法示例

	strengths(长处、优势)	weakness(短处、劣势)
内部环境因素	• 度过了两年的大学生活,对外贸业务员工作了解度增加,清楚与之的差距 • 在校期间参加各种比赛、志愿者活动,合作能力、沟通交流能力、学习能力得以加强,人脉也得以拓展,为人处理能力不断增强 • 家庭有成员在创业并处于发展阶段,这对于我的职业生涯发展考量、决策提供了宝贵经验	• 时间紧迫,准备欠佳。距毕业仅剩 8 个月,距教育系统 2015 年高校毕业生网上招聘不到一个月 • 大专文凭且兼职实习中没有从事外贸业务员相关工作 • 非本地生源,就业相关优惠政策有些享受不到,生存压力增强
	opportunities(机会、机遇)	threats(威胁、风险)
外部环境因素	• 新兴市场复杂多变、竞争加剧,但需求趋好(从 2014 年 1 月 1 日起,国家将对 760 多种进口商品实施低于最惠国税率的年度进口暂定税率,平均优惠幅度达 60%) • 厦门外贸业务员需求量较大(仅厦门人才网一个月外贸业务员岗位招聘信息有 1400 余条) • 厦门地理优势,对外开放早,位列全国外贸百强城市前十	• 对外依赖度强,以出口为主,与国际市场共存亡 • 招聘要求中有工作经验的占九成,本科文凭竞争相同岗位 • 外贸行业转型时期,风险机遇并存(厦门出口主要以石材为主,但 2014 年开始相关工厂陆续关闭,迁移到内陆江西一带)

个体自我评估是 SWOT 分析的主要手段,然而由于评价手段自身的主观性问题也同样导致了 SWOT 分析方法的准确性降低。心理学研究指出,人们往往会夸大自身优势,忽视自己的缺点。因此在进行 SWOT 分析时,个体可能会做出不太准确的自我评估,从而导致职业决策的失误。个体在进行 SWOT 分析时,应该确保要分析的成分的准确性和新颖性,对享用的数据和资料进行充分的分析是 SWOT 分析取得实效的关键所在。而且,SWOT 分析只是职业生涯决策过程当中的一项实用技术,要想使职业生涯决策最优化,仅凭一个 SWOT 分析是远远不够的,还要考虑到其他方法的综合运用,尤其是要对变化的市场环境和竞争环境时刻保持比较清醒的认识。

【课堂活动】

我的5W

活动说明:5W法是通过一步步的分析,帮助你明确生涯目标的选择,在分析中让你渐渐地了解自己的个人特点和职业机会,从而最终确立适合自己的职业生涯目标。

1.我是谁?（Who am I?）

优势:_____

不足:_____

2.我想做什么?（What do I want to do?）

①_____

②_____

③_____

3.我能做什么?（What can I do?）

①_____

②_____

③_____

4.环境支持或允许我做什么?（What can support me?）

支持:_____

_____

限制:_____

_____

5.我最终的职业生涯目标是什么?（What can I be in the end?）

_____

_____

为了达到我的职业目标,我的行动计划是:

①_____

②_____

③_____

第三节　职业决策风格及其特点

【案例导入】

有四个人去看电影,但是都迟到了:

A——不认为迟到就不可以进了,与检票员争执,强烈要求进去看电影。

B——确定自己迟到后,四处观察,想办法,最后可能绕到其他入口,顺顺当当进入电影院,看了一场电影。

C——知道自己迟到后,到附近的一个咖啡厅等候,等着看下一场电影。

D——知道自己迟到后,转身回家。

遇到的是同一件事,但是四个人分别选择了不同的应对方式,呈现出不同的决策风格,假如是你,你会是 ABCD 中的哪一个?

这个案例是不是似曾相识?在职业风格章节中我们介绍过这个案例,职业决策风格同样会受到人格特质的影响,此外还受到价值观、决策经验等多种因素的影响,对于决策风格从不同的角度有不同的分类,诸如三分法、五分法、八分法等等,我们在这将介绍美国职业生涯专家斯科特(Scott)和布鲁斯(Bruce)于 1995 年提出的决策风格五分法。

斯科特(Scott)和布鲁斯(Bruce)认为决策风格是在后天的学习经验中逐渐形成的,他们将决策风格划分为五种类型:理智型、直觉型、依赖型、回避型和自发型。

一、理智型

理智型决策风格以周全的探求、对选择的逻辑性评估为特征。理智型的决策者具备深思熟虑、分析、逻辑的特性。这类决策者会评估决策的长期效用并以事实为基础做出决策。理智型决策风格是比较受到推崇的决策方式,强调综合全面的收集信息、理智的思考和冷静的分析判断,是其他决策风格的个体需要培养的一种良好的思考习惯。但理智型的决策风格也并不是理想的、完美的决策方式,即使采用系统的、逻辑的方式,也会出现因为害怕承担决策的后果而不能整合自己和重要他人观点的困扰。

二、直觉型

直觉型决策风格以依赖直觉和感觉为特征,比较关注内心的感受。直觉型的决策风格以自我判断为导向,在信息有限时能够快速做出决策,当发现错误时能迅速改变决策。由于以个人直觉而不是理性分析为基础,发生错误的可能性较大,因此,易造成决策的不确定性,容易使人丧失对直觉型决策者的信心。

三、依赖型

依赖型决策风格以寻求他人的指导和建议为特征。依赖型的决策者往往不能够承担自己做决策的责任,允许他人参与决策并共同分享决策成果,会受到他人的正面评价,但也可能因为简单地模仿他人的行为导致负面的反应。依赖型的决策者需要理解生活中重要他人对自己的影响程度。

四、回避型

回避型决策风格以试图回避做出决策为特征。回避型的决策风格是一种拖延、不果断的方式。面对决策问题会产生焦虑的决策者,往往因为害怕做出错误决策而采取这样的反应。这往往是由于决策者不能够承担做决策的责任,而倾向于不考虑未来的方向,不去做准备,不知道自己的目标,也不思考,更不寻求帮助。这样的决策者更容易受到学校等支持系统的忽略。所以,这些学生需要意识到自身的决策风格及其可能造成的危害,努力调整,增强职业生涯规划的意识和动机,才能从根本上得到帮助。

五、自发型

自发型决策风格以渴望即刻、尽快完成决策为特征。自发型的个体往往不能够容忍决策的不确定性以及由此带来的焦虑情绪,是一种具有强烈即时性,并对快速做决策的过程有兴趣的决策风格。自发型决策者常会基于一时的冲动,在缺乏深思熟虑的情况下做出决策,此类决策者通常会给人果断或过于冲动的感觉。

【拓展资源】

死理性派恋爱法:拒人模型与面试决策

在每期《非诚勿扰》节目上,面对一位位男嘉宾,24 位单身女生要做出不止一次"艰难的决定":到底要不要继续亮灯? 在现实中,面对男生们前仆后继的表白,女生们也少不了这样的纠结。怎么办? 你还可以向欧拉老师请教一下。你没听错。大数学家欧拉对一个神秘的数学常数 $e \approx 2.718$ 深有研究,这个数字和"拒人问题"竟然有着直接的联系。假设你一共会遇到大概 30 个求爱者,就应该拒绝掉前 $30/e \approx 30/2.718 \approx 11$ 个求爱者,然后从第 12 个求爱者开始,一旦发现比前面 11 个求爱者都好的人,就果断接受他。由于 $1/e$ 大约等于 37%,因此这条爱情大法也叫作 37% 法则。这个问题由数学家

Merrill M. Flood 在 1949 年首次提出,这个问题被他取名为"未婚妻问题"。不知道此问题在果壳网上发表后,Geek 男女间会不会多了一种分手的理由:不好意思,你是那 37％ 的人……

请扫二维码

　　如果将拒人的数学模型运用到面试中去,在确定自己参加 N 次面试的数量后,拒绝前 37％,在之后遇到的第一个比之前 37％ 好的,即可接受。(完整文章请扫二维码)

【课堂活动】

探索我的决策风格

　　路边有一片桃园,假如你可以进入桃园摘桃子,但只许前进不许后退,只能摘一次,要摘一个最大的,在 ABCD 四种方法中,你选择哪种方式摘那个大桃子?

　　方法 A:我感觉这个大,就摘这个。

　　方法 B:去问看桃园的人,让他告诉我什么样的桃子最大,或者问旁边的人。

　　方法 C:桃子太多了,真是没有办法确定哪个最大,还是走走再说吧。

　　方法 D:对视野内的桃子进行比较,形成一个大概的标准,再根据这个标准选择最大的桃子。

　　想一想我最近一段时间做出的三个决定,学业、交友,或者别的,归纳自己的决策的共同特性,说说自己决策的类型,并讨论改进建议。

　　请思考以下三个问题:

　　(1)决策的共同性:

　　(2)我的决策风格:

　　(3)改进计划:

第四节　职业决策与行动计划

【名人名言】

　　使命感是一种促使人们采取行动、实现自己理想的心理状态,是决定人们行为取向和行为能力的关键因素。

——贾贲德博士

　　知晓生命的意义,方能忍耐一切。

——尼采

　　希望获得最理想的职业发展目标,就需要认真地对自己进行全面剖析,知道自己希望得到什么。自己这一生应该在这个社会里获得什么,只有自己最清楚,也只有自己最了解自己,这就需要自己认真制定职业决策,并制定出最合适的决策目标。

　　目标按时间分解为短期目标(三个月以内)、中期目标(一年)、长期目标(三年及以上)等,按内容分解为知识目标(如专业、证书等)、能力目标(如专业技术能力、可迁移能力、自我管理能力等)、素质目标(综合素质、职业素质等)、实践目标(如学生 工作、实习、兼职等)等。

　　在知己知彼的基础上,我们需要确立各种符合 SMART 原则的目标。在生涯发展中,我们应当选择合适自己的职业目标,尽量做到人职匹配,并确定相应的发展路径。

一、建构生涯愿景

【案例导入】

马力的社工之路

请扫二维码

（访谈人:许柳青）

　　请你思考:

　　1.马力的生涯愿景与使命是什么?

　　2.这对他的生涯发展产生了什么样的影响?

　　在《现代汉语词典》(第五版)中收录了一个新词——愿景。愿景是什么? 它是"看得见的未来",由许多图像组成而不是由概念组成。比如现在问你,你的理想人生是什么?如果回答是"幸福、快乐地生活""钱多事少""有意义的人生""无悔的人生"……这些都不是愿景,只是概念。真正的愿景是一种生命的归宿与寄托,没有愿景的人就好像尘埃一样随风飘荡,人生没有真正的方向。

　　对于个人来说,愿景是人们基于自我认同愿意长期为之奋斗所希望达到的图景,它是一种意愿的表达。拳王阿里曾言:冠军不是诞生于运动场,而是诞生于内心的渴望。愿景概括了未来目标、使命及核心价值,是哲学中最核心的内容,是最终希望实现的图景。有了生涯愿景的构建,才会有千古传唱的"生于忧患,死于安乐"、"为中华之崛起而读书"的呐喊,也才会有盖军衔作为一名产业工人,不畏艰险三赴南极科考的报国情怀,生涯愿景的构建给职业生涯的发展注入动力,如果你想造一艘船,先不要雇人去收集木头,也不要给他们分配任何任务,而是去激发他们对海洋的渴望。如果你知道为什么而奋斗,明确了自己的使命,那么,再苦再难的生活你也会坚持下去。

职业生涯愿景包含很多内容,这些内容对于个人的职业目标是全面且细致的描述,包含"目标职位、领导风格、价值观念、性向特征、行业领域及规模、职位胜任素质、控制幅度"等,其中价值观、个人性向、知识技能等最为重要,是构成个人职业生涯愿景的核心部分。

在构建职业生涯愿景时,通常借助愿景工具,如个人使命宣言或生涯平衡轮(见图 7-8);"个人使命宣言"可以是任何形式的,如诗歌、图画等,也可长可短,只要反映你的心声,明确意义和方向。它也不是一蹴而就一夜间完成的,可以随着你的年龄和境况不断改写。

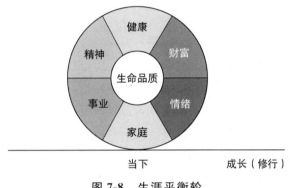

图 7-8　生涯平衡轮

生涯愿景的建构会帮助我们寻找到人生的意义与使命,在实现个体生涯目标的同时,满足服务社会的利他需求。生涯愿景的牵引,可以让我们当下的行动变得更有力,减少对未来不确定性的焦虑与担忧,在生涯发展的过程中更容易克服困难与困境。正如一行禅师在《一步一莲华》书中所述:"生命的意义只能从当下去寻找。逝者已矣,来者不可追,如果我们不反求当下,就永远探触不到生命的脉动。"

未来的世界将是更加复杂多变的,每个职业都将是高度个性化的,哪怕传统行业也会有个人的特征,每个人的职业都将由他自行建构,由意义、使命感来主导。

【课堂活动】

撰写我的个人使命宣言

为了更好地理解使命宣言,并写出自己的使命宣言,我们一起来做一个练习:畅想自己的 80 岁生日会。请准备好笔和纸,找出 6 个你认为最重要的角色(包括工作和生活上的),然后写出每个角色对应的最重要关系人的姓名。想象在你 80 岁大寿的生日晚宴上,你是主角,你希望哪些你认为生命中最重要的人为你送上祝福,写在角色与关系里,同时,在"祝词"一栏里,写下你希望每个关系人如何评价你。例如,你希望子女如何评价你对他/她的人生带来的影响？然后在此基础上，撰写个人使命宣言，如表 7-5 所示。它将帮助我们明确希望在每个重要角色上留下怎样的印记。

表 7-5　个人使命宣言示例

角色	祝词
1	
2	
3	
4	
5	
6	

使命、准则、目标构成我的个人使命宣言。

1.使命：做一个对他人能够产生积极影响的人。

2.准则：我矢志不移的决心，用以衡量自己行为的准则。

(1)无论做什么，都要发平干心。

(2)看重大方向，不在意细枝末节。

(3)不断学习，以开放的态度面对一切。

(4)维持生命各方面的平衡。

(5)尽力帮助周围有需要的人。

(6)与人分享。

3.目标：我要完成的事。

(1)家庭方面：

①关怀父母，使他们老年安乐。

②爱妻子，让她幸福，不让她觉得嫁给我是个错误。

③引导孩子，成为她乐于倾心交流的朋友。

④女儿 10 岁以前平均每周要花 10 小时和她在一起。

⑤规划晚年，不成为孩子的负担。

(2)工作方面：

①提供帮助和指导，助他人完成职业生涯规划。

②成为他人乐于共处的同事。

(3)社会角色：

①保护环境，尽可能减少浪费。

②帮助需要帮助的人。

（4）自我：

①每周锻炼至少两次，享受运动的快感。

②坚持阅读，每周阅读1本书。

③每天学点儿英语。

④每年一次远途旅行，欣赏世间风物与美景。

⑤坚持学习。每年至少学习一门新课题或一项运动，或开拓一个新领域，或者学会一门新技艺。

⑥每周独处静思一小时，追求内心世界的祥和与宁静。

二、制订行动方案

如果没有目标明确、方法及具体可操作的行动方案，在临近毕业开始做职业选择时就容易迷失；没有计划，会在迷茫中消耗更多的时间、精力甚至金钱。有了生涯行动方案，就会有目标与方向，若清晰地了解自己的使命与愿景，这时，可以更有效地依据行动方案去实现目标。

现在请你对大学生涯以及进入职场最初的五年职业生涯，参照表7-6、表7-7（当然，你也可以用其他类似的方式）制订一个切实可行的生涯行动方案，并在每年进行阶段性总结，以及反馈、评估与调整。

表 7-6 大学生涯行动方案

时间跨度	年 月 — 年 月
总目标	
分目标（包含内生涯目标与外生涯目标）	大一：
	大二：
	大三：
	深造：

续表

计划内容	内生涯：（如专业学习、职业素养等）
	外生涯：（如实习实践、社团、考级考考证等）
行动策略与措施	

表 7-7　职业生涯初期行动方案

总目标	
分目标	内生涯：
	外生涯：
计划内容	内生涯：
	外生涯：
行动策略与方案	

【案例分享】

跨专业备考半年的学习方法和复习节奏

李露婷是厦门城市职业学院 2018 级金融管理专业的毕业生，由于对广告专业感兴趣，希望未来能够从事与广告相关的职业，成为一名优秀的广告人。2021 年跨专业专升本，她将专升本目标确定为公办校的广告学专业，在她的学习软件中记录了她的备考过程数据：整个备考周期共计 247 天近 1600 小时，专注时长日均达 5 小时 37 分钟，最终获得广告学专业全省排名前 20 的好成绩，被闽江学院录取。

露婷同学详细的备考方案与精准的行动计划是她获得优异成绩的重要法宝。在她的分享中可以看到从愿景、目标、计划、资源及具体行动的清晰路径。备考期间，她从闲鱼、学长学姐笔记、网课等多渠道获得备考资源，制订了详细的备考计划，运用手机软件进行专注管理,同时运用艾宾浩斯记忆法指导每周的备考任务:以周为单位提前制订一周的总计划,再精确到每天的计划,一周结束后,完成进度一目了然,在实施计划的过程中,以 PDCA(计划—行动—检查—处理)循环进行管理,在此期间还做到了坚持规律作息不熬夜,正如她在备考经验的分享中所说的:适合别人的方法未必适合你,要找到属于你的节奏。人与人最小的差距是智商,最大的差距是坚持,所以不要再拿自己基础差作为借口而逃避现实了。

看完案例,请思考并回答以下问题:

1.你是否有过明确目标,根据目标制订计划,实施计划,最终实现目标的经历?

2.看完露婷同学的经历,你有什么感受?她的制订计划、明确行动方案、运用工具与方法对你有什么启发?

3.请依据 SMART 原则,分析该案例。

第**8**章

评估修正我的职业生涯之路

【教学目标】

通过本章的教学，学生应该能够：

1.了解行动方案的评估与修正方法；

2.理解职业生涯发展中的不合理信念；

3.了解职业生涯自我管理的方法；

4.掌握并运用职业生涯自我管理的工具。

【教学内容】

第一节　职业生涯发展的评估与调整

【案例导入】

跳槽之思

　　欧阳艳芳是 2014 级旅游管理（闽台）专业的毕业生，大学期间曾是学生会主席，大二通过导游资格考试取得导游证后，先是在厦门一家国企下属的旅行社兼职，毕业后签约这家旅行社，成为一名正式导游，并在入职一年后参加市导游技能大赛时，荣获优秀奖。但在一年半后，艳芳辞职了，转而应聘去了一家旅游行业的电商平台。

　　做出这个决定前，艳芳经过了深思熟虑，她运用职业生涯规划知识中的信息加工理论对她当时的职业决策进行了详细的分析，包括自我的认知、职业环境的分析、机会与路径探究，全面地思考未来想要的生活，什么样的职业机会离自己想要的生活最近，有哪些途径可以抵达，哪些机会是自己能触及的。她希望能找到一个新兴的旅游行业电商平台，并且在该平台了解电商运营的具体流程，但能够满足这些条件的企业不多。最终她选择了目前工作的这家规模不大的旅行社，薪资比原来少，以致在面试时老板充满疑虑地问："你确定要来吗？"在入职初期，艳芳的工作内容繁杂，从财务、合同、美工、票务、策划到报价都有所涉及，但艳芳说每天都能学到新东西，每天都会进步一点点，这让她很满足。（完整故事请扫二维码）

请扫二维码

（访谈人：汪琳）

　　俗话说："计划赶不上变化。"是的，影响职业生涯规划与发展的因素众多，有的变化因素是可以预测的，而有的变化因素难以预测。在此状况下，要使职业生涯规划行之有效，就须不断地对职业生涯规划进行评估与调整，调整的内容包括：学涯的安排、职业的重新选择、职业生涯路线的选择、人生目标的修正、实施措施与计划的变更等等。

　　曾子曰："吾日三省吾身，为人谋而不忠乎？与朋友交而不信乎？传不习乎？"诗人海涅曾言："反省是一面镜子，它能将我们的错误清清楚楚地照出来，使我们有改正的机会。"在职业生涯发展的过程中，自省与反思是通往自我成长与悦纳的重要桥梁。

　　大家有没有听说过海尔公司的"日清日高"和哈佛管理的"4 小时复命"？反馈早已成为先进公司关注并予以解决的问题。建立反馈制度，并与绩效挂钩，使工作有章可循，对员工可以横向比较，进行奖罚配套激励，形成企业的文化与行为规范，以确保工作落实到位。制度管理是执行力、科学管理的重要手段。这些方法可以迁移到职业生涯规划的评估与修正中。

根据自己制订的行动方案,在每一个阶段进行一次系统全面的评估,例如每天、每周、每月、每季度、每年等阶段性地进行有意识的复盘回顾,总结得失,检查验证前期的行动方案执行效果,及时调整阶段目标中出现的偏差。评估可以参照各类短期、中期预定目标和实际结果比照进行。一般来说,任何形式的评估都可以归结为自我素质和行为对现实环境的适应性判断,分析自己的现实情况,特别是针对变化的环境,找出偏差所在,并做出修正。

【小贴士】

OEC管理法——日清日高

15年来,海尔集团以平均每年82.8％的速度高速稳定增长,从一个濒临倒闭的集体小厂发展成为中国家电第一名牌,在国际市场上享有较高声誉,其经验被美国哈佛大学列为成功管理范例。其中一种成功的管理模式即"日清日高"OEC管理法。"OEC"的内容是:O—overall(全方位),E—everyone(每人)、everything(每件事)、everyday(每天),C—control(控制)、clear(清理)。"OEC"管理法也可表示为"日事日毕、日清日高",即每天的工作当天完成,每天工作要清理并要每天有所提高。

有一年7月中旬,美国洛杉矶地区的气温高达40多摄氏度,连路上也少有人走动。因运输公司驾驶员的失误,有一次运往洛杉矶的洗衣机零部件多放了一箱,这件事本来不影响工作,找机会调回来即可,但美国海尔贸易有限公司零部件经理丹先生不这么认为,他说:当天的日清中就定下了要调回来的内容,哪能把当日该完成的工作往后拖呢?于是丹先生冒着酷暑把这箱零部件及时调换了回来。

分析:从上例可以看出因为这张所谓"日清卡",海尔把工作、目标分解落实到了每个员工身上,每个零部件都有一个责任人,要使产品保质保量,每个员工的素质都特别关键。

思考:

1.日清日高卡的案例,你觉得是否可以借鉴运用到职业生涯规划评估中?

2.如果可以的话,你觉得如何借鉴? 具体可以怎么做?

一、有方法:评估的方法

职业生涯规划行动方案实施的评估方法多种多样,以下简要介绍聚焦法、对比法、咨询法、简历法。

(一)聚焦法

孔子曰:"逐二兔,不得一兔。"孟子曰:"鱼和熊掌不可兼得。"老子曰:"多则惑,少则明。"佛曰:"舍得,舍得,有舍才有得。"大学生的职业生涯发展过程中的评估,也无须事无巨细、面面俱到,而是选择其中最关键或最重要的策略方案进行反馈评估,在发展中的每个阶段,都会存在核心、重要的目标,其他目标围绕指向核心目标,通过重要性排序,可以重点评估阶段性的核心目标执行效果。

(二)对比法

生涯之术乃应变之术,在生涯发展过程中唯一不变的是变化,因此,在阶段性评估过程中,需要对比当前所处环境与自身条件发生了什么变化,与此前的生涯发展计划进行横向和纵向对比(包括时间与空间变化),分析出在变化后的条件下,如何调整发展方案,从而使规划可以与时俱进,顺应形势的变化。

可运用 PDCA 循环进行对比评估。PCDA 循环又叫戴明环,它是全面质量管理所应遵循的科学程序。PDCA 即 plan(计划)、do(执行)、check(检查)和 action(处理),PDCA 循环就是按照这样的顺序进行质量管理,并且循环不止地进行下去的科学程序。

(1)P (plan):计划,包括方针和目标的确定,以及活动规划的制定。

(2)D (do):执行,根据已知的信息,设计具体的方法、方案和计划布局;再根据设计和布局,进行具体运作,实现计划中的内容。

(3)C (check):检查,总结执行计划的结果,分清哪些对了哪些错了,明确效果,找出问题。

(4)A (action):处理,对检查的结果进行处理,对成功的经验加以肯定,并予以标准化;对于失败的教训也要总结,引起重视。对于没有解决的问题,应提交到下一个 PDCA 循环中去解决。

(三)咨询法

当个体在职业生涯发展方案的自我评估遇到困难或障碍无法破局时,可以寻求专业的职业生涯规划师的帮助,通过专业咨询来协助完成评估障碍,找到破局的路径,解决生涯发展中所遇到的困难。

(四)简历法

在职业生涯规划评估的每个阶段,都可以通过撰写简历的方式,将阶段性发展成果进行归纳总结,撰写成一份完整的简历,并将简历内容进行前后对比,在简历撰写的过程中主要从外生涯的发展描述职业目标实现的状况,如:聚焦于职业发展目标的考级、考证、社会实践、社团活动、项目经历、学业情况、获奖评优等,发现进步找到差距,及时修正。

在简历撰写的过程中,核心在于按照 KST(知识—技能—才干)三原则梳理成就事件。简历格式可以参考乔布简历。

二、找差距：评估的维度

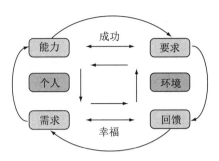

图 8-1 职业生涯发展的 CD 模型

职业生涯规划行动方案执行的评估目的之一是找差距，分析差距产生的原因，进而有策略性、有针对性地调整与修正行动方案与目标。差距产生的原因主要有以下几个：

1.目标定得过高或过低

目标超过个人能力导致无法抵达，这时需要适当调低自己的目标，否则会伤害自己的自信心。设定人生目标要结合自身的才能，不可贪求虚无，不可好高骛远。要想做一个幸福的人，人生目的不能高于自己的才能极限，适可而止方能自得其乐。

由此，制定目标要从实际出发，不管设置怎样的目标，如果潜意识里认为不太可能实现，那么这个目标就较难达到，所以，最好还是把潜意识认同的事情当成目标比较现实。你可将想做的事情，以积极的观念，有意识地传达到你的潜意识之中，印在你的脑海里，它就会立刻开始行动并运用你的智慧、力量和精力以实现它要做的事，而有意识地驱除消极、悲观的想法以减少成功的阻力。这一过程可以通过心理行为训练而做到，特别是晨起、入睡前的各种调理有效的训练意识与潜意识之间的沟通，平衡心态，缓解压力，减轻症状，只有这样才能真正做到：开开心心做事。

但是，如果目标过低不需要花费很大的精力就可以达成，这种目标也没有什么价值，此时你就要及时调整为高预期的目标，使自己的能力与优势得到充分的发挥。《孙子兵法》云："求其上，得其中；求其中，得其下；求其下，必败。"

有研究表明，当人们把目标制定得比较低的时候，是很难把潜力发挥到极致的。一部分原因是目标越低，竞争就更加激烈。激烈的竞争不仅仅会降低你获胜的概率，还会影响你的发挥。行为心理学家曾经做过实验，让一批学生参加同一个竞争性测试，有的组是 10 个人，有的组是 100 个人。实验做了好几次，得出的结果都是一致的：小组人数越少的学生，获得的分数越高。也就是说，当学生们知道竞争对手只有几个人的时候，往往会表现得更加努力。这不难理解，如果你知道竞争对手太多，一来你会心生怯意，二来你可以把自己的失败归因于竞争太激烈，这两个因素都会影响你的发挥。此外，因为目标过低易于实现，也影响人的创造力的发挥。

2.目标合适而行动方案与之不配

当目标与行动方案不匹配时，会导致目标无法实现，通常可以利用以下三个方面来判断行动方案是否与目标相匹配：第一，行动方案与目标之间缺乏内在联系，如计划是某企业的工程技术人员，备选方案是导游，这样的备选方案缺乏相关性；第二，行动方案的可操作性不强，例如只罗列了行动方案，却没有实施的时间计划表，执行计划模糊；第三，环境认知普遍化，信息来源大多为网络，缺少具体的调查分析，难以针对职业生涯发展的实际做出行动。

3.目标和行动方案都合适，但执行力不足

有些同学创作了一份堪称完美的职业生涯规划书，创作完之后便束之高阁，从此不闻不问，所以人们常说，成功的规划并不等于规划的成功，没有强烈的企图心与执行力，决策的行动方案只能停留在蓝图上，对生涯目标的实现并不能产生实际的作用。

三、析原因：评估的分析

影响职业生涯规划的因素很多，有的变化因素是可以预测的，有的变化因素则难以预测。在此状态下，要使职业生涯规划行之有效，就必须不断地对职业生涯规划执行情况进行评估。

首先，要对年度目标的执行情况进行总结，确定哪些目标已按计划完成，哪些目标未完成。

其次，对未完成的目标进行分析，找出未完成的原因及发展障碍，制定相应的解决对策及方法。

最后，依据评估结果对下一年的计划进行修订与完善。如果有必要，也可以考虑对职业目标和路线进行修正，但一定要谨慎考虑。

【课堂活动】

个人生涯发展商业画布分析(见表 8-1)

表8-1　　个人生涯发展商业画布

重要合作 (谁可以帮到我?)	关键业务 (我可以做什么?)	价值服务 (我如何帮助别人?)	客户关系 (怎么和对方打交道?)	客户群体 (我能帮助谁?)
	核心资源 (我是谁?我拥有什么?)		渠道通路 (怎么宣传自己付服务?)	
成本结构(我要付出什么?)			收入来源(我能得到什么?)	

第二节　职业生涯发展中的不合理信念

【案例导入】

　　李梅和王正是好朋友,他们在大二都参加了英语四级考试,两个人都没有通过。李梅觉得自己没有平衡好时间计划,兼职与社团活动占据了过多时间,忽略了英语考试的复习,从而导致考试失利,但在毕业前还有机会参加考试,因此,李梅很快调整好心态,开始下一轮的复习迎考。而王正却认为自己的英语成绩一向很好,从没考砸过,更何况自己参加英语比赛获得过不错的奖项,四级没考过,对他的打击很大,每次走在路上都觉得周围的人在嘲笑自己,心理压力非常大。

　　李梅和王正都遭遇四级考试失利,但是同一个事件对两个人的影响却是截然不同的,为什么会这样?

　　请你帮王正分析一下原因。

一、职业决策困难

(一)职业决策困难的定义

　　职业决策困难一直是职业决策领域备受关注的焦点,关于职业决策困难的定义,国内外学者因关注点的不同而存在多种不同的取向。

　　第一种是过程论,把职业决策困难看成是从准备到最终决策过程中,个体可能遇见的各种问题。这种观点认为,职业决策困难是个体在做职业决策过程中可能遇到的各种难题,应从总体过程上对个体的职业决策困难进行考察。职业决策困难分为决策过程开始前的困难和决策过程中的困难,这些难题主要从两个方面影响决策者行为:阻碍个人做出决策或所做的决策不是最优决策。

　　第二种是缺乏论,把职业决策困难看成是由于知识、经验、能力等方面的欠缺所引起的。这种观点认为,职业决策困难的实质是对决策的不满意状态,造成这种状态的原因,有可能是个体与职业相关的各类经验没有达到要求,也可能是个体不知道如何运用一套系统的方法来完成职业决策。

　　第三种是决定论,将职业决策困难固定在个体进行职业决策过程中最后"敲定"阶段上。这种观点认为,个体在职业选择过程中(进入阶段或职业改变阶段),面临最后决策时不知道要从事什么职业或从几个职业中挑选一个时发生的困难,就是职业决策困难。

《心理学百科全书》中,职业决策困难是指个体在特定的时间里,无能力作出一个特定的决策。

(二)职业决策困难的结构

1. Holland 的观点

Holland 认为职业决策困难主要包括三类:(1)职业认同(identity)困难;(2)缺乏关于工作或训练的信息;(3)环境或个人的障碍。

2. Fuqua 的观点

Fuqua 等人对"职业决策量表""职业决策调查表""职业成熟度量表"和"我的职业情境量表"中的 13 个分量表所包含的项目进行因子分析,抽取出职业决策困难的三个因子:对职业和自我的信息、特质性决策困难和情绪的舒适度。

3. Stead 和 Watson 的观点

Stead 和 Watson 分析了 CDS、CFI、CDP 的 55 个项目之间的关系,提炼出四个因子:决策困难、对职业和自我信息的需要、职业选择焦虑和特质性决策困难。

4. Gati、Krausz 和 Osipow 的观点

Gati、Krausz 和 Osipow(1996)则以"理想职业决策者"模型为基础,并按职业决策的不同阶段将职业决策困难的结构做了分析,认为职业决策困难主要包括三个维度十个方面。它们分别是:(1)缺乏准备。细分为:①缺乏动机;②犹豫不决;③错误的信念。(2)缺乏信息。细分为:①缺乏决策过程的信息;②缺乏自我的信息;③缺乏职业的信息;④缺乏获得信息的方式。(3)不一致的信息。细分为:①不可靠的信息;②内部冲突;③外部冲突。

(三)职业决策困难的测量

目前,国内外用于测量职业决策困难的主要工具是"职业决策困难问卷",其他相关测量工具还有"职业决策量表""职业决策自我效能感量表"和"我的职业情境量表"等。

1. 职业决策困难问卷(Career Decision-making Dificahies Question naire,简称 CDDQ)

Gati、Krausz 和 Osipow 于 1996 年提出了一个新的基于决策理论的职业决策困难分类。为了检验这个分类,他们开发了一个新的测评工具,即"职业决策困难问卷",试图在理论研究与实证研究之间寻求结合。目前,国内沈雪萍等人各自独立对其进行了修订,结果表明该问卷信效度良好,基本符合在中国文化背景下使用。

2. 职业决策量表(Career Decision Scale,简称 CDS)

CDS 量表由美国著名心理学家奥斯普编制,是迄今为止使用最为广泛的职业决策量表,是用以测量大学生职业决策过程状况的一个快捷、有效的工具。量表的宗旨在于筛

选职业决策困难,因此,需要帮助的学生量表总得分要高于不需要帮助的学生,需要职业辅导的学生量表总得分将高于不需要职业辅导的学生。大量研究都表明,CDS 的有相当高的信度与效度,且具有跨文化的特点。周满玲(2007)以"信息"为出发点,以大学生为调查对象编制了中国大学生职业决策困难量表,共 26 道题,包含五个维度:自我评价能力、职业熟悉度、社会环境因素、人—职匹配、社会适应性。

【课堂活动】

高职生职业决策困难自测

请认真阅读表 8-2 中的问题,领会问题所表达的意义,根据每个问题描述的情况与你自身情况的符合程度进行选择。符合的打"√",不符合的打"×"。

表 8-2　高职生职业决策困难自测题

问题	是否符合
1.对于未来我做了许多非常必要的选择。	
2.我不确定自己未来将会喜欢什么工作。	
3.我不知道自己想读哪个专业。	
4.我没有决定将来心哪里工作。	
5.我不知道什么时候结婚。	
6.我还没想好明年选什么课程。	
7.我还没决定什么时候开始工作。	
8.我不知道将来去哪里工作。	
9.我不知道是继续专升本,还是毕业后直接去工作。	
10.我不能确定是否会边打工边读书。	
11.我没确定要不要坚持完成学业拿毕业证,还是肆业去工作。	
12.我不知道什么时候可以自食其力。	
13.我不确定自己是喜欢与人一起工作还是操纵机器。	
14.我已经确定了一生要做的事情,这个决策到明年也不会改变。	
15.关于未来我还没有做出任何决定。	
16.我已经想好了怎样支付自己的学费。	
17.我还没有想过将来的工作问题。	
18.对于职业计划,我现在只能用"不一定"来描述。	
19.对于职业计划,我现在只能用"非常不一定"来描述。	
20.我已经决定好了下半辈子将在哪个领域工作。	

评分标准:你的作答与评分标准(见表 8-3)一致的得 1 分,不一致的不得分,总分相加即是你的得分。

表 8-3 评分标准

1√	6×	11×	16√
2×	7×	12×	17×
3×	8×	13×	18×
4×	9×	14√	19×
5×	10×	15×	20√

解释自己分数的参照标准,如表8-4所示。

表 8-4 得分与百分数

得分	百分数/%
15	85
13	70
11	50
9	30
7	15

说明:得分高表明你在选择学习专业和职业决策方面达到一个较高水平,例如,你得了13分,则意味着你在这方面的水平高于70%的年轻人。

二、职业生涯决策中的不合理信念

【课堂活动】

下列有关职业生涯决策的表述,你赞同吗?

1.选择一个职业或专业之后,就不能再回头了;一旦做了决定,就不能再更改了。

2.每个人终身只能有一个适合于他的职业。

3.我会按照父母或其他我生命中的重要人的意见去选择将来可以做什么,如果不这样,我就对不起他们,会失去他们的支持和喜爱。

4.只要有兴趣或只要有能力就一定能成功。

5.我在工作中必须十全十美,否则就不算成功。

6.这个世界简直变化太快了,"计划未来"是不可能的。

7.工作只要能满足我的需要即可,不管对我来讲是否有兴趣、有价值。

8.男生和女生应该严格按照传统的看法去选择工作。

9.公司的经理会为我铺平道路的,我不用积极争取。

10.我没有资格或能力从事一份更好的职业或胜任更高的职位。

11.工作后,就不需要再进行学习了。

12.与本科生、研究生相比,我在求职市场上根本没有竞争力。

请你尝试用积极的语言将上述表达进行转换,例如:11.工作后,还需要持续学习,以适应职业世界的新变化。

(一)什么是职业生涯的不合理信念

在进行职业生涯决定与计划时,许多的不合理信念或观念常常会使我们裹足不前或者固执偏激。来看看如何辨别它们,并用事实或者数据对这些信念提出挑战与质疑。不合理信念可归纳为非现实、非伦理的,个人对自身生活抱有过分死板且不恰当的一种思考方式。人们在日常生活中希望自己在所有方面都能做到最好,在无法完成已定目标的情况下,就会以苛刻的态度看待自己、他人和社会。按照艾利斯在美国创立的一种认知心理治疗疗法,即合理情绪治疗(rational－emotive therapy, RET) RET 理论,个体存在的不合理信念主要有三个特征:绝对化要求、过分概括化、糟糕至极。当不合理信念出现在职业生涯中,即为职业生涯的不合理信念。职业生涯发展中的不合理信念会引发诸多的情绪问题,如绝对化要求导致自我效能感降低,对自己失望;过分概括化会导致自怨自艾等。因此,学习识别不合理信念,掌握调整认知的一些方法,对职业生涯发展具有积极意义。

(二)职业生涯不合理信念的常见类型及其应对

(1)选择一个职业或专业之后就不能再回头了;一旦做了决定,就不能再更改。

事实:美国的若干研究发现,有 30％到 50％的大一新生,在大学四年中改变他们的主修专业。国内研究也发现很多大学生对主修的专业不满意,想要转系或已经转系。因此"改变念头"已不再属于少数特例,而是颇为普遍的现象。停留在一个不满意的专业或者职业,其所隐含的损失会远远超过对于新方向"投资"的收获,包括个人长期的压抑与压力、工作或学业的不振、动机与表现的低落等,这些精神上的损失比物质上的损失更大,所以,有时候长痛不如短痛,可以尽早调整从业方向。

较合理的信念:不管多么仔细地去计划选择专业或职业,总是无可避免地要冒一点令人不满意的风险。要相信,决定方向的承诺与行动远胜于犹豫不决,在坚持的同时,需要保持必要时重新检讨与调整方向的警觉与灵活性。

(2)每一个人只能有一个适合他的职业。

事实:职业种类有很多,任何一个具有一定能力与兴趣的人应该能在不同的职业中都表现得很不错。一个学医的人,将来可以成为音乐家、政治家或教育家;一个中文系毕业的学生,将来也可以从事中文的电脑程序设计师、杂志编辑或是作家、剧作家、教师等工作。

较合理的信念：我们的学识与能力,可以在从事许多性质相近的职业中得到充分发挥。而且随着个人能力、经验与兴趣的不断增长与改变,人们也可以在职业生涯中获得自我突破。

(3)不做决定就表示自己不成熟;别人从小就知道将来要做什么,而我却不知道。

事实:从年龄或学历来说,不作决定的状态是生命中自然的现象。生命的成长过程就是不断地探索、决定与再决定。不做决定也是一种决定,而且在某种情况下,还是最聪明的决定。

较合理的信念:不做决定和不成熟是两回事。若时候未到或时机未成熟,仓促做决定反而更糟。重要的是,要善于利用手边的各项资源抓住时机,在需要做决定时,能够做出最适当的决定。

(4)职业测评或一位专家能告诉我将来能做什么。

事实:职业测评只能协助我们找出一个大致的探索方向,但是绝对无法斩钉截铁算定我们适合哪一个特定的职业。专家所能做的,是帮助我们找出个人职业的取向,指导我们如何正确搜集最新的生涯资料,如何根据这些来自己作决定。所以,决定权在自己,责任也自然归于自己。

较合理的信念:我的选择决定了我的生活方式与生涯历程,我可以从别人或从测验那里得到有关自己兴趣和能力等资料,以做进一步的探索。但我如何根据这些资料做决定,这是我的事;别人可以提供建议,重要的是"我"要为自己的决定负责。

(5)只要有兴趣,我就一定能成功。

事实:有这种想法的人,是把兴趣(你喜欢做什么)和能力倾向(你能做什么)混为一谈,认为兴趣所产生的动机能补偿能力上的缺陷。但是眼高(兴趣浓)手低(能力不足)常常是挫折与失败的根源。

较合理的信念:追求未来、考虑远程的教育或职业目标时,应该牢牢地记住,满意的职业选择综合了个人的兴趣与能力最优秀的部分。

(6)在还没有把所有资料分析完之前,不宜做决定;如果未来的事情没有按照我的计划兑现,我大概就算失败了。

事实:我们所处的世界是一个变化的世界,科学不能完全地预测或控制。至少,我们可以根据现有的资料对未来做推测。每个人都会有成功,每个人也都会有失败,这只是程度的差异,而不是绝对的。

较合理的信念:虽然我不能完全把握未来,但是只要用心,便能越来越准确地增加对未来的判断或预测能力。容忍若干程度的错误,反而能让我放手预测可能的选择方向与结果。

(7)这个世界变化太快了,"计划未来"简直是痴人说梦。

事实:虽然我们不能完全地控制这个世界,但我们并未失去控制的能力。如果我们注意着"变化"的连续轨迹,也就更能增加这种控制的能力。

较合理的信念:自主的行动比"不动"或"被动"要好。让自己与这个多变的世界同步前进,才可对变迁做最好的准备与回应。

(8)我现在逃避做决定,也许将来能做更好的决定。

事实:有时候,把一个棘手的问题放在一边,可以把问题看得更清楚;但是仅仅让时间飞逝,问题还是无法解决。时间能提供我们的是"机会",使我们能充裕地去探索自我与职业。

较合理的信念:在我决定即将从事哪一项工作,以及估计要在这项工作上取得多大成就之前,我最好先认清我所偏爱的生活方式是什么。

(9)工作是自我实现的唯一途径。每一个人都应追求成功,即使所从事的工作不是自己的兴趣所在,只要能赚钱,不必在乎做什么事,至少有安全感。

事实:对不同的人而言,工作有着不同的含义。的确有的人将工作视为个人成就的指标;而有的人将工作视为个人的生活方式,因而重视与工作有关的休闲安排与人际接触。工作的价值因人而异。

较合理的信念:工作是认识自我的重要途径,每个人对成功的定义不同,人生目标有差异,标准不是唯一的。

第三节　职业生涯自我管理维度与方法

【案例导入】

他的大学仿佛开了挂

在 2017 年唐宁校长的毕业致辞中,特别提到在此届毕业生中有一位"考证达人"——2014 级金融 A 班蔡晓辉同学,在校期间他参加了数十场保险、银行、理财、ERP沙盘等大赛,获得了全国大学生投资理财规划大赛个人一等奖、团体一等奖;两次全国大学生银行技能大赛个人二等奖、团体二等奖;全国职业院校保险综合业务技能邀请赛团体二等奖;两次福建省高职院校银行综合业务技能大赛团体一等奖等成绩,蔡晓辉始终把我院杰出校友中华技能大师、全国劳动模范盖军衔"爱国奉献,勤勉敬业,追求卓越"的精神作为自己学习和参赛的精神支柱。

俗话说得好,台上一分钟,台下十年功。虽然比赛的时间那么短暂,可是准备比赛的那段日子真的是很漫长很漫长,每天离不开的就是训练,训练,还是训练,但盖军衔精神中的追求卓越却是支撑他坚持下去、勇夺桂冠的精神源泉。因此,蔡晓辉的参赛感受就是要想拿大奖,就必须要坐得住板凳。

蔡晓辉是一位超级学霸。他说:以上 80 分为荣,以下 80 分为耻! 三年六个学期,学习成绩评价等级都是 A+,平均分都在 85 分以上! 毕业时,晒出的各类奖学金证书也是厚厚一叠,获得的奖学金总额 36224 元之多! 拿奖学金拿到手软,连续三年获得院一等奖学金、国家奖学金、盖军衔奖学金、技能优秀奖单项奖学金等;获得院级"三好学生"、"优秀学生干部"、"优秀团员"、军训"优秀学员"、"优秀毕业生"等表彰。

和奖学金相得益彰的,便是蔡晓辉考取的各类从业资格证书了。在考取从业资格证上,他先后考取了保险代理人从业资格证书、银行初级从业资格证书、证券从业人员资格证书、基金从业人员资格证书、期货从业人员资格证书、会计从业资格证书、助理理财规划师证书共七本从业资格证书。不愧是校长都知道的神一样的"考证达人"!

除此之外,在社会实践上,他曾担任校银行技能大赛的评委,还给本专业大一、大二的学弟学妹上过专业技能课——五笔字符录入教学;积极参加无偿献血、马拉松志愿者等公益活动;曾在万联证券有限责任公司厦门营业部、中国人寿保险股份有限公司厦门市湖里支公司实习,获得主管和领导的一致好评。

请扫二维码

一、做自己职业生涯管理的 CEO

在互联网时代,职业生涯发展的不确定性凸显,如何在这个时代中管理好自己的职业生涯不再仅仅是组织的事情,且是每一个个体需要自己承担的责任。本书介绍了职业生涯与创新思维相关的理论与知识,所有的知识就是要有用,才能最终解决问题。向这个方向走的关键一步是:把知识变成工具,将理念转变为行动。能够转化、凝结为工具,知识就更容易帮助我们解决问题。我们将在本书最后的章节中从不同的维度介绍一些有效的工具与方法,以帮助大家在职业生涯发展的过程中更好地进行自我管理。

这个世界唯一不变的就是变化,变化促成进步与发展。而新时代一日千里的科技、信息技术、人工智能、虚拟网络等更加速了这种变化。斯坦福教授卡普兰做了一项研究,认为美国注册在案的 720 个职业中,47% 的职业将被人工智能取代。而在中国,这个比例可能超过 70%。新的职业将会不断出现,而传统的职业也可能会在一夜之间消失。一个人一生为一个雇主工作,追求忠诚而使自己一生的职业安全已经不再现实。职场规则已经发生变化,雇主和雇员的关系不再以忠诚维系,而是建立在价值交换的基础上。2020 年新冠肺炎疫情在全球的爆发,共享员工、零工经济等新型用工形式应运而生,大量企业的工作模式从线下转移到线上,实体经济遭遇前所未有的挑战,更提醒从业者旧有的职业安全已不复存在,在职业生涯管理实现突破前,我们应该先改变自己的思维模式:那就是要接受改变,对新事物新思想要大胆尝试,不能排斥,并为即将到来的变化提前做出准备。

一方面,企业内部员工职业生涯管理,一般都会设置"员工职业生涯路径"或"职业阶梯",从最初级岗位,一步步按照年资、技能专业经验等升到最高级直至退休。但环境技术的变化,组织架构更加扁平与易变,这种传统的职业阶梯也正在走向消亡。另一方面,企业内部的职业阶梯更多倾向于内部运营的需要,每个员工都像是机器上的一颗螺丝钉、一块砖,企业内部的职业阶梯更多的不是你的选择,而是公司的安排。

所以,没有人会一直关注你的职业发展,没有人会关注你内心的需要和选择,也没有人会知道什么样的工作会让你快乐,什么样的工作能发挥你真正的才干。只有你知道自己需要什么;也只有你自己,是管理自己一生职业生涯的主人。职业安全已不存在,任何一个工作都有可能消失。自雇、SOHO 等自由职业的出现,行业的快速改变等,表示依赖雇主管理职业生涯的时代已经发生改变,你将是自己职业生涯的 CEO,如同运营一个企业一样来运营自己的职业生涯。两者之间最大的区别在于,前者被别人雇佣,一直努力让老板满意;后者自己雇佣自己,努力让客户满意。

我们应该未雨绸缪,花时间管理自己下一步的职业发展,为未来的变化提前做好准备。不要在现在的迷茫中沉睡,如果有一天你所工作的单位不复存在,你的岗位突然消失,你将如何应对?

(一)你的才能埋藏在你的经历和故事中

有一种面试官常使用的面试工具——STAR 法则,用来收集面试者与工作相关的经验和能力。STAR 法则是情境(situation)、任务(task)、行动(action)、结果(result)四项的缩写。用这四个纬度的问题,面试官一直在探究应试者在以往工作中的实际经验和能力,并且基于过去精确地预测面试者未来的工作发展和表现。从面试者的角度,STAR 法则其实是一个讲述自己故事的方式。

人们之所以迷失自己,常常是缺乏自我认知。"我是谁,我要走向哪里? 我希望过什么样的生活? 我的人生将完成何种使命?"我们听过这些问题,但却从未仔细认真地考虑过。掌控自己的人生,始于自我认知。自我认知就是认识自己的能力,正确把握自己的长处和短处,从而规划自己的生活,掌控自己的人生。我们需要从每天烦琐的日常中暂时跳出来,站在高空,俯视你的一生,清楚地了解你的过去、现在,以及规划将来的路。

我们也可以用 STAR 法则这样的工具,梳理以往自己所经历的事情,探究自己以往的经历、经验和才能。不要仅限于你工作的单位,这种梳理的思路可以发散到你的大学、中学、小学甚至你童年的家庭。当你还是孩子的时候,你最喜欢、最擅长做的事是什么? 你理想的职业是什么? 孩提时你的才能和特长是什么? 你参加工作后参与的大大小小项目有哪些? 你为部门或公司解决过什么样的问题? 不考虑是否有收入,你最喜欢做的事情是什么? 除了热爱和喜欢,你花时间最多、最精通的工作是什么? 你理想的住所是什么样的? 你希望过一种什么样的生活?

在这个世界上,每个人都是独一无二的,每个人身上都有自己的优势和才能,你的经历也是独一无二的,永远不要低估自己……花时间仔细地回顾,并把它们一一写下来,然后进一步分析、归纳和提炼,你就会有惊喜的发现!

(二)时刻保持学习敏感度,提高自己的职业竞争力

学习的本质是竞争力,也是投资自我成本最低、产出最大的方式。为保持敏锐的心智能力和扩充智力容量,我们应该日复一日地不断学习。不断地学习为我们提供无尽的能量,持续学习是跟上时代步伐最稳妥的方法,是我们在变化的时代中获得成功的可靠保证。

关于学习,让人启发很大的有两句话,第一句是"牛不喝水强按头",第二句是"任何时间地点都有学习的机会"。

先说第一句,实际讲的是学习意愿的问题,如果牛不想喝水,你强按头它也不会喝。比喻人如果不想学习,你再强迫他也是白费功夫。所以,谈到自我学习,首先是要有自我学习的强烈意愿,保持好奇心和良好的学习态度,这是保持学习敏感度、学到知识的前提。

第二句,"任何时间任何地点都有学习的机会",是指学习的途径和方式问题。著名的"721"学习法则认为,70%来自工作生活实践中的学习,主要是在工作生活中边实践边总结,或者把学到的知识应用到工作中,再应用,不断调整,形成可靠的经验与技能;20%是从其他人身上学习,借鉴、参考别人的做法,以及与他们沟通、讨论、交流等过程中的互相学习;10%来自正规的培训和阅读,主要是指从培训师和书本那里得到的启发所学到的知识。

当然,这种学习法则的比例也许与现实个体比较时可能并不精确,但有一点是正确的,即学习的途径有多种,人们经验和技能的习得并不限于一种,混合式的学习方式是最佳的也是最有效的,即理论与实践结合,从理论到实践再上升到理论再应用,不断上升。

二、生涯自我管理的工具与方法

(一)建立个人的生涯档案

根据学生的具体情况,结合实际,可制定一份专属的职业生涯管理档案。并附上相关的证明材料,在毕业求职时可随时调取其中必要的资料与信息,学生用书配套的同步训练手册就是一份学生专属的生涯档案,再将大学三年的相关事件与照片、奖励证明、资质证书等材料一并归类整理,就是相当完整的个人生涯档案。

每学期均可根据生涯自我管理档案撰写一份简历,每学期对照职业目标进行更新。

(二)学习力管理:以 KST 管理成就故事

习近平总书记在北京大学与师生座谈时,对当代大学生提出"勤学、修德、明辨、笃实"的希望。习近平把"勤学"放在了首要位置:"要勤于学习,敏于求知,注重把所学知识内化于心,形成自己的见解,既要专攻博览,又要关心国家、关心人民、关心世界,学会担当社会责任。"有数据证明,在瞬息万变的商业环境中,"学习力"是所有职业最重要的能力。不少企业在招聘中,对应聘者取舍的关键性决定因素就是现有能力和学习能力。

学习力是指一个人或一个企业、一个组织学习的动力、毅力和能力的综合体现,是把知识资源转化为知识资本的能力。个人的学习力,不仅包含他的知识总量,即个人学习内容的宽广程度和组织与个人的开放程度;也包含他的知识质量,即学习者的综合素质、学习效率和学习品质;还包含他的学习流量,即学习的速度及吸纳和扩充知识的能力;更重要的是看它的知识增量,即学习成果的创新程度以及学习者把知识转化为价值的程度。

职业生涯发展过程中,学习力的管理是重中之重,其中外化的管理工具就是"记载闪光时刻",将个体经历的成就故事,紧密结合职业发展目标,进行清单式管理,有理有据,可量化,与专业能力(K)、通用能力(S)、自我管理能力(T)紧密结合,在平时就注意不断积累,并进行阶段性总结。

(三)时间管理的核心:精力管理

鲁迅说:"时间就像海绵里的水,只要愿挤,总还是有的。"然而,挤时间这一招貌似已经不能适应时代的发展了,即将取而代之的是"精力管理"。

"提高工作效率的关键,是精力管理。"这句话出自商业顾问弗利普·布朗(Flip Brown)之口。布朗说:"我们可以把时间当成静止不动的东西。大家都知道,看医生的时候会有度日如年的感觉,而到雪地上滑雪的时候,感觉就完全不一样了。大多数人都觉得,自己在某些特定的时间段工作时会很轻松,做某些特定的工作时也有同样的感觉。"他还说,这种感觉上的差异和时间无关,而是和精力、热情息息相关。我们如果遵循自己的生理规律,接触正能量满满的任务、工作和人,那就能大大提高工作效率,同时还能让自己更喜欢自己的工作。

精力由四个组成部分:生理、大脑、情感和精神。有效的精力管理是在你充分利用所有的精力资源得到最高生产力后,进入高效的恢复时期,从而使你重新获得今后完成任务的精力,达到平衡。

都说理财的关键词无非"开源节流",精力的管理也是同样道理。在掌握补充精力的方法后,如何让自己的精力用得更有效率就成了"节流"的关键。不管你如何心不在焉,任何一件事情只要开始,精力的消耗都是不能避免的,那不如就想办法尽可能专注、高效地完成事务,把有限的精力用来完成更多的事情。

在时间管理工具中,重点要处理的是"重要但不紧急"的事件,避免长期处于"紧急且重要"的"救火"紧张高压状态。可借助工具,如年/月/日计划表、GTD 清单(见图 8-2)、番茄钟、手账等。

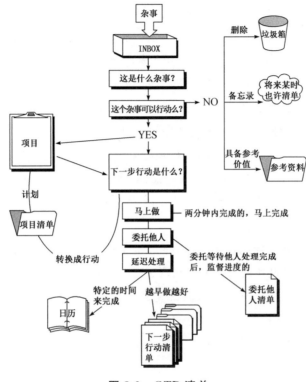

图 8-2　GTD 清单

(四)人际支持

马克思说过,从某种意义上来讲,"人,是一切社会关系的总和"。职业生涯发展离不开社会关系,职业活动对于社会资源的链接总是依托某种社会关系来实现的,而社会资源的主要载体是家庭、单位、学校、家乡等,附着在这些载体上亲缘、业缘、学缘、地缘等关系可以为初级社会关系,因此,个体职业生涯的发展与社会关系是无法分割的,人际支持是个体生涯发展中重要的影响因子。高质量的人际关系将深刻影响到内职业生涯各项因素的获取和提升,内职业生涯在人的职业生涯发展中具有关键性作用。综上,良好的人际关系能推进家庭和社会生活,提升自己和家人的生活品质并实现个人价值,并最终回馈社会。

人际支持是一个互利互惠过程,并不是简单的单向运动,因此,我们在生涯发展的过程中,不能消极地期待他人无条件地给予自己支持,而是要积极主动地去构建正向的社会关系"广结良缘",为个体生涯发展创造更好的良性的人际支持。下面我们介绍其中一个非常好的方法——感恩。

感恩是一个十分广泛且复杂的概念,它曾被当作一种情绪、美德、道德情感、态度等。在国内,《说文》对感恩有这样的解释:"感,动人心也。从心咸声。恩,惠也。从心因声。"《现代汉语词典》把感恩解释为:"对别人所给的帮助表示感激。"在国外,感恩(gratitude)一词来源于拉丁字根"gratia",意思是优雅、高尚、感谢。

心理学研究表明:感恩倾向高的个体更容易体验到感恩情绪,是由于他们更容易知觉到施恩者提供帮助时的善意,对所受帮助的价值评价也更高。近年来,感恩与心理幸福感的关系研究开始受到学者关注,西方学者提出了多种理论来解释感恩与幸福感之间的关系,其中最有影响的是感恩的拓宽建构理论(broaden-and-build theory)。感恩可以拓宽认知的范围,建构持久性的个人资源,包括生理资源、知识资源、社会资源以及心理资源等,它能帮助个体建立和加强与他人的社会性联系,使人应对压力和困境变得容易,并能抵消负性情绪带来的不良影响,从而提高个体的幸福感水平。

可以借助以下三个方法:

(1)感恩日记:每天至少记载三件值得感恩的事情,持续 21 天以上。20 世纪 90 年代美国电视主持人奥普拉开始建议她的观众写感恩日记,这项日记工作通过使你得到满足的感觉,来帮助你改变自己,日记可以帮你记住每天积极的经历,不论那些经历多么渺小:天气、朋友的问候、新理的发型、意外的相遇等等。

(2)感恩信件:写一封感谢信并把它邮寄给曾经帮助过你的人或在他(她)面前阅读信件。

(3)感恩拜访:带上小礼物直接登门拜访施恩者,向他真切地表达所受恩惠的事件。

(五)理财规划

有人会问,生涯发展为什么要介绍理财规划?先说一个故事。

在印度有一个古老的传说:舍罕王打算奖赏国际象棋的发明人——宰相西萨·班·达依尔。国王问他想要什么,他对国王说:"陛下,请您在这张棋盘的第 1 个小格里,赏给我 1 粒米,在第 2 个小格里给 2 粒,第 3 小格给 4 粒,以后每一小格都比前一小格加一倍。请您把这样摆满棋盘上所有的 64 格的米粒,都赏给您的仆人吧!"

国王笑了,认为宰相太小家子气,但等他知道结果后,他就笑不出声了。那么,宰相要求得到的米粒到底有多少呢?

用 EXCEL 表格计算的最后结果是:总共米粒 18446744073709600000。

但这个数据太抽象,据粮食部门测算,1 公斤大米约有米粒 4 万个。换算成标准吨后,约等于 4611 亿吨,而我国 2006 年全国粮食产量约为 4.9 亿吨,考虑到目前中国的粮食产量是历史上的最高纪录,我们推测至少相当于中国历史上 1000 年的粮食产量。

爱因斯坦说过：宇宙间最大的能量是复利，世界的第八大奇迹是复利。复利的魔力是神奇的，这对我们的生涯规划有什么启示呢？

一名即将毕业正在实习的大三汽修专业男生，苦恼地倾诉：通过顶岗实习，与企业老员工的交流，发现大专毕业生进入企业是作为技术员系列职业发展路径培养的。而同样专业的本科毕业生进入到企业是作为工程师培养的，这个企业的技术员要成功转岗工程师，需要至少十年技术员工作资历的积累，还要经过竞争流程，笔试与面试后才有20％的可能性转型成功。原来在读书的时候没觉得文凭有什么重要，现在才发现原来文凭这么重要，正在考虑是不是在去考一个本科文凭读完再求职？

这个困惑，非常像理财中的复利。有时看似慢的发展，实际是在积累生涯发展的复利基础，基数越大，经过时间的积累叠加，发展的可能性与空间会越大，而基数越小，复利积累的速度越慢，遇到障碍的可能性越大，发展的可能性与空间越小。

表面上是理财，说到底实际上就是人生规划在财务上的体现，反之，也是理财观念在人生规划上的呈现。每当我们看到别人在某方面一掷千金的时候，总会感叹一句："你好有钱啊。"其实并不是，只是对方喜欢在某方面花钱。当你把钱投入在哪里，同时也决定你成为一个怎样的人、过上什么样的生活。

司马光曾说：善治财者，养其所自来，而收其所有余，故用之不竭，而上下交足也。对于大学生而言，在大学时期赚多少钱并不重要，重要的是理财习惯的养成，好习惯让人受益终生。所谓理财简单地说就是如何通过规划支出，合理地消费，从而管理好自己的资产，提高资产使用效能。主要有以下几个方面：

1.做好预算，宏观把控

就像每周、每月我们要给自己制订学习计划一样，每个月给自己的必要支出做出合理规划。比如每个月有1000元的生活费，伙食费多少钱，买生活用品需要多少钱，学习材料大概需要多少钱，进行一个合理分配。支出有了计划，消费做到心中有数，"量入为出"。

2.以记账式生活，合理规划支出

把每天的支出进行分类记账，月末归纳汇总实际支出总额，并对每项支出进行分析，明确哪些是必要开支，哪些是不必要花费，为下个月的支出计划做合理参考。

3.断舍离，勤俭节约，合理消费

《左传》："民生在勤，勤则不匮"。《墨子》："俭节则昌，淫佚则亡。"提倡节约，并不等于缩减必要的生活开支，降低生活标准，而是在支出预算的基础上合理消费。

4.开源有道，增加收入

节约支出，对于主要收入来源于家庭的大学生来说，固然是个不错的理财方式。但是，要想合理理财，节流只是其中一方面。节流的同时，还要适当开源。首先，最简单直接的增收途径就是努力学习，争取奖学金；其次是合理勤工俭学，在不影响学业的情况下,做一些力所能及的事情增加收入;最后,可以适度尝试小型稳定的投资。一方面我们可以把余钱存到银行收取一定利息。但是,现如今通胀率较高,银行存款便显得收益较低。所以,另一方面我们可以尝试把一部分钱用于投资风险小、收益稳定的国债或货币型基金。通过专家理财的形式来达到增收的目的。

【拓展资源】

好书推荐:《怦然心动的人生整理魔法》

作者:近藤麻理惠,出版社:译林出版社出版,如图 8-3 所示。

这本书是一本整理书,同时是一本心灵疗愈书。从精神层面到整理方法俱全。本书介绍"一旦整理,就不会变乱"的整理方法,教授按照心动的标准选择物品,按照先丢东西,后收纳的顺序,按照物品类别,进行一次性、短期、完善的整理等,使人通过整理找回人生决断力,找到最初的梦想,找到怦然心动的幸福人生。

图 8-3　《怦然心动的人生整理魔法》

扫一扫阅读相关微信文章:

请扫二维码

(六)公民角色

作为一个社会人,每个人的生涯角色中都包含着公民角色,好的企业雇主往往在创造利润、对股东和员工承担法律责任的同时,还要承担对消费者和环境的责任。大学生在生涯发展的过程中,需要关注"我为国家、社会、校园、环境……做了什么?"从身边事做起,提升公民意识,打造公民角色的内涵。在中国当前的社会背景下,公民意识包括坚持社会主义价值观、继承中国传统文化以及积极吸收世界先进文明三个角度。

所谓公民意识,主要指公民对自己的身份和政治角色的认同,以及相应的权利、义务的认知和社会价值取向。具体到大学生日常生活,可以从以下几个方面增强自身的公民意识与社会责任感。

1.积极参加志愿者活动等公共事务

参加志愿者活动,一是可以服务社会,有机会为社会出力,尽一份公民义务;二是丰富生活体验,利用闲余时间参与一些有意义的工作和活动,既可扩大自己的生活圈子,更可亲身体验社会的人和事,加深对社会的认识,这对志愿者自身的成长和提高是十分有益的;三是提供学习的机会,志愿者在参与志愿工作的过程中,除了可以帮助人以外,更可培养自己的组织及领导能力、学习新知识、增强自信心及学会与人相处等。不少同学还可能因此寻找到职业生涯的发展方向。

2.做一个热爱环境的乐活族

一些企业在招聘的过程中,会反馈大学生的环保意识也是他们关注的一个重要维度,例如旅游相关企业在招聘导游的过程中,就会十分关注应聘者的环保意识,因为这将影响到旅游行业与景区之间的良性互动共存。

乐活,由音译 LOHAS 而来,而 LOHAS 是英语 lifestyles of health and sustainability 的缩写,意为以健康及自给自足的方式生活,强调"健康、可持续的生活方式"。"健康、快乐、环保、可持续"是乐活的核心理念。乐活族关心自己的健康,也关心地球的环境;他们吃健康的食物,穿环保的衣物,骑自行车或步行,喜欢练瑜伽健身,听心灵音乐,注重个人成长。

乐活是一种爱健康、护地球的可持续性的生活方式。让我们从自己做起,爱护环境,绿色生活,低碳环保,减少浪费,成为具有环保意识的新兴一代。

3.树立主人翁精神

"天下兴亡,匹夫有责"这句话说明了个人行为对于国家兴亡的重要意义,同时也强调了主人翁精神的重要性。"主人翁精神"的内涵,并不是嘴上标榜的"企业兴亡,匹夫有责"。所谓"主人",首先是我们自己。在组织与个体的关系上,要实现从"天下兴亡,匹夫有责"到"天下兴亡,我的责任"的视角与思维的转变。作为一名具有生涯规划意识的大学生,在遇到问题时,首先需要考虑的是:我能做什么,而不是"不关我的事"。

在求职应聘与职业发展阶段,主人翁精神呈现出的职业素养特质就是领导力。凡事积极思考如何解决,而不是简单抱怨。

(七)健康管理

"早晨起不来,晚上睡不着,深夜撸串喝酒,学习娱乐不下床。"这句顺口溜形象地重现了一部分大学生在大学期间典型的生活状态。《第五次国民体质监测公报》显示:2020年成年人超重率、肥胖率分别为 35.0% 和 14.6%,较 2014 年分别增长了 2.3 和 4.1 个百分点。部分身体素质指标却出现下滑。其中,力量素质的持续下降是最突出的问题。

世界卫生组织(WHO)提出,健康是一种生理、心理与社会适应都臻于完满的状态,而不仅是没有疾病和虚弱的状态。并进一步指出健康的新概念:一是有充沛的精力,能从容不迫地担负日常工作和生活,而不感到疲劳和紧张;二是积极乐观,勇于承担责任,心胸开阔;三是精神饱满,情绪稳定,善于休息,睡眠良好;四是自我控制能力强,善于排除干扰;五是应变能力强,能适应外界环境的各种变化;六是体重得当、身材匀称;七是牙齿清洁、无空洞、无痛感,无出血现象;八是头发有光泽,无头屑;九是肌肉和皮肤富有弹性,步伐轻松自如。

叔本华说过:人类所能犯的最大错误就是拿健康来换取其他身外之物! 要使职业生涯规划达到良好的平衡状态,身心健康是必不可少的,"每个人都是自己健康的第一责任人"。结合自身的实际情况,每学期制作一份健康规划,基本内容可包括:

(1)个人基本情况,期待达到的健康状态;

(2)身体健康与心理健康的细化目标;

(3)饮食方案与作息时间表;

(4)定期监测及时反馈修正。

(八)休闲管理

台湾地区学者金树人说:"生涯辅导是将休闲视为生涯当中与教育、职业不可分割的部分:宛如一幅画中,留白的部分也同时构成全幅画的精髓;又似日式花道,空间的安排衬托出花姿的神采。"

古希腊语中,游戏"paidia"与教育"paideia"只有一个字母之差,两者均与"成长"密切相关。英文的"school"(学校)一词源于拉丁语 schola,school 这一词又来自希腊语 skhole,意为"休闲",可见游戏与教育和心理有着密不可分的关系。

休闲之事古已有之,人倚木而休,《康熙字典》和《辞海》中将其解释为"吉庆、欢乐"。"闲",通常引申为范围,多指道德、法度,其次有限制、约束之意。《论语·子张》:"大德不逾闲。"《易家人》:"闲有家。""闲"通"娴",具有娴静、思想的纯洁与安宁的意思。休闲所特有的文化内涵,使它不同于"闲暇"、"空闲"、"消闲",休闲一事也就多了些韵味,休闲也就成为每日生活应有之义。

休闲的意义分为三个方面:创造性的培养、完善人的自身、人生幸福感的重要支撑。它是享受生活的方式、拓展自己价值的途径、休闲与工作相结合会产生更大的价值与意义感。大学生休闲规划如表 8-5 所示。

表 8-5　大学生休闲规划表

休闲目的	休闲项目	预期结果	时间安排	具体措施	所需资源

摩西奶奶是个素人画家,在世界各地享有广泛声誉,76 岁开始作画,80 岁举办个展,100 岁启蒙了渡边淳一。其一生虽未接受过正规艺术训练,但对美的热爱使她爆发了惊人的创作力,共创作作品 1600 余幅,在全世界举办画展数十次。她给不安甚至绝望的现代人最真诚的心灵启示:你最喜欢做的那件事,才是你真正的天赋所在,不要给自己找借口,做想做的事,永远也不晚,哪怕你已经 80 岁了。希望每一个人都可以重新发现自我、认识自我、规划未来,收获内心的宁静,淡定从容地过好每一天。

因为,人生永远没有太晚的开始!

【拓展资源】

好书推荐:德鲁克的《21 世纪的管理挑战》(见图 8-4)

该书中有一章是"自我管理",这一章的影响力一直很大,总能看到各种网站转载,《哈佛商业评论》在 2005 年 1 月也发过全文。书中德鲁克坦言:知道自己属于何处,可使一个勤奋、有能力但原本表现平平的普通人,变成出类拔萃的工作者。

图 8-4　《21 世纪的管理挑战》

请扫二维码

附录1

职业倾向自我探索

(The Self-directed Search, Form R, 4th Edition, 1994)

附录1

职业倾向自我探索
（The Self-directed Search, Form R, 4th Edition, 1994）

附录1

职业倾向自我探索
（The Self-directed Search, Form R, 4th Edition, 1994）

原著者 / John L. Holland,PhD.

中文译者 / 金蕾莅,PhD.

感谢张晓女士对中文翻译的校订

本测验旨在帮助你探索可能从事的职业。如果你已经考虑好了一个职业,测验的结果可能会支持你的想法或者对其他的可能性提出建议。如果你还没有确定未来的职业,本测验也可能会帮你圈定出一小部分职业以做进一步考虑。大多数人发现填答本测验既有帮助又充满乐趣。如果你仔细遵循每一页的引导,你应该拥有到同样的体验。不必匆忙,仔细地完成本测验题目将有更多的收获。请用铅笔填写,以便修改。

姓名＿＿＿＿＿＿＿＿＿＿;填写日期＿＿＿＿＿＿＿＿＿＿

性别＿＿＿＿＿＿＿＿＿＿;年龄＿＿＿＿＿＿＿＿＿＿

年级＿＿＿＿＿＿＿＿＿＿;院系＿＿＿＿＿＿＿＿＿＿

第一部分　职业白日梦

1.请列举你已经思考过的未来可能从事的职业。也列举出你曾空想过的职业或者那些你与其他人考虑过的职业。尝试着思考白日梦背后的故事。将你最近思考的职业写在第一行,然后用倒叙的方式,由近及远,把考虑过的工作依次写在横线上。

职业

1.＿＿＿＿＿＿＿＿＿＿＿＿＿＿＿＿＿＿＿＿＿

2.＿＿＿＿＿＿＿＿＿＿＿＿＿＿＿＿＿＿＿＿＿

3.＿＿＿＿＿＿＿＿＿＿＿＿＿＿＿＿＿＿＿＿＿

4.＿＿＿＿＿＿＿＿＿＿＿＿＿＿＿＿＿＿＿＿＿

5.＿＿＿＿＿＿＿＿＿＿＿＿＿＿＿＿＿＿＿＿＿

6.＿＿＿＿＿＿＿＿＿＿＿＿＿＿＿＿＿＿＿＿＿

7.＿＿＿＿＿＿＿＿＿＿＿＿＿＿＿＿＿＿＿＿＿

8.＿＿＿＿＿＿＿＿＿＿＿＿＿＿＿＿＿＿＿＿＿

第二部分　活动

　　下面列举了各种活动，请就这些活动判断你的偏好。L 代表"喜欢"，D 代表"不喜欢"或者"无所谓"。请在相应的○里打√。

R	L	D
修理或组装电子产品	○	○
修理自行车	○	○
修理或组装机械产品	○	○
用木头做东西	○	○
参加技术教育或手工制作课程	○	○
参加机械制图课程	○	○
参加木工技术课程	○	○
参加自动化机械课程	○	○
与杰出的机械师或者技术人员一起工作	○	○
在室外工作	○	○
操作自动化机器或者设备	○	○

L 的总数（　　）

I	L	D
阅读科学书籍和杂志	○	○
在研究室或实验室工作	○	○
从事一项科学项目	○	○
研究一个科学理论	○	○
从事与化工品有关的工作	○	○
应用数学解决实际问题	○	○
上物理课	○	○
上化学课	○	○
上数学课	○	○
上生物课	○	○
研究学术或者技术问题	○	○

L 的总数（　　）

A	L	D
素描 / 制图 / 绘画	○	○
设计家具、服装或者海报	○	○
在乐队/管弦乐队/其他组团中演奏	○	○
练习乐器	○	○
创造肖像或者拍照	○	○
写小说或者戏剧	○	○
上艺术课	○	○
编曲或者谱曲(不限曲种)	○	○
与有天赋的艺术家、作家或者雕塑家一起工作	○	○
为他人表演(跳舞、唱歌、小品等)	○	○
阅读艺术、文学或者音乐类文章	○	○

L 的总数(　　)

S	L	D
会见重要的教育家或者咨询师	○	○
阅读社会学文章和书籍	○	○
为慈善团体工作	○	○
帮助他人解决他们的个人问题	○	○
研究青少年的犯罪问题	○	○
阅读心理学文章或者书籍	○	○
上人类关系课程	○	○
在高中教书	○	○
照看有精神疾病的病人的活动	○	○
给成年人讲课	○	○
从事志愿者的工作	○	○

L 的总数(　　)

E	L	D
学习商业成功的策略	○	○
创业	○	○
参加销售会议	○	○
参加行政管理或领导力的短期课程	○	○

	L	D
担任任何组织的负责人	○	○
监督管理其他人的工作	○	○
会晤重要的执行长官或者领导	○	○
领导一个团队实现某个目标	○	○
参加政治竞选	○	○
担任某一组织或者企业的顾问	○	○
阅读商业杂志或文章	○	○

L 的总数（　　）

C	L	D
填写收入报税表	○	○
在交易或记账时进行加、减、乘、除的计算	○	○
使用办公设备	○	○
坚持做详细的开支记录	○	○
建立记录系统（如记录钱、人员、原材料等）	○	○
上会计课	○	○
上商业数学课	○	○
建立生活用品或商品的清单	○	○
检查文案或者产品中的错误或瑕疵	○	○
更新记录或文档	○	○
在办公室内工作	○	○

L 的总数（　　）

第三部分　能力

Y 代表你完全能做或者能做得很好的活动，N 代表从来没做过，或者做得很差的活动。请在相应的○里打√。

R	Y	N
我能使用电锯、车床或磨砂机等木工工具	○	○
我能画有比例要求的图纸	○	○
我能给汽车加油或者换轮胎	○	○
我能使用电钻、磨床或缝纫机等电动工具	○	○

	Y	N
我能给家具或木制品刷漆	○	○
我能修理简单的电器用品	○	○
我能修理家具	○	○
我能使用很多手工工具	○	○
我能简单地修理水管	○	○
我能制造简单的木工作品	○	○
我能粉刷房间	○	○

Y 的总数(　　)

I	Y	N
我能使用代数解决数学问题	○	○
我能执行一项科学实验或者调查	○	○
我明白放射性元素的半衰期	○	○
我能使用对数表	○	○
我能使用计算机研究一个科学问题	○	○
我能描述白细胞的功能	○	○
我能解释简单的化学方程式	○	○
我明白为什么人造卫星不会坠落到地球上	○	○
我能写一篇科学报告	○	○
我明白宇宙大爆炸理论	○	○
我明白 DNA 在遗传中的作用	○	○

Y 的总数(　　)

A	Y	N
我能演奏乐器	○	○
我能参加二部或四部合唱	○	○
我能独唱	○	○
我能演戏	○	○
我能朗诵	○	○
我能画画(油画或水彩)或雕塑	○	○
我能创作或者编曲	○	○
我能设计衣服、海报或者家具	○	○
我会写很不错的故事或诗	○	○

	Y	N
我能写一篇演讲稿	○	○
我能拍摄很吸引人的照片	○	○

Y 的总数（　　）

S

	Y	N
我发现与不同类型的人交谈很容易	○	○
我擅长向其他人解释或说明一些事情	○	○
我能做一个有亲和力的组织者	○	○
人们常向我诉说他们的困扰	○	○
我能很轻松地教小孩子	○	○
我能很轻松地教成年人	○	○
我擅长帮助感到不安或者困扰的人们	○	○
我对社会关系有很好的理解	○	○
我擅长教别人	○	○
我擅长使别人感到轻松	○	○
相比物和观念,我更擅长与人打交道	○	○

Y 的总数（　　）

E

	Y	N
我知道如何成为一个成功的领导者	○	○
我是一个优秀的公共演说者	○	○
我能组织某个销售活动	○	○
我能组织其他人的工作	○	○
我是一个有抱负而且意志坚定的人	○	○
我擅长让别人按照我的方式做事	○	○
我有很好的推销能力	○	○
我有很强的辩论能力	○	○
我非常有说服力	○	○
我有很不错的规划技能	○	○
我具有某些领导力	○	○

Y 的总数（　　）

C	Y	N
我能将函件或其他文件分门别类管理	○	○
我能从事办公室工作	○	○
我能使用自动化的办公设备(如打印机、复印机、计算机等)	○	○
我能很快地完成大量的文案工作	○	○
我能使用简单的数据处理设备	○	○
我能进行收支记录	○	○
我能准确地记录付款和销售额	○	○
我能使用计算机输入信息	○	○
我能撰写商业信函	○	○
我能完成一些常规的办公室工作	○	○
我是一个细心而且有条理的人	○	○

Y 的总数(　　　)

第四部分　职业

　　这是你关于很多工作态度和情感的清单。如果某个职业你很感兴趣或者很受吸引,则在相应的 Y 下面的○上画√;如果你不喜欢或者没兴趣,则在 N 下面的○上画√。

R	Y	N
飞机机械师	○	○
汽车机械师	○	○
木工技师	○	○
汽车司机	○	○
测量工程师	○	○
建筑工地现场监理员	○	○
无线电机械师	○	○
交通机车(如火车)工程师	○	○
机械技术员	○	○
电器技术员	○	○
农业技术员	○	○
飞机驾驶员	○	○

	Y	N
电子技术员	○	○
焊接技术员	○	○

Y 的总数（　　）

I	Y	N
气象学科研人员	○	○
生物学科研人员	○	○
天文学科研人员	○	○
医学科研人员	○	○
人类学科研人员	○	○
化学科研人员	○	○
独立的研究科学家	○	○
科学书籍的作家	○	○
地质学科研人员	○	○
植物学科研人员	○	○
科研技术员	○	○
物理学科研人员	○	○
社会科学研究人员	○	○
环境分析学者	○	○

Y 的总数（　　）

A	Y	N
诗人	○	○
音乐家	○	○
小说家	○	○
演员	○	○
自由职业作家	○	○
编曲家	○	○
新闻学家／记者	○	○
艺术家	○	○
歌唱家	○	○
作曲家	○	○
雕刻家	○	○

	Y	N
剧作家	○	○
漫画家	○	○
娱乐节目的艺人	○	○

Y 的总数(　)

S	Y	N
职业咨询师	○	○
社会学者	○	○
高中教师	○	○
物质依赖(如对酒精、药物等依赖)治疗师	○	○
青少年犯罪专家	○	○
语言治疗师	○	○
婚姻咨询师	○	○
临床心理学家	○	○
人文社会课教师	○	○
私人咨询师	○	○
青少年野营主管	○	○
社会工作者	○	○
残障人康复咨询师	○	○
儿童乐园主管	○	○

Y 的总数(　)

E	Y	N
采购员	○	○
广告宣传主管	○	○
工厂管理者	○	○
商业贸易主管	○	○
晚会或仪式主持人	○	○
销售人员	○	○
房地产销售员	○	○
百货商场经理	○	○
销售经理	○	○
公共关系主管	○	○

	Y	N
电视台经理	◯	◯
小企业主	◯	◯
法官	◯	◯
机场经理	◯	◯

Y 的总数(　　)

C	Y	N
账目记录员	◯	◯
预算规划员	◯	◯
注册会计师	◯	◯
金融信用调查员	◯	◯
银行出纳员	◯	◯
税务专家	◯	◯
物品管理员	◯	◯
计算机操作员	◯	◯
金融分析员	◯	◯
成本估算员	◯	◯
工资结算员	◯	◯
银行督察员	◯	◯
会计职员	◯	◯
审计职员	◯	◯

Y 的总数(　　)

第五部分　自我评估

下面列出 6 种能力,请与自己的同龄人比较一下,对自己的实际情况进行评估。在最适合自己的等级数字上划圈,尽量避免对每项能力的打分相同。

自我评估(1)

	机械操作 能力	科学研究 能力	艺术创作 能力	教授讲解 能力	商业推销 能力	事务管理 能力
高	7	7	7	7	7	7
	6	6	6	6	6	6
	5	5	5	5	5	5
中	4	4	4	4	4	4
	3	3	3	3	3	3
	2	2	2	2	2	2
低	1	1	1	1	1	1
	R	I	A	S	E	C

自我评估(2)

	动手能力	数学能力	音乐能力	理解他人能力	管理能力	行政能力
高	7	7	7	7	7	7
	6	6	6	6	6	6
	5	5	5	5	5	5
中	4	4	4	4	4	4
	3	3	3	3	3	3
	2	2	2	2	2	2
低	1	1	1	1	1	1
	R	I	A	S	E	C

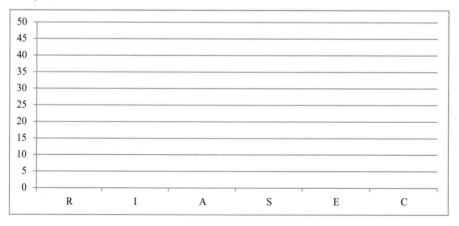

组织你的填答

将活动、能力、职业和自我评估各个分项中的 6 个领域（R、I、A、S、E、C）中的 L 的总数和 Y 的总数分别填在如下对应的横线上。

活动	___	___	___	___	___	___
	R	I	A	S	E	C

能力	___	___	___	___	___	___
	R	I	A	S	E	C

职业	___	___	___	___	___	___
	R	I	A	S	E	C

自我评估（1）	___	___	___	___	___	___
	R	I	A	S	E	C

自我评估（2）	___	___	___	___	___	___
	R	I	A	S	E	C

综合得分 （将各项纵向相加）	___	___	___	___	___	___
	R	I	A	S	E	C

第一位第二位第三位综合职业码（从综合得分中选出三个得分高的，由高到低排列，记入字母）

第一位	第二位	第三位

附录 2

能力评估自测

在你喜欢使用(即使不擅长)的技能前面画＋,然后再次浏览并在你擅长的技能前打√。在你从未使用过的技能前面画○,最后,在你想要得到并发展的技能前画×。在个人素质一栏下,选出所有适合你的词汇,并将这些词汇归类在能力矩阵图中。

完成所有步骤后,再看一下打√和画×的选项,这些是能自我激励或是你偏爱的技能。它们代表了你有这方面的优势或是你最感兴趣的领域。如果你尽可能地在工作中用到这些技能,并且寻找更多的机会使用它们,你就能在工作中获得更多的乐趣和满意度。

＋ = 你乐于使用的技能	× = 你想要得到和发展的技能
√ = 你擅长的技能	○ = 你未使用过的技能

文书技能

___检验	___评估	___整理文件	___发展	___提高
___记录	___校对	___计算机应用	___介绍	___跟从
___记账	___打字	___誊写	___索引	___安排
___系统化	___制表	___影印	___合作	___分类
___补偿	___组织	___采购	___人事管理	___解决问题

技术技能

___财务	___评估	___计算	___调整	___校准	___观察
___核查	___制图	___设计	___编档	___检验	___调整
___处理问题	___创造	___细化	___重组	___回顾	___校正
___合成	___结构化	___解决	___精炼	___修订	___规格化

公众关系技能

___计划	___实施	___通知	___咨询	___写作	___研究
___代表	___协商	___合作	___交流	___促进	___说服
___托管	___娱乐	___调停	___表演	___签署	___招聘
___演示	___创造	___处理问题			

农业技能

___检查	___成本计算	___起重	___培养	___装配
___处理问题	___发明	___日程安排	___演示	___检验
___评估	___估算	___诊断	___修理	___维护
___更换	___建造	___操作		

销售技能

___联络	___劝告	___回顾	___检查	___通知	___促进
___定位	___影响	___说服	___对比	___区分	___代表
___询问	___结账	___成本计算	___协商	___交流	___计算
___建议	___承包	___介绍	___解决问题		

维护技能

___操作	___修理	___维护	___拆卸	___调整	___清洁
___采购	___攀爬	___起重	___装配	___解决问题	___发明
___日常安排	___演示	___检查	___评估	___估算	

管理技能

___计划	___组织	___日程安排	___分配	___委派	___指导
___雇佣	___测量	___管理	___指挥	___控制	___合作组织
___授权	___启动	___制定	___监控	___赞助	___建模
___支持	___协商	___决策制定	___团队组建	___构思	___解决问题

沟通技能

___推理	___组织	___定义	___书写	___倾听	___阐述
___口译	___阅读	___谈论	___编辑	___指导	___面试
___合作	___陈述	___制订	___提议	___合成	___整合
___联络	___汇总	___表达	___翻译	___解决问题	

研究技能

___识别	___采访	___提问	___合成	___书写	___诊断
___编写	___回顾	___设计	___理论	___测试	___均衡
___评估	___调查	___总结	___交流	___合作	___演示
___分析	___精炼	___解决问题			

财务技能

___计算	___设计	___预算	___识别	___会计	___加工
___计算机应用	___关联	___成本预算	___预告	___对比	___编写
___检查	___影响	___验证	___解决问题		

手工技能

___操作	___监控	___控制	___设定	___驾驶	___剪裁
___组装	___制图	___绘画	___检验	___编程	___制表
___构建	___创造	___修理	___解决问题		

服务技能

___咨询	___引导	___领导	___倾听	___合作	___授课
___答复	___协调	___促进	___监控	___整合	___激励
___说服	___评估	___总结	___计划	___校正	___调停
___鼓励	___签订合约	___演示	___解决问题		

个人素质

___适应力	___好奇	___进取	___警惕性	___雄心壮志	___平静
___有才华	___自信	___认真	___创造力	___合作	___正直
___可靠	___有决心	___有策略	___谨慎	___支配力	___高效
___活力	___事业心	___热心	___灵活	___坚强	___直率
___理想	___策划	___创新	___逻辑	___忠诚	___有方法
___客观	___乐观	___有组织性	___耐心	___持久	___现实
___精确	___安静	___实事求是	___可信赖	___机智	___敢于冒险
___自觉	___敏感	___严肃	___真诚	___老练	___顽强
___多才多艺					

附录3

寻找我的生涯榜样——生涯人物访谈

也许你信奉的格言是"车到山前必有路"、"船到桥头自然直",但职业生涯规划如果能更多一些未雨绸缪,可能就会让人生更少一些后悔。

现在就需要花些时间,在现实里寻找一下"你期望拥有的那份职业"。了解"这样的职业"可以通过实习、实践的方法,但需要的成本过大。在此,建议你通过"生涯人物访谈"来完成这个未雨绸缪的过程。具体就是:

去找到正在做着那些"你期望拥有的职业"的人,通过与他们的访谈、接触,以了解那些"你理想的职业"是否是你想象的那个样子。

为此你需要了解以下信息:

类别	信　　息
历史	这个职业的发展历史、这个单位的发展历史、这个生涯人物的发展历史
现状	典型工作一天是什么样的、目前薪资福利状况如何、对目前满足与不满足之处
未来	行业/职业/单位的未来发展、当前职位的下一步路径、做到下一步需要的知识/能力
忠告	"如果我也想进入这个领域,以我目前的状态,我需要提前准备些什么?"

也许你说你找不到"生涯人物",这更多时候只是一个借口。研究表明,世界上任何两个人之间(甚至是你和奥巴马)最多通过6个人就可以产生联系——这就是大名鼎鼎的"六度分离理论"。你的同学、朋友、同学的同学、朋友的朋友、同学的朋友、朋友的同学……都有可能成为你寻找"生涯人物"的资源。

许多人畏于主动与人接触,他们感到自己有强行占用事务繁忙人士宝贵时间之嫌。这种内疚感其实是不必要的,应该要知道许多人都乐于谈及他们自己及其事业,他们不曾忘记自己事业起步时的艰辛,将心比心,愿意对新人伸出援助之手。

在与他人接触时必须记住,你的目的是了解谈话对象工作的真实情况,了解和感受其工作环境你是否喜欢。你还要了解你所掌握的技能,在每一个你走访的工作岗位上是否能用得上。要让对方了解你能为他们做什么,没准你正是他们需要的人。

一些性格内向的求职者出于本性感到羞于与人发展关系。如果你是这种情况,可以尝试给对方先写一个自我介绍短信,询问是否可以进行一个简短的会面,并且在会面时遵守双方约定的谈话时间。

最后,必须确保在每一次接触中要表现出感激、成熟和准备充分。对访谈对象的感谢会在将来产生积极的效果,发展关系不是一锤子买卖,而是一种长久持续的关系。发展关系的过程不仅仅影响着你的求职过程,而且会对你的一生的方方面面产生积极的影响。

当然了,职业生涯规划的过程,就是自我某种能力挑战与提升的过程。

【拓展资源】

生涯人物访谈示例——外贸业务员访谈报告

在了解职业生涯访谈的相关信息后,不禁感叹这是个很好的学习平台。为了更好实现自己的职业规划,我在认真考虑后选择了两位生涯人物进行交流、学习。

目标职业生涯人物的选取:

有5年经验的在厦外贸业务员及在内陆实习外贸业务员

访谈过程简介:

收集外贸业务员资料—罗列问题—邀约—新浪微博、QQ、电话等工具应用(由于选取人物都是熟人,访谈进行得很顺利也很轻松)

访谈人物1:林宇,男,福建师范大学英语专业,现任厦门信达宠物用品进出口公司外贸业务员,5年工作经验

问题1:林哥,您在大学时专业成绩如何?

答:每年拿二等奖学金,一些专业术语、贸易流程是懂得,至少听过。但就工作两年后看这个问题,我只能说入门了。

问题2:您现在工作这家企业同事间竞争力如何?

答:起初压力很大。因为一起进来的有两个富二代,都是厦门大学本专业毕业的,不过为人比较低调,确实他们各方面的能力比我强。现在工作快6年了,对业务熟悉了、自信心增加了。竞争还存在,但没有最初那种压抑,算是挑战及格吧。

问题3:哇,很棒啊。我平时看您朋友圈动态,都是工作趣事,从中学习蛮多,很是感谢呐。现在很多人说金融危机后国贸专业不"吃香"啦,报关考试也取消啦,你对厦门外贸前景发展如何看呢?

答:用"吃不吃香"看从业,很累吧。还是看你对这行业的兴趣咯。你看到我展示的是工作趣事,但其实一天跑来跑去、很辛苦的,有时还要低声下气,体力、心理都要强大。外贸行业在中国发展历史不长,发展虽受金融危机影响,但现在各国经济发展越密切,外贸交流趋势越强,商机也并存。厦门外贸发展历史较久,中小型外贸公司也多,有一定实力。前景不好说,全球经济不稳定,而厦门又对外贸易依存度很高,生死紧密联系。

问题4:您当初是如何找到这份工作的?

答:网上招聘。

问题5:你认为做好这份工作应具备哪些知识、技能?

答:外贸函电、国际贸易理论、各国文化认知;精炼英语听说写、计算机二级、较强的沟通交流能力、市场敏锐力。反正工作过程中多和前辈学习。

问题6:目前行业内要求从事这份工作的人应该具备什么样的教育和培训背景?

答:一般大专文凭。我们公司外贸业务员文凭要求是本科。每隔一段时间培训,我们外销部是一年一次,多在三月份。一般各个方面都会涉及,多是针对刚进入的新人开设的。

问题7:我想在工作两三年后进行考研,你有什么看法?

答:因为你是大专生,工作两三年后积累了相关经验,事业发展刚有点起色,如果去考研,弊端较大。建议延迟到工作五六年再考吧。

问题8:方便告诉我你的薪水吗?

答:现在底薪3500元加提成。

问题9:外贸业务员领域里初级职位和略高级别职位的薪水一般是什么水平?

答:起初底薪1500元(不包括其他收入),转正后2000元,有两三年工作经验后,3500元左右。

问题10:平常,在工作方面,你每天都做些什么呢?

答:参加各种交易会开拓市场,面对电脑发盘、上传公司产品。

访谈人物2:刘阳,女,南华大学大四国际贸易专业学生,现在衡阳市刚刚创立的一家外贸公司实习

问题1:阳阳,实习压力大吗? 怎么找到这份工作的?

答:我一直想快点工作,所以这种压力对我来说是让我兴奋的挑战。到处投简历啊,这份是在58同城找到的。

问题2:上岗前有培训吗?

答:实习嘛,边学边上岗、老板带。因为老板从事很多年外贸工作,刚自己创业,公司包括他就5个人。

问题3:你每天主要干什么呀?

答:专业术语叫外贸业务员啊,主要传产品、发邮件、接单。

问题4:实习中遇到哪些主要阻碍?

答:接电话纯英语交流还是有点困难的,邮件还好,可以利用有道翻译。

问题5:一个月的生活有保障吗?

答:还好哎,包吃包住,底薪是1200。这个月有接到单,所以收到的工资是1500元,不过没包"五险一金"。转正后1800元+提成。

问题6:做好外贸业务员工作需要具备哪些能力?

答:我觉得最基础的是:英语口语交流能力、办公软件熟练应用能力。个人素质能力

嘛,抗压、团队协调能力。因为我的底薪少,还是要靠提成,但接单不是天天有的。公司小,业务多,市场广,事多了,同事间配合好,效率高啊。

问题7:衡阳外贸发展状况怎样?

答:就半年的实习,我了解到的是还行。虽然处于内陆,但经营产品不同。像广上地区主要是服装、电子、科技等产品,你们厦门主要石材这块。衡阳主要是工艺品咯。

问题8:近一年的实习,你觉得学到了是什么?

答:对专业知识深层次了解外,还是为人处事经验的积累。5个人的公司,几乎除了睡觉,天天面对,就不能像在学校生活那样随性选择和人相处。包容啊,装傻啊这些都要有。做事效率要高,但要积极配合协助其他同事。

问题9:会到哪里工作?

答:大连。现在实习积累了一定经验,加上是重点大学出来,去外贸发展快的地区发展对我更有利。

问题10:你对我即将面临工作有什么建议的?

答:趁现在还在学校,利用空闲时间、多练练英语口语、加强计算机应用能力。心态调整好,工作没我们想的那么可怕,只是另一个阶段,做好准备迎接它,你会发现这个阶段有它的美丽。

访谈问题总结:

对于外贸行业发展前景,即便是有经验的人也给不出一个明确回答。从事外贸业务员工作,良好的英语、电脑办公应用水平是必备的。中国不同地区外贸发展资源各不同,但相较而言,沿海地区外贸发展资源更多,机遇更大。薪酬主要有底薪和提成两部分组成,保障生存前提下,迎接工作挑战,从而获得提成及个人成长。

对目标职业的分析:

外贸业务员所需专业知识是英语和国际贸易理论相关知识结合。据收集资料统计,各公司工作要求往往是:具备良好英语水平,沟通能力强,市场开拓能力强,吃苦耐劳,学习能力强。而我所选的职业目标发展地——厦门,有其地理优势和国家政策优势,外贸发展历史久、资源较多,受外贸转型期冲击更大。我英语四级,听说读写尤为擅长读,普通话标准、粤语流利,专业上取得全国商务单证员证。社团和社会实践丰富,与人沟通交流能力、学习能力等得到锻炼加强。花费三年时间、金钱和精力在专业上,恰好专业是我的兴趣所选。经过这三年的专业化学习,我可以站在它的基础上继续专业相关职业的发展。

自身认识的变化:

未访谈收集资料前以为外贸业务员文凭要求门槛高,其实它一般是要么文凭中专、大专但要有工作经验,要么本科文凭。随着经济全球化发展,电子商务的发展,中国外贸行业受其带动,不管沿海还是内陆。而不同区域都在扬长避短的发展外贸。外贸业务员的薪酬也不是如外界认为的高,它有不同档次,主要生活发展靠提成。这就显示它极具挑战性一面。一旦工作,我就不该是处于学习心态,而是提高个人能力创业绩的心态。通过访谈,我对于外贸业务员职业目标选择有了更深了解。

对自己就业和将来职业发展的帮助:

通过前辈看世界,看的更真实,才发现这个世界的美。同样的,通过和他们的访谈,我对外贸行业多了一份了解少了一份担忧。这无疑对我的职业生涯规划是有利的。

刘阳是邻家姐姐又是同专业的,通过与她的交流,了解了外贸从业人员的实习经验,收获很多。人往往是对不知的东西会害怕,熟知了就自己少了害怕多了信心。面对实习,我也总是有些许担忧,在了解这些后,信心增加的同时也意识到自己知识和能力的欠缺。

林哥的兴趣让职业生涯走的更远。阳姐的"不断充电"是弥补文凭低的最好方法。她是一本文凭,仍然从最基础岗位做起并勇于接受挑战。这都给我很大启发。不同背景不同时段从事外贸行业工作的他们有着不同的故事。故事很吸引人,而我也即将要加入其中成为故事的主角。

我选择的访谈人物都是熟人,不仅从他们那里获得职业目标相关的真实信息、使我对外贸业务员更进一步了解,发现自己与之的差距,而且我和他们将来还会是同行,可以在职业发展的道路上给予我指导与支持。经过这次生涯人物访谈,对于准毕业生的我而言,为坚定外贸业务员的职业生涯发展提供了能量。这些来源真实可靠的信息,缓解了些许我面临就业的压力,也感受到职业生涯发展道路有友人相伴的幸福。

(作者:厦门城市学院国际贸易专业大二学生 金琼)

附录4

创新思维训练小组任务

创意思维小组项目任务记录表

（说明:请小组成员分析生活中遇到的痛点或需求,设计一件物品或提供一个可行的解决方案。）

(参考样本)

任务基本主旨	校园创新 & 环保 & 应用	任务主题	设计一件物品或提供一个可行的解决方案(解决痛点)
小组成员			
小组任务目标			
小组项目任务实施流程			
日　期	讨论话题	应用哪些思维工具 (头脑风暴、TRIZ或六顶帽子)	参与人

续表

小组成员分工一览表

姓名	参与的工作	总计时长

任务完成过程记录【图片】
（说明：选取至少 6 张最能反映创意产生过程和小组合作的照片）

时期	图片
前期准备	
进行中 1	
进行中 2	
进行中 3	

续表

	作品基本制作完成
进行中 4	
小组成员 & 最终成品	
小组成员完成任务后感想	
姓名	感想 & 启发(注:每人不少于 100 字)